人民·联盟文库

季羡林谈义理

季羡林 著　梁志刚 选编

黑龙江人民出版社

人民出版社

图书在版编目（CIP）数据

季羡林谈义理/季羡林 著；梁志刚选编. —北京：人民出版社，2010
（人民·联盟文库）

ISBN 978-7-01-008623-1

Ⅰ. 季…　Ⅱ. ①季…②梁…　Ⅲ. 比较文化—文集　Ⅳ. G04-53

中国版本图书馆 CIP 数据核字（2010）第 003122 号

季羡林谈义理

JIXIANLIN TAN YILI

季羡林　著　梁志刚　选编

责任编辑：王裕江　安新文

封扉设计：曹　春

出版发行：人民出版社

北京朝阳门内大街 166 号　邮编：100706

网　　址：http://www.peoplepress.net

邮购电话：(010) 65250042/65289539

经　　销：新华书店

印　　刷：三河市顺兴印刷厂

版　　次：2010 年 1 月第 1 版　　2010 年 1 月北京第 1 次印刷

开　　本：710 毫米×1000 毫米　1/16

印　　张：20.75

字　　数：262 千字

书　　号：ISBN 978-7-01-008623-1

定　　价：40.00 元

出版说明

　　人民出版社及全国各省市自治区人民出版社是我们党和国家创建的最重要的出版机构。几十年来，伴随着共和国的发展与脚步，他们在宣传马克思列宁主义、毛泽东思想、邓小平理论、"三个代表"重要思想，深入贯彻落实科学发展观，坚持走有中国特色社会主义道路方面，出版了大量的各种类型的优秀出版物，为丰富人民群众的学习、文化需求作出了不可磨灭的贡献，发挥了不可替代的作用。但由于环境、地域及发行渠道等诸多原因，许多精品图书并不为广大读者所知晓。为了有效地利用和二次开发全国人民出版社及其他成员社的优秀出版资源，向广大读者提供更多更好的精品佳作，也为了提升人民出版社市场联盟的整体形象，人民出版社市场联盟决定，在全国各成员社已出版的数十万个品种中，精心筛选出具有理论性、学术性、创新性、前沿性及可读性的优秀图书，辑编成《人民·联盟文库》，分批分次陆续出版，以飨读者。

　　《人民·联盟文库》的编选原则：1. 充分体现人民出版社的政治、学术水平和出版风格；2. 展示出各地人民出版社及其他成员社的特色；3. 图书主题应是民族的，而不是地区性的；4. 注重市场价值，要为读者所喜爱；5. 译著要具有经典性或重要影响；6. 内容不受时间变化之影响，可供读者长期阅读和收藏。基于上述原则，《人民·联盟文库》未收入以下图书：1. 套书、丛书类图书；2. 偏重于地方的政治类、经济类图书；3. 旅游、休闲、生活类图书；4. 个人的文集、年谱；5. 工具书、辞书。

《人民·联盟文库》分政治、哲学、历史、文化、人物、译著六大类。由于所选原书出版于不同的年代、不同的出版单位，在封面、开本、版式、材料、装帧设计等方面都不尽一致，我们此次编选，为便宜读者阅读，全部予以统一，并在封面上以颜色作不同类别的区分，以利读者的选购。

人民出版社市场联盟委托人民出版社具体操作《人民·联盟文库》的出版和发行工作，所选图书出版采用联合署名的方式，即人民出版社与原书所属出版社共同署名，版权仍归原出版单位。《人民·联盟文库》在编选过程中，得到了人民出版社市场联盟成员社的大力支持与帮助，部分专家学者及发行界行家们也提出了很多建设性的意见，在此一并表示诚挚的感谢！

《人民·联盟文库》编辑委员会

目　录

编者的话

　　季羡林教授已届期颐之年。这位世纪老人近20多年对人类文化和人类命运反复思考，提出了许多重要观点，引起学界的普遍重视。蒙季羡林先生准许，编者从作者在不同场合针对不同对象的演讲和文稿中，摘录反映文化发展规律，即关于"义理"的若干段落，辑成本书。作者不是哲学家，而是一位语言学家。也许正因为如此，在有些人看来，这种思考是外行的，或者是另类的。但是，实践是检验真理的唯一标准，季羡林的许多观点已经或者正在为人们的实践和历史发展所证实，闪耀着真理的光芒，人们不得不佩服他的独具慧眼和远见卓识。编辑王裕江先生建议我写一篇导读。季羡林先生的学问博大精深，写导读为我力所不逮，不过作为本书编者和季羡林教授的弟子，我有责任把自己的学习体会，作为引玉之砖，奉献给广大读者。

　　"义理"这个词是旧学常用的概念，最早见于《汉书·刘歆传》，宋代以后称道学为义理之学，清代学者姚鼐在《复秦小岘书》中说："天下学问之事，有义理、文章、考证三者之分。"季羡林沿用或借用了这个概念。他说："我一生治学，主要精力是放在考证上的，义理非我所好，也非我所能。""我在这里使用'义理'二字，不是清人的所谓'义理'，而是通过考证得出规律性的东西，得出在考证之外的某一种结

1

论。"义理，换一句现代的话来说，就是探索规律。

探索什么规律呢？探索的是文化发展的规律。季羡林研究的是广义的人类文化，他说："我认为凡人类的历史上所创造的精神、物质两个方面，并对人类有用的东西，就叫文化。"世界上林林总总的民族，不论大小、久暂，只要存在或者曾经存在，总会在物质和精神方面有所创造，就是对人类文化有所贡献。因此，人类文化来源是多元的，不是一元的。文化有个特点，它是天下为公的，他一旦被创造出来，就会向外流传，它既可以为这一个地区、民族的人们服务，也可以为那一个地区、民族的人们造福。不同地区不同民族的文化通过交流，互通有无，相互吸收，相互学习和融合，自己原来没有的东西有了，原来不会的学会了，他们的本领越来越大，创造的物质和精神财富越来越多。文化的交流，促进生产力发展，推动人类社会前进。从这个意义上说，一部人类历史，就是一部文化交流史。民族的就是世界的，每个民族的固有文化，构成了它的民族传统，而吸收、借鉴和融合外来文化，就形成了它的时代特征，各民族的文化都是以民族传统为经线，以时代特点为纬线织成的锦缎。人类文化就是这样多姿多彩的，五光十色的锦缎。

在人类历史上，民族和国家，不论大小，都或多或少地对人类文化宝库作出了自己的贡献。这是一个历史事实，是无法否认的。同样不可否认的事实是，每一个民族或国家的贡献又不完全一样。有的民族或国家的文化对周围的民族或国家产生了比较大的影响，积之既久，形成了一个文化圈或文化体系。根据季羡林多年研究，人类自从有历史以来，总共形成了四个大文化圈：古希腊、古罗马一直到近代欧美的文化圈、从古希伯来起一直到伊斯兰国家的闪族文化圈、印度文化圈和中国文化圈。在这四个文化圈内有一个主导的影响大的文化，同时各个民族或国家又是互相学习的。在各个文化圈之间也是互相学习的。这种相互学习就是文化交流。倘若从更大的宏观上来探讨，这四个文化圈又可以分成两大文化体系：第一个文化圈构成了西方大文化体系；第二、第三、第四个文化圈构成了东方大文化体系。"东方"在这里既是地理概念，又是政治概念，即所谓第三世界。这两大文化体系之间的关系也是互相学习的。仅就目前来看，统治世界的是西方文化。但是从历史上来看，二者的关系是"三十年河东，三十年河西"。从发展趋势上看，21世纪，东方文化，特别是中国文化将重现辉煌。

季羡林的这个结论是怎样得出来的呢？不是靠简单的逻辑推理，也不是靠条分缕析的分析求证，而是靠对上下五千年、纵横十万里的人类文化现象长期观察和研究得出的结论。"会当凌绝顶，一览众山小。"季羡林数十年在文化交流史研究领域艰苦攀登，历史、宗教、文学、语言、美学、哲学等学科的一个个山头被他踩在脚下，还应用了新兴的"模糊学"、"混沌学"理论，他终于透过复杂纷纭的文化现象看清了东西方文化发展的大趋势，揭示出人类文化发展的客观规律。

季羡林教授是一位语言学家，语言是他进行科学研究的工具。季羡林掌握古今中外几种重要语言：母语而外，精通英语、德语、古代印度的梵文、巴利文、吠陀语和吐火罗文（中国新疆的古代焉耆语和龟兹语），能阅读法语和俄语书籍，涉猎过塞尔维亚—克罗地亚语、阿拉伯语和希腊语，这为他观察人类文化提供了一把独特的钥匙。我们知道，当一种东西被发明或者发现，从甲地传到乙地，往往把它的原来名字也带到乙地，这就为文化交流的研究提供了线索和佐证。例如，季羡林从"浮屠"与"佛"这两个不同的译名入手，探究佛教从印度传入中国的路径，经过数十年研究，证明佛教从印度传入中国不是直接而是间接的，传布道路至少有两条：大月氏（大夏）和中亚西域诸小国；又如，他在一张敦煌写经残卷的背面发现熬糖的记载，看到了"煞割令"这个词，"煞割令"是什么？原来是梵文 sarkara，就是"蔗糖"这个词。这个词在英文、法文、德文、俄文中的发音也是同梵文基本一致的。于是，他开始研究蔗糖及其制作方法在各民族间相互交流、相互学习的历史，经过两年在书海中艰苦寻觅，查遍了所有可以找到的中外文资料，写出了 80 万字的皇皇巨著《糖史》，以糖为媒介介绍亚欧各民族人民相互学习交流的历史。

语言是思想的外化，是人类思维的工具。不同的民族操不同的语言，人们的思维方式是千差万别的。季羡林发现，人类的思维模式尽管千差万别，但不出分析和综合二种。东方文化和西方文化根本的差别在于思维模式的不同，西方主分析，东方主综合。近代以来，主分析的西方思维方式风靡世界，给人类带来了巨大的福利，但也为人类的生存与发展埋伏了巨大的危机。人类面临诸多巨大的难题：能源匮乏，淡水不足，人口爆炸，环境污染，气候变暖，臭氧层破坏，生态失衡，物种灭绝，新疾病蔓延，自然灾害频发等等。这些问题，靠西方那种分析思维，一味强调发展，诛求无厌，不计后果，是不可能解决的。出路何在呢？季羡林的研究结果是，唯有以东方的综合思维济西方的分析思维之穷，以东方文化济西方文化之穷。东西方文化互补，当然是没有问题的，问题在于，二者不可能平分秋色，究竟以哪一方为主呢？

要解决这个问题，看一看季羡林教授对两个口号的比较研究，就一清二楚了。在处理人与自然的关系上，主分析的西方提出的典型口号是"征服自然"；而主综合的东方则主张"天人合一"，季羡林对这个古老命题的新解是"人与自然和谐相处"，在中国，更有张载提出的"民胞物与"的思想。很明显，这不是方式方法之争，而是根本立场之争。今天我们要全面落实科学发展观，两个口号孰优孰劣，不是一目了然吗？

一种文化要发展进步不外乎两种途径：一是发扬光大自己的传统文化之精华；二是积极学习和吸收外来文化的营养，与时俱进。二者缺一不可。中华文化是中华各民族共同创造的，它历来就是开放的体系，历史上有过三次大规模的"输液"，一次是汉唐佛教的输入，一次是明清之际的西学东渐，一次是五四以来马克思列宁主义的输入。这些外来的文化已经中国化，成为中国文化的有机组成部分。所以中华文化不断发展，历久弥新。佛教的传入可以作为一个例证。季羡林作为马克思主义史学家，对佛教中国化的研究，成果是独到的，贡献是有目共睹的。中国化的佛教已经成为国学的不可分割的一部分。还是来引用季羡林教授的一段话吧："一个文化，不管在某一时期内发展得多么辉煌灿烂，如果故步自封，抱残守缺，又没有外来的新成分注入，结果必然会销声匿迹，成为夏天夜空中的流星。打一个未必很恰当的比方，一种植物，必须随时嫁接，方能永葆青春，放任不管，时间一久，就会退化。中华民族创造了极其卓越的文化，至今仍然没有失去活力，历时之久，为世界各民族所仅见。原因当然是很多的，重要原因之一，我认为，就是随时吸收外来的新成分，随时'拿来'，决不僵化。佛教作为一个外来的宗教，传入中国以后，抛开消极的方面不讲，积极的方面是无论如何也否定不了的。它几乎影响了中华文化的各个方面，给它增添了新的活力，促其发展，助其成长。这是公认的事实。"

对于西方文化，鲁迅先生主张"拿来主义"。季羡林认为这个主义至今也没有过时。同时他主张，在拿来的同时，应该提倡"送去主义"，而且应该定为重点。为了全体人类的福利，为了全体人类的未来，我们有义务把自己文化的精华送出去的。他认为，我们的好的东西很多，最重要的如汉语，"民胞物与"的思想，还有和谐观。他说，"自古以来，中国就主张'和谐'，'礼之用，和为贵，先王之道，斯为美'。时至今天，我们又提出'和谐'这一概念，这是我们中华民族送给世界的一个伟大礼物，希望全世界能够接受我们这个'和谐'的概念，那么，我们这个地球村就可以安静许多。""我们讲和谐，不仅要人与人和谐，人与自然和谐，还要人内心和谐。中国现在正大力提倡构建和谐社会，可以说是适逢其时。我活了将近 100 年了，从未看到过这么好的一个时代。"

季羡林先生的这些重要观点，是他多年的研究成果，闪烁着东方智慧的光辉。这是一笔宝贵的精神财富。掌握这些观点，对我们把握人类文化的发展趋势，增强自觉性，减少盲目性，为人类文化发展作出我们中华民族应有的贡献，具有重要的意义。季先生是 2006 年"感动中国"

十大人物之一，他关于人生的见解和他的实际行动，感动了千千万万的中国人。季羡林说："我想教给年轻人的无非是：热爱祖国、热爱人类、热爱生命、热爱自然。我认为，这四个'热爱'是众德之首。有了这四个'热爱'，国家必能富强，世界必能和睦，人类与大自然必能合一，人类前途必能辉煌。"

编者辑录的这本《季羡林谈义理》，内容包括：什么是文化，什么是中国文化；人类四大文化体系和东方文化与西方文化；东西方思维方式的不同特点；东方特有的"天人合一"思想的新解；处理好三个关系以实现和谐；文化交流促进人类社会进步；中国优秀传统文化；佛教的中国化；中国知识分子的爱国传统；读书治学的方法和态度；获得成功的三个要素；对于人生的感悟以及关于老年的见解等，共 13 个单元。每个单元的内容按时间排序，这样读者可以看到季羡林一些重要观点的形成和发展脉络。有些话语摘自不同的文稿，尽管摘录时作了一些删节，但考虑到内容的完整，有些字句难免有所雷同，编者以为，聪明的读者可以了解作者经常强调的是什么，为什么如此强调。作者多次声明自己不擅长哲学思辨，从来无意构建什么哲学体系，编者这样分类编排不过是想为读者学习和研究季羡林的重要观点提供一个索引。季羡林教授治学领域广泛，著作等身，这本语录体的小册子实在无法让读者一窥全豹。

《论语》中说："士不可以不宏毅，任重而道远。"在 21 世纪，我们肩负中华民族伟大复兴的重任，面对重要的发展机遇与严峻挑战。一位博古通今、学贯东西的世纪老人经过深思熟虑得出的结论对我们无疑是弥足珍贵的。编者愿和广大读者一道，认真研读季羡林先生这些重要观点，慎思之，明辨之，笃行之，为振兴中华民族文化，推动人类文化进步而努力。

梁志刚

2007 年 11 月 30 日于北京

一　文明与文化、中国文化

什么叫"文化"？

我们这个讲座叫"东方文化系列讲座"。写文章、说话也常谈到"文化"。但你给"文化"下个定义，并不容易。现在世界上对"文化"下的定义有几百个。有的说两百个，有的说六百个，我没做统计。但还没有一个定义是大家都同意的。大家都会感觉到，在社会科学领域里，包括人文科学，要给某个现象下个定义十分难，而自然科学较容易。如"直线"，两点之间最短的线是"直线"。大家没有什么可争论的。可是在社会科学领域里，对什么是"美"，不知有多少定义。我看了后感到都有些合理的地方和不合理的地方。今天，我也不想给"文化"勉强下一个定义，我只想谈谈自己的理解。我认为凡人类的历史上所创造的精神、物质两个方面，并对人类有用的东西，就叫"文化"。这是我对"文化"的理解，也可以算做一个"定义"吧。同志们看后会觉得，这不像定义。定义必须叙述得很神秘，拐很多弯，用好些形容词等等。这样的事我干不了。我就是这样理解的，也可以说是最广义的文化吧。

《中国文化发展战略问题》（1987 年）

"文化"和"文明"有何区别？

同志们写文章也好，讲话也好，提到"文化"、"文明"，不知大家

1

对此是否进行过研究。什么叫"文化"？什么叫"文明"？我在这里也不是研究，也还是讲自己的理解。一般的英文字典，"culture"是"文化"，"civilization"是"文明"。可是有的英文字典"culture"又是"文化"，又是"文明"；"civilization"也又是"文化"，又是"文明"。法文字典也一样。这说明这两个词有共同的地方。平常我们讲"东方文化史"也可以说"东方文明史"。可是有的时候，这两个词就不能通用。如"文明礼貌"，你说"文化礼貌"就不行。"学文化"你不能说"学文明"。因此，这两个词还有区别。我认为"文明"是对野蛮而言的，"文明"的对立面是"野蛮"。"文化"的对立面是"愚昧"。但"野蛮"和"愚昧"又有联系，"野蛮"中"愚昧"成分居多，也有不愚昧的"野蛮"。我们学文化是因为过去没文化，学了文化把"愚昧"去掉了。我们讲文明礼貌是过去不文明，有一些野蛮，提倡文明礼貌，把"野蛮"成分去掉了。同志们或许觉得我这样理解过分简单化了，但简单化比一点想法都没有要好。

《中国文化发展战略问题》（1987 年）

文化的产生是一元的还是多元的？

我认为文化、文明的产生是多元的。不能说世界上的文化是一个民族创造的。这种说法是有的，这就是法西斯希特勒，他认为文化都是雅利安人创造的。最近有人说人类起源于云南的元谋。我觉得其中有点问题。这不能称为"爱国主义"，这是"超爱国主义"。非洲也有人讲人类起源于非洲。关于人类起源这个问题很复杂，大家都没吵清楚，恐怕若干年后也吵不清楚。人类绝对不是起源于一个地方，不是元谋，也不是非洲。文化也是这样。一个部族、部落的创造、发明，比如火的发现、工具的使用，再晚一些，比如农耕、建筑等，都是人类文化的创造。但不一定在一个地方。文化的产生不是一元的，不能说一个地方产生文化。这样说也许有人会问，是否否认我们常讲的文化体系？不，我认为世界文化是有体系的。我的看法是有四大体系，即中国文化、印度文化、希腊文化、伊斯兰阿拉伯文化。有人说还有希伯来文化，我看很难成体系。它不是属于伊斯兰文化的先驱归入伊斯兰文化，就是和希腊文化合在一起。世界文化是有体系的，我们不能否认。世界四大文化体系中有三个文化体系是在东方。中国、印度、伊斯兰阿拉伯，它们的文化各有特点，有它的独立性，对其他国家有影响。专就文学而论，日本、朝鲜、越南的文学，很受中国文学的影响。中世纪的印尼、柬埔寨、老挝、泰国、缅甸的文学受印度文学的影响。乌尔都、现代印尼，以及印度的一部分受穆斯林阿拉伯的影响。所谓"体系"，它必须具备"有特色、能独立、影响大"这三个基本条件。我讲的文化的产生是多元的，和文化体系并不矛盾。

《中国文化发展战略问题》（1987 年）

周一良先生曾把文化分为三个层次：狭义的、广义的、深义的。前二者用不着再细加讨论，对于第三者，深义的文化，周先生有自己的看法。他说：

在狭义文化的某几个不同领域，或者在狭义和广义文化的某些互不相干的领域中，进一步综合、概括、集中、提炼、抽象、升华，得出一种较普遍地存在于这许多领域中的共同东西。这种东西可以称为深义的文化，亦即一个民族文化中最为本质或最具有特征的东西。

他举日本文化为例，他认为日本深义的文化的特质是"苦涩"、"闲寂"。具体表现是简单、质朴、纤细、含蓄、古雅、隐而不发、不事雕饰等。周先生的论述和观察，是很有启发性的。我觉得，他列举的这一些现象基本上都属于民族心理状态或者心理素质，以及生活情趣的范畴。

把这个观察应用到中华民族文化上，会得到什么结果呢？我不想从民族心态上来探索，我想换一个角度，同样也能显示出中华文化的深层结构或者内涵。

在这个问题上，寅恪先生实际上已先我着鞭。在《王观堂先生挽词序》中，寅恪先生写道：

> 吾中国文化之定义，具于《白虎通》三纲六纪之说，其意义为抽象理想最高之境，犹希腊柏拉图所谓 Idea 者。

我觉得，这是非常精辟的见解。在下面谈一下我自己的一些想法。

中国哲学同外国哲学不同之处极多，其中最主要的差别之一就是，中国哲学喜欢谈论知行问题。我想按照知和行两个范畴，把中国文化分为两部分：一部分是认识、理解、欣赏等等，这属于知的范畴；一部分是纲纪伦常、社会道德等等，这属于行的范畴。这两部分合起来，形成了中国文化。在这两部分的后面存在着一个最为本质，最具有特征的、深义的中华文化。

寅恪先生论中国思想史时指出：

> 南北朝时，即有儒释道三教之目。（中略）故自晋至今，言中国之思想，可以儒释道三教代表之。此虽通俗之谈，然稽之旧史之事实，验以今世之人情，则三教之说，要为不易之论。（中略）故两千年来华夏民族所受儒家学说之影响，最深最巨者，实在制度法律公私生活之方面，而关于学说思想之方面，或转有不如佛道二教者。

事实正是这个样子。对中国思想史仔细分析，衡之以我上面所说的中国文化二分说，则不难发现，在行的方面产生影响的主要是儒家，而在知的方面起决定作用的则是佛道二家。潜存于这二者背后那一个最具中国特色的深义文化，是"三纲六纪"等伦理道德方面的东西。

专就佛教而言，它的学说与实践也有知行两个方面。原始佛教最根本的教义，如无常、无我、苦，以及十二因缘等等，都属于知的方面。八正道、四圣谛等，则介于知行之间，其中既有知的因素，也有行的成分。与知密切联系的行，比如修行、膜拜，以及涅槃、跳出轮回，则完全没有伦理的色彩。传到中国以后，它那种无父无君的主张，与中国的"三纲六纪"等等，完全是对立的东西。在与中国文化的剧烈冲击中，佛教如果不能适应现实情况，必然不能在中国立定脚跟，于是佛教只能做出某一些伪装，以求得生存。早期佛典中有些地方特别强调"孝"字，就是歪曲原文含义以适应中国具有浓厚纲纪色彩文化的要求。由此也可见中国深义文化力量之大、之不可抗御了。

这一点，中国不少学者是感觉到了的。我只举几个例子。这些例子全出于《论中国传统文化》，中国文化书院讲演录第一集。

梁漱溟先生说：

> 中国人把文化的重点放在人伦关系上，解决人与人之间怎样相处。

冯友兰先生说：

> 基督教文化重的是天，讲的是"天学"；佛教讲的大部分是人死后的事，如地狱、轮回等，这是"鬼学"，讲的是鬼；中国的文化讲的是"人学"，注重的是人。

庞朴先生说：

假如说希腊人注意人与物的关系，中东地区则注意人与神的关系，而中国是注意人与人的关系，我们的文化的特点是更多地考虑社会问题，非常重视现实的人生。

这些意见都是非常正确的。事实上，孔子就是这种意见的代表者。"子不语怪、力、乱、神"，就是证明。他自己还说过："未知生，焉知死。"

国外一些眼光敏锐的思想家也早已看到了这一点，比如德国最伟大的诗人歌德，就是其中之一。1827 年 1 月 29 日同埃克曼谈"中国的传奇"时，他说：

中国人在思想、行为和情感方面几乎和我们一样，使我们很快就感到他们是我们的同类人，只是在他们那里一切都比我们这里更明朗，更纯洁，也更合乎道德。（中略）还有许多典故都涉及道德和礼仪。正是这种在一切方面保持严格的节制，使得中国维持到几千年之久，而且还会长存下去。

连在审美心理方面，中国人、中国思想、中国文化都有其特点。日本学者岩山三郎说：

西方人看重美，中国人看重品。西方人喜欢玫瑰，因为它看起来美，中国人喜欢兰竹，并不是因为它们看起来美，而是因为它们有品。它们是人格的象征，是某种精神的表现。这种看重品的美学思想，是中国精神价值的表现，这样的精神价值是高贵的。

我在上面的论述，只是想说明一点：中国文化同世界其他国家的文化，既然同为文化，必然有其共性。我在这里想强调的却是它的特性。我认为，中国文化的特性最明显地表现在或者可以称为深义的文化上，这就是它的伦理色彩，它所张扬的"三纲六纪"，以及解决人与人之间的关系的精神。

《陈寅恪先生的道德文章》（1990 年）

东西两大文化体系有其共同点，也有不同之处。既然同为文化，当然有其共同点，兹不具论。其不同之处则亦颇显著。其最基本的差异的根源，我认为就在于思维方式之不同。东方主综合，西方主分析，倘若仔细推究，这种差异在在有所表现，不论是在人文社会科学中，还是在理工学科中。我这个观点曾招致不少的争论。赞成者有之，否定者有之，想同我商榷者有之。持保留意见者亦有之。我总觉得，许多人（包括我自己在内）对东西方文化了解研究得都还不够深透，有的人连我的想法了解得也还不够全面，不够实事求是，却惟争论是尚，所以我一概置之不答。

《东方文化集成》总序（1996 年 3 月 20 日）

我对文化交流重要性的议论，在我的很多文章中和发言中都可以找到。我对中外交流的研究，其范围是相当广的，其时间是相当长的。我的重点当然是中印文化交流史，这与我的主要研究课题——印度古代的佛教梵语——有关。我的研究还旁及中国与波斯和其他一些国家的文化交流。就连我多年来兀兀穷年搞的貌似科技史之类的课题，其重点或者中心依然是文化交流史。

《学海泛槎——季羡林自述》（1997 年 12 月）

文化总是会交流，总会融合的；但是在交流、融合中总有一个以哪个为主的问题。欧洲文化在过去几百年是为主的，这一点是无法否认的。但是任何文化也不能"万岁"。英国大历史学家汤因比已经雄辩地证明了这一点。尽管遭到了许多人的反对甚至讽刺，我仍然认为，21世纪在世界上东西文化继续交流和融合的基础上，必以东方文化为主。

《比较文学原理新编》序（1998年1月4日）

现在国学特别热，但是年轻人对国学的概念比较模糊，不太清楚。那么，什么是"国学"呢？简单地说，"国"就是中国，"国学"就是中国的学问，传统文化就是国学。

现在对传统文化的理解歧义很大。按我的观点，国学应该是"大国学"的范围，不是狭义的国学。

既然这样，那么国内各地域文化和五十六个民族的文化，就都包括在"国学"的范围之内。地域文化和民族文化有各种不同的表现形式，但又共同构成中国文化这一文化共同体。举个例子，比如齐文化和鲁文化，也不一样。"孝悌忠信"是鲁文化，"礼义廉耻"是齐文化。就是说鲁文化着重讲内心，内在的；齐文化讲外在的，约束人的地方多。"孝悌忠信"是个人伦理的修养；礼义廉耻，就必须用法律来规定，用法律来约束了。鲁国是农业发达，鲁国人就是很本分地在务农。齐国商业化，因为它靠海，所以姜太公到齐国就是以商业来治国。具体的例子，如刻舟求剑，这种提法就是沿海文化的。而"日出而作，日落而息"，恐怕就代表鲁文化了。齐鲁文化互补，是中国传统文化的重要组成部分。但是齐鲁文化以外，还有其他地域文化也很重要。过去光讲黄河是中国文化的中心，我是不同意的，长江文化、其他地域文化其实都应该包括在国学里边。敦煌学也包括在国学里边。

咱们讲文化交流，文化交流有两种形式，一个是输出的，一个是进来的。敦煌是进来的代表，很多文明程度很高的国家文化都到过敦煌。佛教从国外进来，经过很长时间的演变，形成了中国特色的中国佛教。

敦煌里边有很多内容是佛教的，也有其他文化的，是古代中国吸收外来
文化的最后一站，再往下就没了。

吐火罗语的《弥勒会见记》剧本，是不是也算国学？当然算，因为
吐火罗文最早是在中国新疆发现的。吐火罗文是中国古代的一种语言，
是别的地方没有的。另外，很多人以为国学就是汉族文化。我说中国文
化、中国所有的民族都有一份。中国文化是中国五十六个民族共同创造
的，这五十六个民族创造的文化都属于国学的范围。而且后来融入中国
文化的外来文化，也都属于国学的范围。

我们现在的国学研究还很粗糙，很多应该包括的内容还没有挖掘
出来。

历史不断发展，不断地融入，这是没有时间界限的。儒家、道家是
传统文化，佛家也是啊，把佛家排除在外，是不对的。

《季羡林说国学》（2007 年 3 月 6 日）

二 东方文化和西方文化：
"三十年河东，三十年河西"

记者：季先生，我非常想从您这儿得到一点我想要的东西。我要问的问题只有一个，但很大，就是：印度的文化特征。

季羡林：真是个不小的问题。可我想从更大的范围来谈。

我认为，世界上有四大文化体系，中国文化体系、印度文化体系、闪族—伊斯兰文化体系和希腊—罗马文化体系。为什么这么说呢？因为这四种文化系统的时间最长，影响也最大。同时，我也考虑是否可以简化一点，就分作东西两大体系，西，即希腊—罗马文化；东，即中国文化、印度文化和闪族—伊斯兰文化。印度文化比较复杂。

记者：是不是因为印度民族的构成比较复杂？

季羡林：是的，文化是由人创造的。从根本上讲，达罗毗荼人，现在在南印度，北方是印度雅利安人。印度包括了白种人、黄种人和黑种人。

公元前第 2000 纪雅利安人对印度的入侵，对印度文化产生了全局性的影响，雅利安文化在印度文化中有着重要的地位。而雅利安文化则与希腊—罗马文化同一体系，是一个根。另外，7 世纪伊斯兰教兴起以后，征服了很大的疆域，西班牙、整个的阿拉伯、埃及、伊朗和印度一部分。现在我们谈论印度，起码得看到这两个成分，一个是雅利安，另一个是穆斯林，不管是现在的印度人，还是印度的宗教，都可以分作这两部分。

这两个方面实际上也就形成了印度文化的两个特征：深刻而糊涂，清晰而浅显。前一个特征更重要。

记者：这两个特征是否适合于所有印度人？是否在印度人的一切行为中都体现出这两个特征？

季羡林：从总体上说当然是这样。但我们也要实事求是，我不能说印度人连吃饭、睡觉也是没头绪，没有规律的。

我主要是指他们的思想方法。印度人有很深刻的思想，他们研究现实的世界、人生，研究来世。但他们头绪不清，很少逻辑。所谓深刻而糊涂就是这个意思。

记者：在文学艺术上也如此？

季羡林：是的。到印度去看建筑最清楚，原来都是印度教的，后来伊斯兰教进入后，便将印度教的建筑部分破坏了，盖起了具有伊斯兰教特色的建筑，风格完全两样。印度教的建筑在总体上，从远处看是一塌糊涂，很乱，可观察细部则非常细致。伊斯兰教文化正好相反，非常明晰，清真寺与印度教的庙比起来，鲜明得很。清晰是否就等于浅薄呢？很难说是浅薄，但反正不像印度人那样深刻。

在印度艺术中，歌、舞非常发达。记得当年周总理对印度的音乐舞蹈非常欣赏，认为是第一流的。他们的舞蹈有深厚的基础，很普遍，有几千年的历史，而且，舞蹈理论到现在也还是世界第一。有一部书叫《舞论》，对手眼身法步都有明确的意义规定，每一个手形都是有含义的。在另外三个文化系统中也可以有像《舞论》一类的著作，不过在系统性上，印度的《舞论》是第一位的，我们比不上了。

印度文艺普遍地不重视情节。比如大史诗《罗摩衍那》有八大卷，近300万字，可是情节，我只需用几千字就可以写完，很简单，而且有些情节自相矛盾。所以，那个东西，我们中国人不容易欣赏。中国人喜欢情节，喜欢生动多变的故事。

记者：他们的没有条理也反映在叙事文学的不讲求叙事上。可是，300万字不叙事又花到哪里去呢？

季羡林：花在十分精细的描写上，他们可以用大量篇幅从从容容地描写一个人物、一个战场、一个风景。可是在总体上却很不清楚，他们也不在乎。

印度人的许多习惯是在西方资本主义的冲击下有所改变的。过去印度人敬神可以不分昼夜。看电影总不能不分昼夜。一两个小时的电影实在满足不了印度人的要求。电影短了卖不出钱去，怎么办？没有别的办法，只有拉长篇幅，只有载歌载舞。时间是拉长了，情节仍然那么简单。但这就有了观众。

记者：这好像是双方互相妥协，制片商尽量增加电影的长度，观众也适当放弃了自己的"不分昼夜"的习惯。

季羡林：从这个电影现象中，不仅很直观地反映了印度民族对歌舞的迷恋，反映了资本主义在印度社会中的发展（制片商选择歌舞的目的是为赚钱），也反映了传统的延续。

我说印度人思想很深刻，可没有条理，也表现在他们的时间观念上。印度人的时间观念是很有意思的，与我们的大不一样。我们可以为玄奘西天取经起程的年代争得不亦乐乎，是贞观元年，还是贞观三年？我们争得津津有味，但印度人却十分不理解，不就是两三年的事嘛。就是一两千年，印度人也不放在眼中。关于世界名剧《沙恭达罗》的作者出生年代，在印度有两种意见，这两种意见之间，相差了1000年。在他们心目中，差个1000年又有什么关系呢？因此，马克思说，印度没有历史。这是很深刻的。

记者：印度人的这种思想观念，在近代资本主义的冲击下，是否有所改变呢？

季羡林：当然。不过，我得先谈印度文化对世界的重要影响。

记者：请。

季羡林：印度文化在世界文化中的地位是很突出的，它的影响很大。这种影响对于巴基斯坦不成问题，因为巴基斯坦本来就是印度的，孟加拉国也是这样，斯里兰卡，尼泊尔，中国。中国的佛教就是从印度传来的，然后又通过朝鲜传到了日本，影响了日本文化。印度文化的影响向南，包括了越南、柬埔寨、老挝，所有的东南亚，泰国、缅甸不言而喻，受影响的还有印度尼西亚。我说的影响，不仅是指宗教的影响，还包括印度文学、艺术和哲学。

此外，印度文化在欧洲也引起人们浓厚的兴趣。17、18世纪的很多欧洲的大哲人受到了印度哲学的影响，最有名的就是叔本华。直到今天，印度哲学、佛教哲学仍在欧洲流行。

记者：为什么呢？

季羡林：这是欧洲人对自己的反省。资本主义产生于希腊—罗马文化体系。资本主义的强大力量征服了世界。这不是今天，也不是上个世纪，而是17、18世纪。现在欧洲的资本主义文化在世界上占统治地位，占主导地位。在中国也一样，马克思主义就是资本主义社会的产物。

欧洲人自以为是天之骄子。可是，1914年爆发了第一次世界大战，打到1918年才了结。战争结束后，欧洲人开始反省，反省自己的文化，为什么会自相残杀？于是便出现了一个向东方学习的潮流，主要是学习中国和印度。说来也怪，只平静了20年，第二次世界大战又爆发，出现了希特勒和法西斯主义。法西斯主义者是权端的种族主义者，在他们看来，世界文化都是雅利安人创造的。这次大战比上一次时间更长，规模更大，死的人更多。所以，二次大战结束后，欧洲的有识之士重新检查自己的文化，再一次把目光转向东方。

记者：他们是在寻找挽救资本主义社会的方法。印度正在影响着欧洲，那么，资本主义文化是否也在影响着印度呢？

季羡林：印度人的思想方法在西方资本主义的影响下，正在十分缓慢地变化。一个民族的文化传统是很难改变的。思想方法的改变比起衣食住行来更加困难。这不只是印度，任何一个国家都这样。今天的中国可以说是相当开放了，年轻人从头到脚没有一样是中国传统的，可是思想方法呢，平心静气地说，保留了相当多的传统的思维习惯，我们老人就更多。我们头脑中的旧的习惯势力与形式上的西化正产生着激烈的矛盾冲突。

记者：这样的例子举不胜举，对有些人来说，改革只是谋私利的幌子，改革就是多挣钱，只要能挣到钱，可以不择手段。资本主义也不择手段地挣钱，但人道主义和个人主义的发展，又使挣钱的不择手段受到一定的限制，社会福利、慈善事业和文化事业已经成为他们生活的重要内容。

季羡林：现在的社会风气很坏，好像不大再有人谈道德了。中国不开放不行，不改革不行，不"化"不行，关键的问题是要化一化我们脑袋里的观念。时间就是金钱，这是西方人的说法。现在我们也说，可是从政府到基层的马马虎虎、拖拖拉拉的工作作风，根本没把时间当金钱，在我们的头脑中，时间不值一钱，表面的形式上的西化很容易，吃面包、喝咖啡。可思想方法却不容易西化。这值得重视。我在欧洲生活了 11 年，传统的思想方法也没有改掉，把 10 亿中国人都送到欧洲去"化"，回来一定还是教人失望，因为还是中国人，中国人的眼睛变不蓝，皮肤也变不白。"全盘西化"根本不会存在，理论上不通，实践上做不到。

"全盘西化"的顾虑完全是多余的。

任何一种文化都有两部分，一是传统，一是时代。西化属于时代的方面，而时代又总是依附于传统的。但是，传统也依附于时代的变化而变化。《红高粱》的成功，恐怕不在于西化的程度，也不在于中国人特有的行为方式，而在于精神状态。对于西方来说，有魅力的是东方人的精神世界。

我说"全盘西化"是不可能的，而闭关锁国则前途可畏。只有传统的方面与时代的方面相结合，文化才能发达，这是一般的道理，自然也适合于印度。

好，我们可以在这里打住了。概括起来，印度文化的特征就是深刻而糊涂。这一特征来自印度雅利安人。另一部分的穆斯林文化则表现为清晰而浅显。

记者：季先生，您的这个看法与印度人交换过意见吗？

季羡林：我没有谈过，这只是我的看法，属于一家之言，但我认为是正确的。说实话，他们并不一定能看清自己的问题。人要知道自己很难，一个民族要了解自己就更难了。古希腊人了不起，他们说过一句话，叫作"你要了解自己"。印度人不了解自己，我们也同样不了解自己，缺少自知之明，这是最大的悲哀。

《印度文化特征》（1988 年 6 月）

（注：文本系《电影艺术》杂志记者荣韦菁于 1988 年 6 月对季羡林的采访记录，发表于《电影艺术》1988 年第 8 期。）

最近几年，在全国范围内，掀起了一股"文化热"的高潮。这是完全可以理解的。我们国家的社会主义建设发展到今天这个地步，在接受几十年来的经验和教训的基础上，文化建设的任务已经提到议事日程上来了。我想大家都会同意，人类历史上任何社会，都不能专靠科技来支撑，物质文明必须与精神文明同步建设。我们今天的社会也决不能例外。

在众多的讨论中国传统文化与现代化问题的论文和专著中，有很多很精彩的具有独创性的意见，我从中学习了不少的非常有用的东西。我在这里不详细去叙述。我只有一个感觉，这就是，讨论中国文化，往往就眼前论眼前，从几千年的历史上进行细致深刻的探讨不够，从全世界范围内进行最广阔的宏观探讨更不够。我个人觉得，探讨中国文化问题，不能只局限于我们生活于其中的这几十年近百年，也不能局限于我们居住于其中的九百六十万平方公里。我们必须上下数千年，纵横数万里，目光远大，胸襟开阔，才能更清晰地看到问题的全貌，而不至于陷入井蛙的地步，不能自拔。总之，我们要从历史上和地理上扩大我们的视野，才能探骊得珠。

《从宏观上看中国文化》（1989 年）

　　我们眼前的情况怎样呢？从 19 世纪末叶以来，我们就走上了西化的道路。当然，西化的开始还可以更往前追溯，一直追溯到明末清初。但那时规模极小，也没有向西方学习的意识，所以我不采取那个说法，只说从 19 世纪末叶开始。从中国社会发展的需要来看，从全世界文化交流的规律来看，这都是不可避免的。近几百年以来，西方文化，也就是资本主义文化，垄断了世界。资本主义统一世界市场的形成，把世界上一切国家都或先或后地吸收过去。这影响表现在各个方面，不但在政治、经济方面到处都打上了西方的印记，在文学方面也形成了"世界文学"，从文学创作的形式上统一了全世界。在科学、技术、哲学、艺术等等方面，莫不皆然。中国从清末叶到现在，中间经历了许多惊涛骇浪，帝国统治、辛亥革命、洪宪窃国、军阀混战、国民党统治、抗日战争、解放战争，一直到中华人民共和国建立后的社会主义初级阶段，我们西化的程度日趋深入。到了今天，我们的衣、食、住、行，从头到脚，从里到外，试问哪一件没有西化？我们中国固有的东西究竟还留下了多少？我看，除了我们的一部分思想感情以外，我们真可以说是"全盘西化"了。

　　我并不认为这是一件坏事，我认为，这是一件天大的好事。无论如何，这是一件不可抗御的事。我一不发思古之幽情，二不想效法九斤老太；对中国自然经济的破坏，对中国小手工业生产方式的消失，我并不如丧考妣，惶惶不可终日。我认为有几千年古老文明的中国，如果还想存在下去，就必须跟上世界潮流，决不能让时代潮流甩在后面。这一点，我想也是绝大多数的中国有识之士所共同承认的。

但是，事情还有它的另外一面，它也带来了不良后果。这最突出地表现在一些人的心理上。在解放前，侨居上海的帝国主义者在公园里竖上木牌。上面写着"华人与狗不许入内"。这是外来的侵略者对于我们民族的污辱。这是容易理解的。但是，解放以后，我们号称已经站起来了，然而崇洋媚外的心理并未消失。古已有之，于今为烈。50年代曾批判过一阵这种思想，好像也并没有收到预期的效果。到了"十年浩劫"，以"四人帮"为首的一帮人，批崇洋媚外，调门最高，态度最积极。在国外读过书的知识分子，几乎都被戴上了这顶帽子。然而，实际上真正崇洋媚外的正是"四人帮"自己。现在，"四人帮"垮台已经十多年了，社会上崇洋媚外的风气，有增无减。有时简直令人感到，此风已经病入膏肓。贾桂似的人物到处可见。多么爱国的人士也不能否认这一点。有识之士不禁怃然忧之。这种接近变态的媚外心理，我无论如何也难以理解。凡是外国的东西都好，凡是外国人都值得尊敬，是一种反常的心理状态。中国烹调享誉世界。有一些外国食品本来不怎么样，但是，一旦标明是舶来品，立即身价十倍，某一些人蜂拥而至，争先恐后，连一些外国朋友都大惑不解，只有频频摇头。

在这样的情况下，要来谈中国文化，真正是嘎嘎乎难矣哉。在严重地甚至病态地贬低自己文化的氛围中，人们有意无意地抬高西方文化，认为自己一无是处，只有外来的和尚才会念经。这样怎么能够客观而公允地评价中国文化呢？我的意思并不是要说，要评价中国文化，必须贬低西方文化。西方文化确有它的优越之处。19世纪后半叶，中国人之所以努力学习西方，是震于西方的船坚炮利。在以后的将近一百年中，我们逐渐发现，西方不仅是船坚炮利，在精神文明和物质文明方面，他们有许多令人惊异的东西，想振兴中华，必须学习西方，这是毫无疑问的。20年代，就有人提出了"全盘西化"的口号。今天还有不少的人有过这种提法或者类似的提法。其用心良苦，我自认能充分理解。至于西化是否能够全盘，则是另一个问题，我在这里不去详细讨论。我只想指出，人类历史证明，全盘西化（或者任何什么化），理论上讲不通，事实上办不到。但这并不影响我们向西方学习。我们必须向西方学习，今天要学习，明天仍然要学习，这是决不能改变的。如果我们故步自封，回到老祖宗走的道路上去，那将是非常危险的。

　　但是，我始终认为，评价中国文化，探讨向西方文化学习这样的大问题，正如我在上面已经讲过的那样，必须把眼光放远，必须把全人类的历史发展放在眼中，更必须特别重视人类文化交流的历史。只有这样，才能做到公允和客观。我是主张人类文化产生多元论的。人类文化绝不是哪一个国家或民族单独创造出来的。法西斯分子有这种论调，他们是别有用心的。从人类几千年的历史来看，民族和国家，不论大小，都或多或少地对人类文化宝库做出了自己的贡献。这恐怕是一个历史事实，是无法否认掉的。同样不可否认的事实是，每一个民族或国家的贡献又不完全一样。有的民族或国家的文化对周围的民族或国家产生了比较大的影响，积之既久，形成了一个文化圈或文化体系。根据我个人的看法，人类自从有历史以来，总共形成了四个大文化圈：古希腊、罗马一直到近代欧美的文化圈、从古希伯来起一直到伊斯兰国家的闪族文化圈、印度文化圈和中国文化圈。在这四个文化圈内有一个主导的影响大的文化，同时各个民族或国家又是互相学习的。在各个文化圈之间也是一个互相学习的关系。这种相互学习就是我们平常说的文化交流。我们可以毫不夸大地说，文化交流促进了人类文化的发展，推动了社会前进。

　　倘若我们从更大的宏观上来探讨，我们就能发现，这四个文化圈又可以分成两大文化体系：第一个文化圈构成了西方大文化体系；第二、三、四个文化圈构成了东方大文化体系。"东方"在这里既是地理概念，又是政治概念，即所谓第三世界。这两大文化体系之间的关系也是互相学习的。仅就目前来看，统治世界的是西方文化。但是从历史上来看，二者的关系是"三十年河东，三十年河西"。

《从宏观上看中国文化》（1989 年）

我经常考虑东方文化与西方文化的关系问题。初步考虑的结果已经写在《从宏观上看中国文化》那一篇文章中。我的总看法是，从人类全部历史上来看，东方文化和西方文化的关系是"三十年河东，三十年河西"。目前流行全世界的西方文化并非从来如此，也绝不可能永远如此。这个想法后来又在几篇短文和几次发言中重申过，而且还做了进一步的发展，这就是，到了 21 世纪，三十年河西的西方文化就将逐步让位于三十年河东的东方文化，人类文化的发展将进入一个新时期。

我对自己这个看法，虽然几经考虑，慎思明辨，深信不疑；但自知不是此道专家，提出这样的意见，似乎有点冒昧，说不好听的，就是有点近乎狂妄。因此，口头上虽然一而再再而三地这样讲，心里有时未免有点打鼓，有点信心不足。

那么，为什么我又很自信地认为，到了 21 世纪西方文化就将让位于东方文化呢？我是从一种比较流行的、基本上为大家接受的看法出发的：东方的思维方式，东方文化的特点是综合；西方的思维方式，西方文化的特点是分析。从总体上来看，我认为这个看法是实事求是的。在西方，从伽利略以来四百年中，西方的自然科学走的是一条分析的道路。越分越细，现在已经分析到层子（夸克）；有人认为，分析还没有到底，还能分析下去的。

在这里，自然科学界和哲学界发生了一场争论：物质真是无限可分吗？赞成这个观点的人占绝大多数，他们相信庄子的话："一尺之棰，日取其半，万世不竭。"如果真是这样的话，西方的分析方法，西方的思维方式，西方的文化就能永远存在下去，越分析越琐细，西方文化的光芒也就越辉煌，以至无穷。三十年河东，三十年河西，这一条人类历史发展启示的规律，就要被扬弃。但是庄子说的是一个数学概念，是完全正确的。

反对这种物质无限性观点的人，只占极少数。金吾伦同志的新著《物质可分析新论》，可以作为代表。我自己是赞成这个看法的。最近金吾伦同志给了我一封信，我现在就借用信中的一段话，这样的意见我自己就写不出来：

> 我认为，"物质无限可分论"无论在哲学上还是科学上都缺乏根据。在哲学上不能用归纳法支持一个关于无限的命题，休谟对归纳法的批判是深刻的。
>
> 在科学上：（1）夸克禁闭，即使夸克再可分，也不能证明物质粒子无限可分；（2）宇宙学研究表明宇宙有起源，我们无法追溯到起源以前的东西；（3）量子力学新进展否定了层层往下追索的隐变量理论。无限可分论玩的是一种"套层玩偶"。
>
> 分析方法曾对科学和哲学的繁荣做过极大的贡献，但决不能无限夸大，而且正日益显示它的局限。当代物理学和自然科学的新进展表明，宇宙是一个不可分割的整体，而无限分割的方法与整体论是相悖的。无限可分论是机械论的一种表现。

金吾伦同志这一段话，言简意赅，用不着我再加以解释了。我在这里要补充几句，金吾伦的意见，同我们平常所说的"一分为二"，不是一码事，金吾伦讲的是一个物理概念。

在这里，我联想到一种目前已开始显露光芒、方兴未艾的新学说——混沌学。一位美国学者格莱克写了一本书：《混沌：开创新科学》，此书已有汉文译本。周文斌同志在《光明日报》1990年11月8日写了一篇书评，介绍这本书。我现在也仿前例，借用周文中的一段话：

混沌学是关于系统的整体性质的科学。它扭转了科学中简化论的倾向，即只从系统的组成零件夸克、染色体或神经元来作分析的倾向，而努力寻求整体，寻求复杂系统的普遍行为。它把相距甚远的各方面的科学家带到了一起，使以往的那种分工过细的研究方法发生了戏剧性的倒转，亦使整个数理科学开始改变自己的航向。它揭示了有序与无序的统一，确定性与随机性的统一，是过程的科学而不是状态的科学，是演化的科学而不是存在的科学。它覆盖面之广，几乎涉及自然科学与社会科学的各个领域。它不仅改变了天文学家看待太阳系的方式，而且开始改变企业保险决策的方式，改变政治家分析紧张局势导致武装冲突的方式。难怪有的学者竟然这样断言，20 世纪的科学只有三件事将被记住：相对论、量子力学和混沌学。他们认为，混沌学是本世纪物理科学的第三次大革命。

这些话也是言简意赅的，我自己写不出来。

以上两例都应当引起我们的深刻认真的反思：为什么到了 20 世纪末年，西文化正在如日中天光芒万丈的时候，西方有识之士竟然开创了与西方文化整个背道而驰的混沌学呢？答案只能有一个，这就是：西方有识之士已经痛感，照目前这样分析是分析不下去的。必须改弦更张，另求出路，人类文化才能重新洋溢着活力，继续向前发展。

《再谈东方文化》（1990 年）

我对哲学几乎是一个门外汉。但是，我最近几年来就感觉到，西方的哲学思维是，只见树木，不见森林；只从个别细节上穷极分析，而对这些细节之间的联系则缺乏宏观的概括；认为一切事物都是一清如水。而实际情况并非如此。我是相信唯物辩证法的。我认为，中国的东方的思维方式从整体着眼，从事物之间的联系着眼，更合乎辩证法的精神。

连中医在这方面也胜过西医，西医是头痛治头，脚痛治脚，而中医则是全面考虑，多方照顾，一服中药，药分君臣，症治关键，医头痛从脚上下手，较西医更合乎辩证法。我还认为，现在世界上流行的模糊数学，也表现了相同的精神。

因此，我现在的想法是，西方形而上学的分析已经快走到穷途末路了，它的对立面东方的寻求整体的综合，必将取而代之。这是一部人类文化发展史给我的启迪。以分析为基础的西方文化也将随之衰微，代之而起的必然是以综合为基础的东方文化。这种取代在 21 世纪中就将看出分晓。这是不以人们的主观愿望为转移的社会发展的客观规律。我在这里所说的“取代”，并不是“消灭”，而是继承西方文化之精华，在这个基础上再把人类文化的发展推向一个更高的阶段。

《再谈东方文化》（1990 年）

申小龙先生先引用中西绘画理论中的一对范畴：焦点视和散点视，来解释语言现象。他说：

把汉语句子格局概括为“散点透视”，我以为有两方面的含义。一是汉语句子格局具有流动性。它以句读为单位，多点铺排，如中国山水画的格局，可以步步走、面面观，“景内走动”。二是汉语句子格局具有整体性。它不欣赏个体语言单位（如单个句法结构）的自足性，而着意使为完成一个表达意图而组织起来的句读群在语义、逻辑、韵律上互为映衬，浑然一体。这时单个句读（词组）的语义和语法结构的“价值”须在整个句子格局中才能肯定。这在中国山水画格局来说即“景外鸟瞰”，从整体上把握平远、深远与高远。

他又引用他祖父和父亲两位山水画家的意见：构图首先是整体视

觉。他还提到李约瑟、普利高津等所理解和欣赏的汉民族的有机整体思维方式。

我个人觉得，申小龙先生这些意见是很有启发性的。至于三位先生之间对一些术语，比如"散点透视"、"散点视"等有不同意见，我不去讨论。我在本文正文中提到的中国思维方式是倾向于综合，而不是分析。在中国山水画中和汉语句型中，我的意见得到了证据。不这样也是不可能的。一个民族典型的思维方式，是一切精神文明（甚至一些物质文明）生产的基础，它必然表现在各个方面。

《再谈东方文化》（1990 年）

人类历史告诉我们，一个世纪的转折点并不总是意味着社会发展的转折点，也不会在人类前进的长河中形成一个特殊的阶段。但是世纪末往往对人类的思想感情产生影响，上一个世纪末就是一个明显的例子。

在对人类文化发展的看法方面，我是颇为同意英国史学家汤因比（Toynbee）的观点的。他在人类全部历史上找出了二十几个文明。他发现，每一个文明都有诞生、成长、兴盛、衰微、灭亡这样一个过程。哪一个文明也不能万岁。尽管汤因比论多于史，在论的方面也颇有一些偏颇之处；但是总体来看，他的看法是正确的，是持之有故、言之成理的。

近代中国受到西方文化的猛烈冲击，最初是震于西方的船坚炮利，以后又陆续发现，西方的精神文明也有其独到之处。于是激进者高呼"全盘西化"，保守者则想倒退。公说公有理，婆说婆有理，其实都不全面，都有所偏激。

原因何在呢？我个人认为，原因就在没能从宏观上看待东方文化和西方文化，目光浅隘，认识肤薄，只看到眼前的这几百万平方公里，只想到近代这一百多年。如果把眼光放远，上下数千年，纵横几万里，则所见必是另一番景象。汤因比是具有这样眼光的人。他虽然是西方人，但并不迷信西方文明;在他眼中,西方文明也不能千秋万岁。这个文明同世界上其他文明一样,也有一个诞生、成长、兴盛、衰微、灭亡的过程。对我们中国人来说,我们当然更不应当认为眼前如日中天的西方花花世界会永远这样繁华昌盛下去。

人类历史又告诉我们,东方文化和西方文化在历史上更替兴衰,三十年河东,三十年河西。今天我们大讲"西化",殊不知在历史上有很长一段时间讲的是"东化",虽然不见得有这个名词。你只要读一读鸦片战争以前西方哲人关于中国的论著,看一看他们是怎样赞美中国,崇拜中国,事情就一清二楚了。德国伟大诗人兼思想家歌德在 1827 年同爱克曼谈话时,大大地赞扬中国小说、中国文化、中国人的思想感情和道德水准。他认为,西方人应该向中国人学习。这是一个非常典型的例子。根据我个人的看法,是鸦片战争戳破了中华帝国这一只纸老虎。从那以后,中国人在西洋人眼中的地位日降,最后几乎被视为野人。奇怪的是,中国人自己也忘记了这一切,跟在西洋人屁股后面,瞧不起自己了。

我不敢说,到了 21 世纪,中国文化或包括中国文化在内的东方文化,就一定能战胜西方文化。但是西方文化并不能万岁,现在已见端倪。两次世界大战就足以说明西方文化的脆弱性。现在还是三十年河西,什么时候三十年河东,我不敢确切说。这一定会来则是毫无疑问的。21 世纪可能就是转折点。

《二十一世纪:东西方文化的转折点》(1990 年)

有人也许认为,我和我们这种对文化和东西文化差异的看法是当代或近代的产物。我自己过去就有过这种看法。实则不然。法国伊朗学者阿里·玛扎海里所著《丝绸之路》这一部巨著中有许多关于中国古代发明创造的论述,大多数为我们所不知。我在这里不详细介绍。我只引几段古代波斯人和阿拉伯人论述中国文化和希腊文化的话:

由扎希兹转载的一种萨珊王朝（226—640 年）的说法是："希腊人除了理论之外从未创造过任何东西。他们未传授过任何艺术。中国人则相反。他们确实传授了所有的工艺，但他们确实没有任何科学理论。"

羡林按：最后一句话不符合事实，中国也是有理论的。这就等于黑格尔说：中国没有哲学。完全是隔膜的外行话。书中还说：

> 在萨珊王朝之后，费尔多西、赛利比和比鲁尼等人都把丝绸织物、钢、砂浆、泥浆的发现一股脑儿地归于耶摩和耶摩赛德。但我们对于丝织物和钢刀的中国起源论坚信不疑。对于诸如泥浆——水泥等其余问题，它们有 99% 的可能性也是起源于中国。我们这样一来就可以理解安息——萨珊——阿拉伯——土库曼语中一句话的重大意义："希腊人只有一只眼睛，唯有中国人才有两只眼睛。"约萨法·巴尔巴罗于 1471 年和 1474 年在波斯就曾听到过这样的说法。他同时还听说过这样一句学问深奥的表达形式："希腊人仅懂得理论，唯有中国人才拥有技术。"

关于一只眼睛和两只眼睛的说法，我还要补充一点：其他人同样也介绍了另外一种说法，它无疑是起源于摩尼教：

> "除了以他们的两只眼睛观察一切的中国人和仅以一只眼睛观察的希腊人之外，其他的所有民族都是瞎子。"

我之所以这样不厌其烦地引这许多话，绝不是因为外国人夸中国人有两只眼睛而沾沾自喜，睥睨一切。令我感兴趣的是，在这样漫长的时间以前，在波斯和阿拉伯地区就有了这样的说法。我们今天不能不佩服他们观察的细致与深刻，一下子就说到点子上。除了说中国没有理论我不能同意之外，别的意见我是完全同意的。在当时的世界上，确实只是中国和希腊有显著、突出、辉煌的文化。现在中国那一小撮言必称希腊的学者们或什么"者们"，可以憬然醒悟了。

《东方文化集成》总序（1996 年 3 月 20 日）

　　但是这也还不是令我最感兴趣的问题。我最浓烈的兴奋点在于，正如我在上面所说的那样，畅谈东西文化之分，极富于近现代的摩登色彩。波斯和阿拉伯传说都证明：东西文化之分的说法，古已有之，于今为烈而已。其次，令我感到欣慰的是，文化的东西二分法，我并非始作俑者，古代的"老外"已先我言之矣。令我更感到欣慰的是我讲的东西方思维方式是东西文化的基础。波斯和阿拉伯古代的说法，我认为完全证实了我的看法。分析出理论，综合出技术，难道不是这样子吗？

　　时至今日，古希腊连那一只眼睛也早已闭上，欧洲国家继承并发扬了古希腊辉煌的文化，使欧洲文化光照寰宇。工业革命以后，技术也跟了上来，普天之下，莫非欧风。欧美人昏昏然陶醉于自己的胜利之中，以"天之骄子"自命，好像有了两三只眼睛。但他们完全忘记了历史，忽视了当前的危机。而中国呢，则在长时期内，由于内因和外因的缘故，似乎把两只眼睛都已闭上。古代灿烂文化不绝如缕。初则骄横自大，如清初诸帝那样，继则震于西方的船坚炮利，同样昏昏然拜倒在西方的什么裙下，一直到了今天，微有苏醒之意，正在奋发图强中。

　　从上面谈到的历史事实中，我得出了一个结论：上下五千年，纵横十万里，东西文化的变迁是"三十年河东，三十年河西"。这本来是两句老生常谈，是老百姓的话，并不是我的发明创造。我提出来说明东西文化的关系，国内外都有赞成者，国内外也有反对者，甚至激烈反对者。我窃以为这两句话只说明了一个事实。中国古代哲学讲变易，佛家讲无常，连辩证法也讲事物时时都在变化中。大自然、人类社会和人类内心，无不证明这两句话的正确。我不过捡来利用而已。《三国演义》

开宗明义就说："话说天下大势，分久必合，合久必分。"说的不也就是这个浅显的道理吗？

可是东西方都有人昧于这个浅显的道理。特别是在西方，颇有人在有意识或无意识中，觉得自己的辉煌文化会万岁千秋地辉煌下去的。中国追随者也大有人在。他们根本没有意识到，文化也像世间的万事万物一样，不会永驻的，也是有一个诞生、发展、成长、衰竭、消逝的过程的。

《东方文化集成》总序（1996 年 3 月 20 日）

中国有一句俗话：是非自在人心。人是能够辨是非，明事理的。以自己的文化自傲的西方人也不例外。在第一次世界大战以前，西方这种人简直如凤毛麟角。一战爆发，惊醒了某一些有识之士。事实上在一战爆发前，就有人有了预感。德国学者奥斯瓦尔德·斯宾格尔（Oswald Spengler）在 1911 年就预感到世界大战迫在眉睫。后来大战果然爆发。从 1917 年起，斯宾格尔就开始写《西方的没落》。书一出版，立即洛阳纸贵。他的基本想法是：文化都可以分为四个阶段：一，青春；二，生长；三，成熟；四，衰败。尽管他的推论方法，收集资料，还难免有主观唯心的色彩。但是，他毕竟有这一份勇气，有这一份睿智，敢预言当时如日中天的，他认为在世界历史上八个文化中唯一还有活力的文化也会"没落"。我们不能不对他表示敬意。美中不足的是，他还没有认识到东方文化和西方文化的存在和交流关系。（参阅齐世荣等译《西方的没落》上下册，商务印书馆，1995 年）

在西方，继斯宾格尔而起的是英国历史学家汤因比（Arnold J. Toynbee，1889—1975 年）。他自称是受到了前者的影响。二人同样反对"欧洲中心主义"，是他们有先见卓识之处。汤因比继承了斯宾格尔的意见，认为文化——他称之为"文明"——都有生长一直到灭亡的过程。他把人类历史上的文明分为 21 种，有时又分为 26 种。这些意见都表述在他的巨著《历史研究》中（1934—1961年），共12卷。他比斯宾格尔高明之处，是引入东方文化的讨论。到了70年代，他同日本社会活动家池田大作对话时，更进一步加以发挥，寄希望于东方文化。[①]

我并不认为，斯宾格尔和汤因比——继他们之后欧美一些国家还有一批哲学家和历史学家、社会学家，赞成他们的意见，我在这里不具引——等的看法都百分之百正确。但在举世昏昏，特别是欧美人昏昏的情况下，惟独他们闪耀出一点灵光，是十分难能可贵的。他们的看法从大体上来看，我认为是正确的。如果借用上面提到的古代波斯和阿拉伯人的说法，我就想说：希腊人及其后代的那一只眼睛，后来逐渐变成了两只眼睛；可物极必反，现在快要闭上了。中国人的两只眼睛，闭上了一阵，现在又要睁开了。

闭上眼睛的欧美人士，绝大多数一点也不了解东方，而且压根儿也没有了解的愿望。我最近多次听人说到，西方至今还有人认为中国人还缠小脚，拖辫子，抽大烟，养小老婆。甚至连文人学士还有不知道鲁迅为何许人者。在这样地球越变越小，信息爆炸的时代，西方之"文明人"竟还如此昏聩，真不能不令人大为惊异。反观我们中国，情况恰恰相反。欧美的一切，我们几乎都以崇拜。汉堡包、肯德基、比萨饼，甚至莫须有的加州牛肉面，只要加一个洋字，立即产生大魅力，群众趋之若鹜。连起名字，有的都带有点洋味。个人名字与店铺名字，莫不皆然。至于化妆品，外国进口的本来就多。中国自造的也多冠以洋名，以广招徕。爱国之士，无不痛心疾首，谴责这种崇洋媚外的风气和行为。然而，从一分为二的观点上来看，也有其有利的一面。孙子说："知己知彼，百战不殆。"专就东西而论，现在的情况是，我们对西方几乎是了若指掌，而西方对东方则如上面所说的那样，是一团漆黑。将来一旦有事，哪一方面占有利条件和地位，昭如日月矣。

———————————

① 参阅《展望二十一世纪》，国际文化出版公司1985年版。

对西方的文化，鲁迅先生曾主张"拿来主义"。这个主义至今也没有过时。过去我们拿来，今天我们仍然拿来，只要拿得不过头，不把西方文化的糟粕和垃圾一并拿来，就是好事，就会对我们国家的建设有利。但是，根据我上面讲的情况，我觉得，今天，在拿来主义的同时，我们应该提倡"送去主义"，而且应该定为重点。为了全体人类的福利，为了全体人类的未来，我们有义务要送去的，但我们决不会把糟粕和垃圾送给西方。不管他们接受，还是不接受，我们总是要送的。《诗经·大雅》说："投我以桃，报之以李。"西方文化给人类带来了一些好处。我们中国人，我们东方人，是懂得感恩图报的民族。我们决不会白吃白拿。

那么，报些什么东西呢？送去些什么东西呢？送去的一定是我们东方文化中的精华。送去要有针对性，针对的就是我在上面提到的那一个西方文化产生的"危机"。光说"危机"，过于抽象。具体地说，应该说是"弊端"。近几百年以来，西方文化产生的弊端颇多，举其大者，如环境污染、大气污染、臭氧层破坏、生态平衡破坏、物种灭绝、人口爆炸、新疾病丛生、淡水资源匮乏，等等。此等弊端，如不纠正，则人类前途岌岌可危。弊端产生的根源，与西方文化的分析的思维方式有紧密联系。西方对为人类提供生存所需的大自然分析不息，穷追不息，提出了"征服自然"的口号。"天何言哉！"然而"天"——大自然却是能惩罚的，惩罚的结果就产生了上述诸种弊端。

拯救之方，我认为是有的，这就是"改弦更张"、"改恶向善"，而这一点只有东方文化能做到。东方文化的基本思维方式是综合，表现在哲学上就是"天人合一"，张载的《西铭》是一篇表现"天人合一"思想最精辟的文章："乾称父，坤称母，予兹藐焉，乃混然中处。故天地之塞吾其体，天地之帅吾其性。民吾同胞，物吾与也。"印度哲学中的"梵我一如"，也表达了同样的思想。总之，东方文化主张人与大自然是朋友，不是敌人，不能讲什么"征服"。只有在了解大自然，热爱大自然的条件下，才能伸手向大自然索取人类衣、食、住、行所需要的一切。也只有这样，人类的前途才有保障。我们要送给西方的就是这种我们文化中的精华。这就是我们"送去主义"的重要内容。

我们的"李"送了出去，接受不接受呢？实际上，我们还没有正式地送，大规模地送。连我们东方人自己，其中当然包括中国人，还不知道，还不承认自己的这种宝贝，我们盲目追随西方，也同样向自然界开过战，我们也同样有那一些弊端，立即要求西方接受，不也太过分了吗？不过，倘若稍稍留意，人们就会发现，现在世界各国，不管出于什么动机，也不管是根据什么哲学，注意到上述弊端而又力求改变的人越来越多了。今年《日本经济新闻》刊载了高木韧生的文章，说 21 世纪科研重点将是"人类生存战略"。这的确是见道之言。我体会，这里所说的"科研"包括文理两个方面。作者把科研提高到"人类生存"这个高度来看，不能不谓之有先见之明，应该受到我们大家的最高的赞扬。至于惊呼人口爆炸的文章，慨叹新疾病产生的议论，让人警惕环境污染、臭氧层破坏、生态平衡的破坏、淡水资源的匮乏等等的号召，几乎天天可见。人类变得聪明起来了，人类前途不是漆黑一片了。我想，世界各国每一个有心人，无不为之欢欣鼓舞。我这一个望九之年的耄耋老人，也为之手舞足蹈了。

《东方文化集成》总序（1996 年 3 月 20 日）

我在上面刺刺不休说了那么多话，画龙点睛，不出一点：我曾在一次国际学术讨论会上说过一篇短话，题目叫做"只有东方文化能够拯救人类"。我在上面说的千言万语，其核心就是这一句短短的话。

《东方文化集成》总序（1996 年 3 月 20 日）

我们既反对"欧洲中心主义"，我们反对民族歧视。但我们也并不张扬"东方中心主义"。如果说到或者想到,在21世纪东方文化将首领风骚的话,那也是出于我们对历史发展的观察与预见,并不出于什么"主义"……我们虔诚希望,在即将来临的21世纪中,中国的两只眼睛都能睁开,而且睁得大大的,明亮而睿智。西方的一只眼睛能变成两只,也同样睁开,而且睁得大大的,明亮而且睿智。世界上各个民族也都有了两只眼睛,都要睁得大大的,明亮而且睿智。我们共同学习,努力互相了解。我们坚决相信,只要能做到这一步,人类会越来越能相互了解,世界和平越来越成为可能,人类的日子会越来越好过,不管还需要多么长的时间,人类有朝一日总会共同进入太平盛世,共同进入大同之域。

《东方文化集成》总序(1996年3月20日)

中国和印度是世界上两个人口最多的国家。这个事实,全世界都看到了,都承认了。但是,有一个事实,即我们这两个伟大的国家文化交流已经超过两千多年,从来没有中断过——这个事实在世界上还没有引起人们的注意。最近,我在思考一个问题,即人类社会总是要向前发展的,要进步的。但进步的动力和原因是什么?对这个问题似乎有不同的见解。我个人认为,文化交流是其中最重要的动力之一。中印两个伟大的国家在两千多年里互相学习,这对两国的发展和进步起了重要作用。今天讲"回顾",我们有一个非常美好的、非常有意义的历史值得回顾。那么,"展望"怎么样呢?

许多学者认为西方文化为人类创造了巨大的福利,做出很大贡献,这是不能否定的;但是,其中一些弊端也已经渐渐地显露出来,大家都看得到,比如生态环境的破坏,臭氧层的破坏,新疾病的产生,人口的爆炸,等等,等等。如果人类解决不好这些弊端中的任何一个,人类前途就会有困难。这不是夸大。

那么,问题怎样解决?我个人认为,我们东方的思想是一个很好的出路，中国和印度都有一个"天人合一"（Unification of the nature and mankind）的思想，印度叫"Brahmàtmaikyam（梵我一如）"。这是哲学名词，解释起来也很简单。西方主张征服自然，把自然作为对立面甚至敌人进行征服。征服的结果产生了上述我说的那些弊病。我们人类的衣食住行等所有东西都取自于大自然。索取的方法，我们东方与西方不一样。西方的方式是，你不给我，我就征服你。我们东方的主张是，向自然索取的同时，把自然当作朋友、兄弟。这种认识西方一些科学家像施本格勒、汤因比已经注意到了。

再过几年就是21世纪了。在21世纪，我们人类应该认识到西方自然科学带来的弊端。认识固然重要，更重要的是行动。刚才我讲到的东方思想，我们也没有很好实践。21世纪，需要以我们中国和印度为首的东方国家不仅能够"知道"，而且能够"行动"。我并不否定西方工业革命之后的几百年光辉历史，这是事实。我们要在西方文化发展的基础上，再把人类文化提高一步。我是说东方文化要重现辉煌。

《东方文化要重现辉煌》（1996年8月27日）

西方自产业革命以后，科技飞速发展。生产力解放之后，远迈前古。结果给全体人类带来了极大的意想不到的福利。这一点是无论如何也否认不掉的。但是同时也带来了同样是想不到的弊端或者危害，比如空气污染、海河污染、生态平衡破坏、一些动植物灭种、环境污染、臭氧层出洞、人口爆炸、淡水资源匮乏、新疾病产生，如此等等，不一而足。这些灾害中任何一项如果避免不了，祛除不掉，则人类生存前途就会受到威胁。所以，现在全世界有识之士以及一些政府，都大声疾呼，注意环保工作。这实在值得我们钦佩。

英国浪漫主义诗人雪莱（Shelley）以诗人的惊人的敏感，在19世纪初叶，正当西方工业发展如火如荼地上升的时候，在他所著的于1821年出版的《诗辨》中，就预见到它能产生的恶果，他不幸而言中，他还为这种恶果开出了解救的药方：诗与想像力，再加上一个爱。这也实在值得我们佩服。

《关于人的素质的几点思考》（1999 年）

一部人类文化史告诉我们，几千年来人类发展的文化不外两大文化体系，一个是东方文化，一个是西方文化。东西方文化的关系是"三十年河东，三十年河西"。以中国文化为基础的东方文化，曾在世界上占主导地位。资本主义兴起之后，西方文化逐渐取代了东方文化，垄断世界达数百年之久。现在似乎是渐渐成了强弩之末。济其穷者必然是而且也只有东方文化。

东方文化的基础是综合的思维模式，西方则是分析的思维模式。所谓"综合"，其核心是强调普遍联系，注重整体概念。表现在人与自然的关系上，就是人与自然为一整体，人与其他动物都包括在这个整体之中。中国的"天人合一"，印度的"梵我一如"，都是其表现。

我们东方文化是有些好东西，如《论语》中的一句话："己所不欲，勿施于人。"能做到这八个字，到共产主义也不过这个水平。类似这么精辟的话多得很。历史上讲宋太祖时赵普曾说过以半部《论语》治天下的话，有人说是胡说八道，我看实际上用不了半部《论语》，有几句话就能治天下。又如《孙子兵法》，海湾战争证明它起了作用。"兵不厌诈"，打击对方虚弱的地方，避开强的地方，这是很简单的常识。诸葛亮的作战经验就是体现《孙子兵法》的精神，体现整体概念。打仗要知天时、知地利、知人和。天、地、人这就是整体概念。弘扬东方文化的目的，不仅是为了中国，更是着眼于世界，把全人类的文化提高一步。若干年以后，东方文化一定会将人类的文化提高到一个更高的水平。

《论语》据我所知，最早是由殷铎泽和郭纳爵译为拉丁文的，以后有了更多的译本，对西方产生了重大影响。《孙子兵法》也早就有了外文译本。现在，中国孔子基金会联合中国孙子兵法研究会共同监制出版这套《文韬武略宝典——〈论语〉与〈孙子兵法〉》世纪珍藏金版书，用最新的高科技手段将儒家经典《论语》和兵家经典《孙子兵法》合印在金纸上。从而使它具有更高的工艺性和珍藏价值。将两者结合，凸现了中国文化内容博大精深、文武相得益彰的特色。该书的出版，必将使人们进一步感受到东方文化的辉煌，对世界人民提供有益的借鉴与启迪。

《文韬武略宝典——〈论语〉与〈孙子兵法〉》序（2000 年 12 月 8 日）

池田大作先生，是日本国际著名的社会活动家，宗教活动家，国际活动家。他曾同一些国际上知名的学者和政治家进行过对话活动，比如英国大历史学家汤因比，美国的基辛格等等都包括在内。对话内容用中、日、英三国语言出版，在国际上产生了良好的影响。它促进了人民与人民之间的理解与友谊，对当今国际上的基调和平与发展做出了重要贡献。

至于我自己同池田大作先生的对话，重点则在东方文化与西方文化的同和异上。我不是哲学家，更不是什么思想家。我不擅长哲学分析，也不喜欢哲学分析。对于西方一些哲学家那种细入毫末的分析，我敬佩到惊诧的程度。但是，我感到匪夷所思，不知道伊于胡底。我禀性木讷，喜欢摸得着看得见的东西，对恍兮惚兮，玄之又玄的东西不感兴趣。但是，我也有一点优（?）点，就是，不让脑筋闲着，我对禅学只了解一点皮毛，可是我的思维方式却有点接近禅宗。我在最广的宏观观照下，仔细思考了东西方文化发展演变的轨迹，几乎是顿悟般地悟到了东方文化的复兴。在十几年前，我就提出了东西方文化是有根本差异的，东方综合，而西方分析，天人合一是东方文化的特点。我对中国哲学史上这一个著名的命题给予了一个新解，就是，天人合一是指大自然与人的合一①。我还提出了，在历史上，东西文化递相兴衰的看法。我

———————————

① 《"天人合一"新解》，见《传统文化与现代化》杂志，1993 年第一期。

用了一句中國常用語：“三十年河東，三十年河西”，來表達我這個看法。

我這些看法，一經提出，在讀者中就形成了兩派：一派贊成，一派反對。這是極其正常的現象，古今中外，就沒有哪一個看法，只有贊成者，而沒有反對者。對於贊成者，我當然高興。對於反對者，我也並不不高興。我一不商榷，二不反駁。我是不相信“真理愈辨（辯）愈明的。”中國春秋戰國時期，百家爭鳴，辯論激烈但是沒有哪一家由於辯或辨失敗而放棄自己的主張的。我主張大家共同唱一出《三岔口》，你打你的，我打我的，最後由觀眾自己來判斷是非。

最近，我讀到了一本書《東西方文明沉思錄》，原作者是日本著名的學者、史學家村山節先生和日本著名的經濟評論家、作家淺井隆先生。譯者是中國國際廣播電台日語部夏運達等先生，出版時間是2000年10月。出版者是中國國際廣播出版社。出版者對本書做了簡短而精辟的介紹：“作者以超越時空的大視野，對世界文明發展的歷史和全球經濟的現狀作了研究，指出各種文明都有誕生、生長、繁榮和消逝的過程。東西文明之間既有衝突，又有互補性。文明的衝突表現為文明中心的轉移。作者認為，世界歷史就是在文明中心跌宕起伏、此長彼消中不斷演出的。”出版者接著又介紹村山節先生提出的“世界文明八百年同期說”。“現在，世界文明的中心正在向東方轉移。21世紀，是東西方文明衝突、融合和交替的時代。22世紀以後，將是亞洲的時代。”在本書淺井隆的“序言”注［6］中，作者說：“有學者認為，東西方文化最根本的差別在於思維方式不同。東方的思維方式、東方文化的特點是‘綜合’，西方的思維方式、西方文化的特點是‘分析’，用哲學家的話說，西方是一分為二，東方是合二為一。”如果允許我對號入座的話。這就是我的主張。我這個主張，在過去七八年內，在許多文章中，在許多發言中，甚至在嚴肅莊重的國際會議上，我都公開發表過。在本書中也有所表述。至於世界文化中心向東方轉移，需要多長的時間，我的意思是，本世纪即将见端倪。《东西方文明沉思录》的作者预言是 22 世纪。这个问题无法争辩，要由历史去做结论吧。

《畅谈东方智慧》序（2002 年 6 月 7 日）

　　我一向特别重视文化交流的问题，既主张拿来主义，也主张送去主义。对中国与外国的文化交流，我的基本观点是"拿来"与"送去"。我认为，文化一旦产生，其交流就是必然的。没有文化交流，就没有文化发展。交流是不可避免的，无论谁都挡不住。从古代到现在，在世界上还找不到一种文化是不受外来影响的。交流也有坏的，但坏的交流对人类没有益处，不能叫文化。对人类有好处的、有用的、物质、精神两方面的东西交流，才叫"文化交流"。文化不论大小，一旦出现，就会向外流布。全人类都蒙受文化交流之利。如果没有文化交流，我们简直无法想象，人类会是什么样子。

　　一种文化既有其民族性，又有时代性。一个民族自己创造文化，并不断发展，成为传统文化，这是文化的民族性。一个民族创造了文化，同时在发展过程中它又必然接受别的民族的文化，要进行文化交流，这就是文化的时代性。民族性与时代性有矛盾，但又统一，缺一不可。继承传统文化，就是保持文化的民族性；吸收外国文化，进行文化交流，就是保持文化的时代性。所以文化的民族性与时代性这个问题是会贯彻始终的。

　　为了保持文化的时代性，自 20 世纪以来，出现了一种提倡"全盘西化"的观点。"全盘西化"和文化交流有联系。现在，整个的社会，不但中国，而且是全世界，都是西方文化占垄断地位。这是事实，眼前哪一样东西不是西方文化？电灯电话，楼上楼下，就说我们这穿的，从头顶到鞋，全是西方化了。这个西化不是坏事情。"西化"要化，不"化"不行，创新、引进就是"化"。但"全盘西化"不行，不能只有经线，没有纬线。"全盘西化"在理论上讲不通，在事实上办不到。

就目前来说，我们对西方文化和外国文化，当然要重视"拿来"，就是把外国的好东西"拿来"。这里涉及有关文化的三个方面，物的部分、心物结合的部分、心的部分，都要拿。"物"的部分，当然要拿，咖啡、沙发、啤酒、牛仔裤、喇叭裤，这一系列东西，只要是好的，都拿。我们吃的、喝的、穿的、戴的、乘的、坐的、住的、用的，有哪一件是完完全全是中国土生土长的？汽车、火车、飞机、轮船，我们古代有吗？可可、咖啡、纸烟、可口可乐、啤酒、香槟、牛排、面包，我们过去有吗？我们吃的土豆、玉米、菠菜、葡萄，以及许许多多的水果、蔬菜，都是外来的。这菠菜的"菠"字，本身是音译，不是意译，它叫菠菱、菠菱菜，是印度、尼泊尔一带产生的。茉莉花也是外来的，甚至连名字都不是中国固有的。我们用的乐器，胡琴、钢琴、小提琴、琵琶，也都是外来的。拿来，完全正确。现在我们确实拿来了，拿来的真不少，好的坏的都拿来了。连艾滋病也拿来了，这是不应该的。心、物结合的部分比方说制度，也可以学习。最重要的还是心的部分，要拿价值观念、民族性格。因为我们的价值观念、思想方式，不能马马虎虎，得把弱点克服，要不克服的话，我们的生产力就发展不了。从长期的历史研究中，我得出一个非常可贵的经验：在我们国力兴盛，文化昌明，经济繁荣，科技先进的时期，比如汉唐兴盛时期，我们就大胆吸收外来文化，从而促进了我们文化的发展和生产力的提高。到了见到外国东西就害怕，这也不敢吸收，那也不敢接受，这往往是我们国势衰微，文化低落的时代。

《东学西渐与"东化"》（2004 年）

但是，我们不能只讲西化，不讲"东化"。"东化"，报纸上没有这个词儿，是我发明的。我们知道，汉唐的时候，是"东化"的。因为世界的经济中心、文化中心当时在中国。在明末清初以前确实有过东学西渐。不能只重视"西学东渐"而忽视"东学西渐"。根据历史事实，在中西文化交流史上，"东学西渐"从来就没有中断过。中华文化的博大精深吸引了西方传教士、外籍华人、留学生、商人等的注意，并通过他们广泛传播到世界各地。

在文化交流方面，中国是一个很有特色的国家。从蒙昧的远古起，几乎是从一有文化开始，中国文化中就有外来文化的成分。中国人向来强调"有容乃大"，不管是物质的，还是精神的，只要对我们有利，我们就吸收。海纳百川，所以成就了中国文化之大。中外文化的交流，一直没有中断过。最大的两次是佛教的传入和西学东渐。佛教传入的结果是形成了中国佛教。而明末清初以来西方文化在我国广泛传播，则是"西学东渐"。从此，我们才有了"中学"和"西学"这样的名称，才有了"东方文化"和"西方文化"这样的说法。"西学"的先遣部队是天主教。天主教入中国，不自明末始。但是，像明末清初这样大规模的传入，还是第一次。唐代有所谓三教的说法，指的是儒、释、道。此时又来了一个新三教。道家退出，增添了一个天主教。新三教之间有过矛盾和撞击，方豪先生的《中西交通史》第五章《欧洲宗教与神哲等学之东传》叙述颇详，我不赘述。

我们中国不但能够拿来，也能够送去。历史上，我们不知道有多少伟大的发明创造送到外国去，送给世界人民。从全世界的历史和现状来看，人类文明之所以能发展到今天这个样子，中国人与有力焉。可惜的是，在一片西化之声洋洋乎盈耳之时，西方人大都自我感觉极为良好，他们以"天之骄子"自居，在下意识之中，认为自古以来就是这样，今后也将永远是这个样子。今天的中国，对西方的了解远远超过西方人对中国的了解。在西方，不但是有一些平民百姓对中国不了解，毫无所知，甚至个别人还认为中国人现在还在裹小脚，吸鸦片。连一些知识分子也对中国懵懂无知，连鲁迅都不知道。既然西方人不肯来拿我们的好东西，那我们只好送去了。鉴于此，我们组织了一套《东方文化集成》，计划出 500 多种，600 多部，从 20 世纪 90 年代开始出版，现在还在继续编辑出版。我还和王宁主编了一套《东学西渐丛书》，1999 年由河北人民出版社出版，总共 7 部，包括朱谦之先生早先写成的《中国哲学对欧洲的影响》，还有其他作者的新著：王宁的《中国文化对欧洲的影响》、王兆春等的《中国军事科学的西传及其影响》、韩琦的《中国科学技术的西传及其影响》、刘岩的《中国文化对美国文学的影响》、史彤彪的《中国法律文化对西方的影响》、孙津的《中国现代化对西方的影响》。丛书出版之后，有人发表评论，说这套丛书，可以增强我们变革和发展的信心，说这套丛书的价值得到了充分展现。从这套丛书中，我们可以清楚地看到，公元 16、17 世纪以前的欧洲，在文明的发展中与中国有多么大的差距。而他们向中国文明的学习，与后来中国人接受欧洲文明的顺序是相似的，即先从科学技术开始，这不仅包括造纸、印刷、火药、指南针"四大发明"，还包括陶瓷、冶金、纺织等技术，以及军事技术和兵法等。之后，又逐步深入到文化，即价值观、思想和道德，再就是哲学，进而是对中国社会制度的理性思考。2000 年刘登阁、周云芳著的《西学东渐与东学西渐》，由中国社会科学出版社出版。看来，东学西渐在学术界引起了相当程度的重视。

《东学西渐与"东化"》（2004 年）

我认为 21 世纪应该是"东化"的世纪。西方文化从文艺复兴以来，昌盛了几百年，把社会生产力提高到了空前的水平，促使人类社会进步也达到了空前的速度，光辉灿烂，远迈前古，世界人民无不蒙受其利。但它同世界上所有的文化一样，也是决不能永世长存的，迟早也会消逝的。20 世纪 20 年代前后，西方的有些学者已经看出西方文化衰落的端倪，如德国施宾格勒在 1917 年开始写作的《西方的没落》一书，预言当时如日中天的西方文化也会没落。此书一出版，马上洛阳纸贵，产生了巨大的影响，英国著名历史学家汤因比受其影响，也反对西方中心论。他们的观点是值得肯定的，因为，西方文化同世界上所有的文化一样，也是决不能永世长存的，迟早也会消逝的。在今天，它已逐渐呈现出强弩之末的样子，大有难以为继之势了。具体表现是西方文化产生了一些威胁人类生存的弊端，其荦荦大者，就有生态平衡的破坏、酸雨横行、淡水资源匮乏、臭氧层破坏、森林砍伐、江河湖海污染、动植物种不断灭绝、新疾病出现等等，都威胁着人类的发展甚至生存。

西方文化产生这些弊端的原因，是植根于西方的基本思维模式。因为思维模式是一切文化的基础，思维模式的不同，是不同文化体系的根本不同。简而言之，我认为，东方的思维模式是综合的，它照顾了事物的整体，有整体概念，讲普遍联系，接近唯物辩证法。用一句通俗的话来说就是，既见树木，又见森林，而不是只注意个别枝节。中国"天人合一"的思想，印度的"梵我一体"的思想，是典型的东方思想。而西方的思维模式则是分析的。它抓住一个东西，特别是物质的东西，分析下去，分析下去，分析到极其细微的程度。可是往往忽视了整体联系，这在医学上表现得最为清楚。西医是头痛医头，脚痛医脚，完全把人体分割开来。用一句现成的话来说就是，只见树木，不见森林。而中医则往往是头痛治脚，脚痛治头，把人体当做一个整体来看待。两者的对立，十分明确。但是不能否认，世界上没有绝对纯的东西，东西方都是既有综合思维，也有分析思维。然而，从宏观上来看，这两种思维模式还是有地域区别的：东方以综合思维模式为主导，西方则是以分析思维为主导。这个区别表现在各个方面，具体来说，东方哲学中的"天人合一"思想，就是以综合思维为基础的。西方则是征服自然，对大自然穷追猛打。表面看来，他们在一段时间内是成功的，大自然被迫满足了他们的物质生活需求，日子越过越红火，但是久而久之，却产生了以上种种危及人类生存的种种弊端。这是因为，大自然虽既非人格，亦非神格，却是能惩罚、善报复的，诸弊端就是报复与惩罚的结果……

我主张"三十年河东，三十年河西"，21 世纪是东方文化的世纪，东方文化将取代西方文化在世界上占统治地位。而取代不是消灭。全面一点的观点是：西方形而上学的分析已快走到尽头，而东方文化寻求综合的思维方式必将取而代之。以分析为基础的西方文化也将随之衰微，代之而起的必然是以综合为基础的东方文化。这种代之而起，是在过去几百年来西方文化所达到的水平的基础上，用东方的整体着眼和普遍联系的综合思维方式，以东方文化为主导，吸收西方文化中的精华，把人类文化的发展推向一个更高的阶段。这种"取代"，在21世纪可见分晓。所以结论是：21世纪是东方文化的时代，这是不以人们的主观愿望为转移的客观规律。用东方"天人合一"的思想和行动，济西方"征服自然"之穷，就可以称之为"东西文化互补论"。东方的天人合一是带有普遍性的一种思想，中国、印度都有。即以中国儒家为例，《易经》中有"大人者与天地合其德，与日月合其明，与四时合其序，与鬼神合其吉凶。先天而天弗违，后天而奉天时"。《中庸》有"能尽人之性，则能尽物之性；能尽物之性，则可以赞天地之化育，则可以与天地参矣"。《孟子》有"莫之为而为者，天也；莫之致而致者，命也"。"尽其心者，知其性也；知其性，则知天也"。董仲舒的"天人之际，合而为一"。张载的"民，吾同胞；物，吾与也"更是典型的天人合一思想。这些都是综合思维方式的典型例子。

2001年10月，76位中华文化研究者，其中也有我，发表了《中华文化复兴宣言》，肯定：亚洲四小龙的崛起和日本的高速发展，都吸收了中华文化思想的智慧。当前西方一些有远见之士都在尽力研究中华文化，并提出"西方的病，东方的药来医"，形成了"东学西渐"。这些都说明了中华文化在当今世界仍有无穷的价值！

《东学西渐与"东化"》（2004年）

我们知道，16至18世纪的"东学西渐"给欧洲思想界带来了巨大而深刻的影响，中国哲学对法国启蒙运动和德国古典哲学产生了巨大的影响。根据收入"东学西渐丛书"的朱谦之先生的《中国哲学对于欧洲的影响》，法国启蒙思想家卢梭、伏尔泰、孟德斯鸠、狄德罗、霍尔巴赫等人都受到中国文化的影响，重农学派的主要代表人物、经济学家魁奈甚至有"欧洲孔夫子"之称。儒家的理性精神和人道原则，无神论和"人性本善"的思想，都被启蒙思想家用来作为同基督教神学作斗争的武器；道家崇尚自然的原则也对法国唯物主义产生了明显的积极影响。德国哲学家莱布尼茨能以平等的心态来对待中国哲学，他不讳言，自己的二进制直接受到《易经》中的阴阳八卦卦序的启发。其大弟子沃尔弗同样热爱中国文化，曾因发表《中国的实践哲学》的讲演而受到迫害。德国古典哲学的开创者康德，是莱布尼茨—沃尔弗学派的嫡传，他的"理性"一词被认为来源于宋明理学的"理"和老子的"道"。

中国与欧洲的文化交流，传教士起的作用不可抹杀。随着西方传教士的东来，西学逐渐地传到了中国。与此同时，中国的传统文化也通过传教士传到了西方。传教士在中国居住后，对中国的传统文化或多或少都有了解。他们把中国的古代文化典籍译成西方的文字传到欧美，诸如《大学》、《中庸》、《论语》、《易经》等。在东学西渐中，有两个人与青岛有联系，是值得注意的，一个是卫礼贤（Richard Wilhelm，1873—1930 年），一个是翟理斯（Herbet Giles，1845—1935 年）。

卫礼贤原名理查德·威廉，因为酷爱中国文化，便给自己取了个中文名字卫礼贤。他是德国基督教同善会的一名传教士，1899 年来中国，在青岛传教，也从事于教育和慈善事业，在中国生活了二十余年，1924年回德国。在华期间，曾与康有为有交往，与劳乃宣相识颇深，并在劳乃宣的帮助下，着手翻译《易经》，在德国以德文出版。他还创办了礼贤书院，潜心研究中国儒家学说。从 1903 年起，卫礼贤发表了大量有关中国和中国文化的论文，并着手翻译中国古代哲学经典。已出版的有《论语》（1910 年）、《老子》、《列子》（1911 年）、《庄子》（1912 年）、《中国民间故事集》（1914 年）和《易经》（1924 年）、《吕氏春秋》（1928 年）和《礼记》（1930 年）等。回国后，在德国莱茵河畔的法兰克福创立中国研究所，出版杂志《中国的科学与艺术》，成为"中国在西方的精神使者"。德国的学者们给予卫礼贤高度和充分的肯定，法兰克福大学授予他汉学荣誉博士，他成了中国古代圣人的诠释者。通过他，西方思想界的一大批代表人物接触了中国文化，从中得到了或多或少的启迪。如荣格认为从他那儿得到的教益比从其他任何人得到的都多。对卫礼贤翻译的《周易》，荣格说：《易经》中包含着中国文化的精神和心灵；几千年中国伟大智者的共同倾注，历久而弥新，仍然对理解它的人，展现着无穷的意义和无限的启迪。通过《易经》的帮助和启发，荣格提出了"共时性原则"，并将这种"共时性原则"，作为自己的分析心理学发展的内在基石，认为建立在共时性原则基础上的思维方式，在《易经》中表现最为充分，是中国思维方式最集中的体现。而对于西方人来说，这种思维方式，从赫拉克利特之后，便在哲学史上消失，只是在莱布尼茨那里出现过一些低微的回声。

英国汉学家翟理斯在青岛居住并游学，1903 年青岛啤酒创立，译名就是采用他和威妥玛式拼音，而为 TsintaoBeer。他在中国担任过多处英国领事，后来担任英国剑桥大学第二任中文教授，治学勤，著作多，有"其书满架"之誉。他对东学西渐有很大贡献。他著有《中国历史及其他概述》。他编的《华英辞典》，提到很多中国文人，附有各个汉字的广东、客家、福州、温州、宁波等 9 个方言区的方音拼法。他著《古今姓氏族谱——中国人名大辞典》，介绍了从先秦到 19 世纪的中国历史人物，其中有不少是文学家。另著《中国文明》、《中国文学史》，鲁迅的《中国小说史略》提到过这部外国人写的中国文学史。他翻译的作品也很多，有《英译汉诗》，1898 年他从《聊斋志异》的 455 个故事中选译了 164 个故事，并根据其中的《梦》（即《莲花公主》）改写了一部芭蕾舞剧《蜜蜂》，1916 年该剧上演后在欧洲引起轰动。他还有两次重译的《佛国记》（1877 年、1923 年），1905 年写《中国绘画艺术概要》，1911 年编《古今图书集成索引》。厦门大学第一任校长兼国学院院长林文庆在 1929 年完成《离骚》的英译时，他和印度著名诗人泰戈尔（R. Tagore）作了序。他还著有《儒家及其竞争者》（1915 年），并对《论语》、《孟子》、《老子》、《庄子》等思想经典作了部分翻译。他和他的儿子对《庄子》都很有兴趣，各有自己的《庄子》节译本。1957年，英国出版了他用 8 年时间编成的《大英博物馆藏敦煌汉文写本目录》。他的知名度很高，孙中山 1897 年春复函给他（时任剑桥大学教授），并应其所请写了一篇自传，谈到自己初次出国的感受，"始见轮舟之奇，沧海之阔，自是有慕西学之心，穷天地之想"。"至于教则崇拜耶锦，于人则仰中华之汤武暨美国华盛顿矣"。孙中山的这些感受与文化交流有关。

在翟理斯和卫礼贤几十年之后，21 世纪的第 4 年，青岛大学《东方论坛》又开设了"东学西渐"的专栏，这不知是巧合，还是策划者事先有意安排的。我希望这个栏目能够吸引更多的学者参加，都来关注文化交流。我希望把这个栏目办好，办成一个有特色的栏目。

《东学西渐与"东化"》（2004 年）

三　两种思维方式：分析与综合

我在几篇文章中，多次使用了"模糊"、"分析"与"综合"这三个词儿。在分析东方文化与西方文化及其相互关系时，使用这几个词儿是不可避免的。但是，我却并没有给这几个词儿下严格的、比较科学的定义。这样恐怕会引起误解，特别是"模糊"这个词儿更容易让人们理解为"模糊一团"、"糊里糊涂"等等。因此，我现在做一点必要的补充，意在简略地界定词儿的含义。详细解释，尚非其时。我在说明时要引征两篇文章：

一，解兴武《艺术的模糊思维》。

二，王明居《审美中的模糊思维》。

先谈"模糊"

"模糊"绝不是我们常常说的"模模糊糊"、"不清不楚"等等，而是有比较严格的科学的定义的。文二说："现代科学表明，人的神经细胞主要遍布在大脑皮质上，大脑皮质上神经细胞的数目约有 150 亿之多。它们之间形成了极其复杂的联系网络，彼此沟通，相互影响。每个细胞与其他细胞可产生两千多种联系。"神经细胞既有稳定性，也有不稳定性。"这种不稳定性，正是大脑皮层神经细胞信息传递的根本特点，它是模糊思维的生理机制的产生根源。"

文一引用李晓明的说法："模糊性的本质是宇宙普遍联系和连续运动在人类思维活动中的反映。模糊性并非物质的本质属性，也不是人脑主观的产物，而是客体在人类意识的映照下，成为模糊性的栖身寓所，即'人类认识模糊性产生的客观根源在于主体与客体之间的相互作用'。"文一又引李晓明关于模糊与明晰的关系的论述："一言以蔽之，'明晰兮模糊所伏，模糊兮明晰所倚'。"这里最重要的两点是：一，模糊性的本质是宇宙普遍联系和连续运动在人类思维活动中的反映；二，模糊与明晰的互相依存的辩证关系。这两点我们必须牢牢记住。

以上的说明虽然是极其简略的，但是从中可以看到"模糊"的科学含义。在分析东方文化和西方文化使用这个词儿时，我们不能偏离这个含义。

再谈"分析"

文二说："把事物的整体分解为许多部分的方法，叫做分析。一谈到分析，人们往往把它归结为经典分析，认为它是一种追求事物的质量的精确性的条分缕析的科学方法。因此，定性分析，定量分析，因果分析，元过程分析等等，便成为这种分析的主要品类。"但是，除了这经典分析以外，还有更科学的模糊分析，它是与模糊思维相联系的。

我讲西方文化是以分析为基础的，指的是经典分析。这种分析对于认识事物的本质不能说没有用处。它确实帮助我们认识到宇宙自然界、人类社会和人体本身许多本质的东西。但是，这种分析是有限度的，是有极限的。它受到许多限制，比如解剖学，中国过去也有过，但是兴旺发达却是在西方。它帮助我们认识了动物、植物和人体的许多真实现象；但是它有局限。一旦解剖刀割了下去，被割的东西就成了死的东西，活生生的东西消逝了。因此，我们不能说，西方的分析方法是通向真理的唯一或最可靠的道路。

还有一条综合的道路。

最后谈"综合"

文二说："把事物的各个部分联成一气，使之变成一个统一的整体的方法，叫做综合。它所考察的不仅是事物的某一要素，而且是全总要素。此外，它还要考察各个要素之间质的联系，把握一切联系中的总的纽带，从总体上揭示事物的本质及其运动规律。"

文二的说法既简明，又扼要，用不着我再画蛇添足了。

综合是东方文化的基础。

现在归纳起来，再说几句。

从最大的宏观上来看，人类文化无非是东方文化与西方文化两大体系。其思维基础一是综合，一是分析。综合者从整体着眼，着重事物间的普遍联系，既见树木，又见森林。分析者注重局部，少见联系，只见树木，不见森林。

这就是我对东西文化及综合与分析的理解。

《"模糊"、"分析"与"综合"》(1991 年 5 月 3 日)

中国俗话说："人同此心，心同此理。"这两句话基本上是正确的。因为，既然同是人，当然会有其共同之处。但又不完全正确。这里要说明几句，主要说明东西方是不完全相同的。

什么叫"心"呢？这个字的含义比较复杂，一般可以理解为思想感情。思想的直接表露是语言。我就拿语言来做例子加以说明吧。众所周知，中国文化是东方文化的基础，中国的汉语表露中国的"心"，表露中国的文化，也可以说是表露东方文化的特点。同西方语言比较起来，汉语的特点是异常鲜明突出的。它没有形态变化，没有变格，没有变位，连单词的词类有时候也不清楚。"人"和"火"一般都认为是名词，但是韩愈却说："人其人，火其书。"第一个"人"字和"火"字都变成了动词。

　　用一个时髦流行的名词，我们可以说：汉语是一种"模糊"语言。过去颇有一些著名的学者，对汉语这种语言忧心忡忡，幻想加以改造。始作俑者可以说是马建忠。到了五四运动时期，胡适、鲁迅等人也都认为汉语太模糊，语言模糊说明思想（"心"）糊涂，想改造汉语。改造的模型就是西方有形态变化的语言。当时和后来都有不少的人同意这种做法。

　　到了今天，时移事迁，我们这种看法必须改变了。前若干年，西方兴起了一种新学问，叫"模糊学"，模糊数学、模糊逻辑、模糊语言学，什么都模糊，模糊得一塌糊涂。初看似怪，实则正确。试问世界上有什么事情是完完全全百分之百分清楚的呢？

　　我个人体会，所谓"模糊"是要求人们对待一切事物都要费点脑筋，考虑考虑。再拿语言来做例子。读西方语言写成的书，变格、变位清清楚楚，不必左顾右盼，就能够了解句子的内容。读汉文则不行，你必须左顾右盼，看上下文，看内在和外在的联系，然后才能真正了解句子的内容。一言以蔽之，使用汉语的人，于无形中就养成了一种习惯：整体概念，普遍联系。我认为这正是东方文化相对于西方文化的突出的特点。

　　我把这种整体概念，普遍联系的思维方式称为"综合的思维"。与此相对立的是西方的"分析的思维"。这两种不同的对立的思维方式或者思维模式，正是东西方文化的基础。

　　　　　　　　　　　　　　　　　　　　《漫谈东西文化》（1994 年）

　　最近若干年以来，我对世界文化的区分形成了一种看法。我认为，文化确实有东西之分的。西方文化以分析的思维模式为基础，对物质一分再分，认为可以无穷尽地分析下去；对大自然则抱着"征服自然"的态度，诛求无餍。结果产生的弊端是人所共见的，比如环境污染、大气污染、生态平衡破坏、生物灭种、人口爆炸、新疾病产生、淡水资源匮乏，等等，等等，无一不威胁着人类生存的前途。

东方文化以综合思维模式为基础，主张"天人合一"，也就是张载所说的："民，吾同胞；物，吾与也"。人类要与大自然做朋友，不能征服自然。这种思想中国和东方其他一些国家是固有的。但是，近代以来，受了西方产业革命的影响，也有与大自然为敌的现象。在西方思想垄断世界思想的情况下，这是不可避免的。

我补充几句：西方也有综合的一方面，东方也有分析的一方面，不过不是主流而已。天下没有绝对纯之又纯的东西。

我对新世纪、新千年的期望，就是根据上面的想法而产生的。我期望，在新的世纪中，东西文化都将继续发展下去，而且会互相融合。但是，融合是有主次的，必须以东方文化济西方文化之穷，以东方"天人合一"的思想为中轴线而运转。

我这个看法，有人赞成，有人反对。赞成当然能使我高兴，反对也不能使我不高兴。因为 21 世纪毕竟还没有来到，一切对它的想法都只是像那个民间笑话"近视眼猜匾"一样的主观臆见。我对于这个问题不同任何人争论，在匾还没有挂出来之前，争论都是放空炮，"可怜无补费精神"。

就算是猜匾吧，我对 21 世纪这一块匾猜出了什么字没有呢？我猜出的字上面说了一点。最近读到浙江文艺出版社出版的《李政道文录》和金吾伦先生的《李政道、季羡林和物质是否无限可分》①，颇得到一些极为宝贵的启发。我发现，李政道的一些看法与鄙见颇有相同和相似之处，实在是于我"心有戚戚焉"。我现在抄几段李政道先生的原文：

> 以为知道了基本粒子，就知道了真空，这种观念是不对的……
> 我觉得，基因组也是这样，一个个地认识了基因，并不意味着解开了生命之谜。生命是宏观的。20 世纪的文明是微观的。

———————————

① 《书与人》，1999 年第 5 期。

我认为，到了 21 世纪，微观和宏观结合成一体。[①]

李政道在几个地方都提到微观与宏观相结合。我认为，他的"微观"和我说分析的思维模式相当，至少是相似。他的"宏观"与我说的综合的思维模式相当。现在再引一段话：

> 现在我们猜不到 21 世纪的文化是什么，就如同在 19 世纪我们猜不到 20 世纪的文化将是怎样一样。同样，若我们真能激发真空的话，很可能我们对宇宙的了解要远远超过 20 世纪。将来的历史会写上：是在我们这个时代，把微观的世界与宏观的世界用科学的方法连接起来。[②]

文多不具引。最好请读者看一看这一本非常有意义的新书，会从中得到很多教益的。我现在再强调一下，微观与宏观相结合，重点应该放在过去被忽视了的宏观上。

《豪情半怀迎新纪》(1999 年 12 月 19 日)

中餐与西餐是世界两大菜系。从表面上来看，完全不同。实际上，前者之所以异于后者几希。前者是把肉、鱼、鸡、鸭等与蔬菜合烹，而后者则泾渭分明地分开而已。大多数西方人都认为中国菜好吃。那么你为什么就不能把肉菜合烹呢？这连一举手一投足之劳都用不着。可他们就是不这样干。文化交流，盖亦难矣。

然而，这中间还有更深一层的理由。

到了今天，烹制西餐，在西方已经机械化、数学化。连煮一个鸡

---

① 《书与人》，1999 年第 5 期，第 89 页。
② 《书与人》，1999 年第 5 期，第 182 页。

蛋，都要手握钟表，计算几分几秒。做菜，则必须按照食谱，用水若干，盐几克，油几克，其他作料几克，仍然是按钟点计算，一丝不苟。这同西方的基本的思维模式，分析的思维模式，紧密相连的。我所说的"哲学的高度"，指的就是这种现象。

而在中国，情况则完全不同。中国菜系繁多，据说有八大菜系或者更多的菜系。每个系的基本规律是完全相同，这就是我在上面所说的：蔬菜与肉、鱼、鸡、鸭等等合烹。但是烹出来的结果则不尽相同。鲁菜以咸胜，川菜以辣胜，粤菜以生猛胜，苏沪菜以甜淡胜，如此等等，不一而足。我于此道并非内行里手，说不出多少名堂。至于烹调方式，则更是名目繁多，什么炒、煎、炸、蒸、煮、汆、烩等等，还有更细微幽深，可惜我的知识和智慧有限，就只能说这样多了。我从来没见哪一个掌勺儿的大师傅手持钟表，眼观食谱，按照多少克添油加醋。他面前只摆着一些油、盐、酱、醋、味精等作料。只见他这个碗里舀一点，那个碟里舀一点，然后用铲子在锅里翻炒，运斤成风，迅速熟练，最后在一团瞬间的火焰中，一盘佳肴就完成了。据说多炒一铲则太老，少炒一铲则太嫩，运用之妙，存乎一心，谁也说不出一个道道来。老外观之，目瞪口呆，莫名其妙。其中也有哲学。这是东方基本思维模式，综合的思维模式在起作用。有"科学"头脑的人，也许认为这有点模糊。然而，妙就妙在模糊，最新的科学告诉我们，模糊无所不在。

听说，若干年前。一位著名的美籍华人学者的夫人，把《随园食谱》译成了英文，也按照西方办法，把《食谱》机械化，数学化了，也加上了几克等等。有好事者遵照食谱，烹制佳肴。然而结果呢？炒出来的菜实在难以下咽，谁都不想吃。追究原因，有可能是袁子才英雄欺人，在《食谱》中故弄玄虚；我认为，最大的可能是，这位夫人去国日久，忘记了中国哲学的精粹，上了西方思维模式的当，上了西方哲学的当。

《从哲学高度看中餐与西餐》，《漫谈人生》（2000 年 1 月）

对于现代化问题我是一个外行人。但是外行人也有外行人的思考。虽然不切题，但也不会太离题。我一向主张，世界文化共有两大体系：东方与西方。东方的现代化同西方的现代化有千丝万缕的关系。东方国家的现代化当然不能百分之百等同于西方化，但是在很大程度上却离不开西方化。眼前的西方毕竟是科学技术最发达最活跃的地区。东方大陆不管有多少大龙多少小龙，其现代化进程都离不开西方的影响。在这一点上东方几条龙已经获得了极大的成功，经济确实腾飞了，将来还会腾飞下去的。既然同为现代化，当然有其共同问题。既然有了东西之分，当然必有其不同之处，最大的或最根本的不同之处是在基本思维模式的不同：东方综合而西方分析。研究东方的现代化，不能离开这个基本思维模式。李政道说：二十世纪是微观的世纪，分析的世纪。微观必须与宏观相结合，人类文化才能迈上一个新的台阶。我个人近几年来的主张与此颇有类似之处。东西方国家讲现代化不从这里出发，必将事倍功半。

在政治思维方面，东西方也有极大的不同，西方的封建思想残余少，而东方则颇浓重。印度、日本是这样，其他国家和地区也是这样。我觉得东方现代化过程就是逐渐克服封建思想的过程，一直到现在还不能说，东方的封建思想的残余已经克服净光。看来想要达到这个目的，还有很长的距离要走。东方国家长久不能认识这一点，现在还有很多人不认识，这将会影响东方现代化的进程。

《东亚与印度：亚洲两种现代化模式》序（2000年3月4日）

话得说得远一点。语言是思想的外化，谈语言不谈思想是搔不着痒处的。言意之辨一向是中国哲学史上的一个重要命题，其原因就在这里。我现在先离正文声明几句。我从来不是什么哲学家，对哲学我是一无能力，二无兴趣。我的脑袋机械木讷，不像哲学家那样圆融无碍。我还算是有点自知之明的，从来不做哲学思辨。但是，近几年来，我忽然不安分守己起来，竟考虑了一些类似哲学的问题，岂非咄咄怪事。

现在再转入正文，谈我的"哲学"。首先经过多年的思考和观察，我觉得东西文化是不同的，这个不同表现在各个方面，只要稍稍用点脑筋，就不难看出。我认为，东西文化的不同扎根于东西思维模式的不同。西方的思维模式的主要特点是分析，而东方则是综合。我并不是说，西方一点综合也没有，东方一点分析也没有，都是有的，天底下绝没有泾渭绝对分明的事物，起码是常识这样告诉我们的。我只是就其主体而言，西方分析而东方综合而已。这不是"哲学"分析推论的结果，而是有点近乎直观。此论一出，颇引起了一点骚动，赞同和反对者都有，前者寥若晨星，而后者则阵容颇大。我一向不相信真理愈辨（辩）愈明的。这些反对或赞成的意见，对我只等秋风过耳边。我编辑了两大册《东西文化议论集》，把我的文章和反对者以及赞同者的文章都收在里面，不加一点个人意见，让读者自己去明辨吧。

什么叫分析？什么又叫综合呢？我在《东西文化议论集》中有详尽的阐述，我无法在这里重述。简捷了当地说一说，我认为，西方自古希腊起走的就是一条分析的道路，可以三段论法为代表，其结果是，只见树木，不见森林；头痛医头，脚痛医脚。东方的综合，我概括为八个字：整体概念，普遍联系。有点模糊，而我却认为，妙就妙在模糊。上个世纪末，西方兴起的模糊学，极能发人深思。

真是十分出我意料，前不久我竟在西方找到了"同志"。《参考消息》2000 年 8 月 19 日刊登了一篇文章，题目是：《东西方人的思维差异》，是从美国《国际先驱论坛报》8 月 10 日刊登的一篇文章翻译过来的，是记者埃丽卡古德撰写的。文章说：一个多世纪以来，西方哲学家和心理学家将他们对精神生活的探讨建立在一种重要的推断上，人类思想的基本过程是一样的。西方学者曾认为，思考问题的习惯，即人们在认识周围世界时所采取的策略都是一样的。但是，最近密歇根大学的一名社会心理学家进行的研究已在彻底改变人们长期以来对精神所持的这种观点。这位学者名叫理查德·尼斯比特。本文的提要把他的观点归纳如下：

> 东方人似乎更"全面"地思考问题，更关注背景和关系，更多借助经验，而不是抽象的逻辑，更能容忍反驳意见。西方人更具"分析性"，倾向于使事物本身脱离背景，避开矛盾，更多地依赖逻辑。两种思想习惯各有利弊。

这些话简直好像是从我嘴里说出来似的。这里决不会有什么抄袭的嫌疑，我的意见好多年前就发表了，美国学者也决不会读到我的文章。而且结论虽同，得到的方法却大异其趣，我是凭观察，凭思考，凭直观，而美国学者则是凭"分析"，再加上美国式的社会调查方法。

以上就是我的"哲学"的最概括的具体内容。听说一位受过西方哲学训练的真正的哲学家说，季羡林只有结论，却没有分析论证。此言说到了点子上；但是，这位哲学家却根本不可能知道，我最头痛的正是西方哲学家们的那一套自命不凡的分析，分析，再分析的论证方法。

这些都是闲话，且不去管它。总之一句话，我认为，文化和语言的基础或者源头就是思维模式，至于这一套思维模式是怎样产生出来的，我在这里先不讨论，我只说一句话：天生的可能必须首先要排除。专就语言而论，只有西方那一种分析的思维模式才能产生以梵文、古希腊文、拉丁文等为首的具有词类、变格、变位等一系列明显的特征的印欧语系的语言。这种语言容易分析、组合，因而产生了现在的比较语言学，实际上应该称之为印欧语系比较语言学的这一门学问。反之，汉语等和藏缅语系的语言则不容易分析、组合。词类、变格、变位等语法现象，都有点模糊不定。这种语言是以综合的思维模式为源头或基础的，自有它的特异之处和优越之处。过去，某一些西方自命为"天之骄子"

的语言学者努力贬低汉语，说汉语是初级的、低级的、粗糙的语言。现在看来，真不能不使人嗤之以鼻了。

《赵元任全集》序（2000 年 8 月 30 日）

无论是进行自然科学的研究工作，还是进行人文社会科学的研究工作，以分析手段为突破口，都是必要的，甚至是不可避免的。

摆在自然科学工作者面前的是实实在在真正存在的物质的东西。数学现在也归入自然科学，但是数学家眼前摆的不是物质的东西，他们具有的是蕴藏在脑海里的抽象数字。这问题应另当别论，不能与自然科学混为一谈。自然生成物，露在外面的是它的表面形象，构成的结构规律则是蕴藏在内部的。必须先用分析的手段，打开缺口，才能进入内部。

摆在人文社会科学工作者面前的东西比较复杂。有古书、古代文献资料、后代的文献资料，以及当前的资料，还有当前社会上各种活动和制度。在考古学者面前，一定会有自然生成物；但是这些东西的用处不在物质本身，而在它们所代表的时间意义。所有的这些东西，最初摆在你面前的时候，只不过是浑然一璞。不采用分析的手段，难得进入其中。

上面说的这一些话，其目的是想说明，分析的方法是科学研究必不可少的。但是，我必须在这里补充一句：在分析的主导中，小的综合也会随时出现的。

对于分析与综合这两种思维模式或工作研究方式，大多数学者都耳熟能详，用不着过多的解释。但是，我自己对这个问题却多年来形成了一套看法。我认为，分析与综合是人类最基本的思维模式，用常用的词句来解释，一个是"一分为二"，一个是"合二而一"。我还认为，世界上东西方文明最基本的差异也在这两点上：西方的基本的思维模式是分析，而东方则是综合。这是就其大者而言的，天底下没有纯粹的分析，也没有纯粹的综合，二者总是并行进行，但有主次之别。

《分析不是研究学问的唯一手段》（2002 年 9 月 16 日）

"一分为二"这个命题，大概是受到了原子分裂的影响，是专门指物质的东西的，因此同物质是否能够永远分裂这个问题相联系。关于这个问题有两派意见，一肯定，一否定。二者也都是学术问题，可以讨论的。让我大大地吃以一惊的是，"一分为二"的提出者竟然引用了庄子的"一尺之棰，日取其半，万世不竭"的说法，来为自己的命题护航。稍稍思考一下，就能够分辨出，"一分为二"的基础是物理概念，而庄子的说法是一个数学概念，二者泾渭分明，焉能混淆！这一位也许自命为哲学家的人，竟连这一点都没弄明白，真让我感到悲哀！光舞大棒是打不出哲学来的！被请去讨论的几位知名的科学家也都没有提出异议。这更令我吃惊。眼前物质永远可分论已经遇到了夸克封闭这一只拦路虎，将来究竟如何，还没有人敢说。

在上面，我从西方的分析手段写到西方美学的形成；又从西方讲到中国的"一分为二"和"合二而一"的问题。我的想法是，西方的分析手段在科技方面以及其他方面创造出辉煌的成绩，推动了人类社会的前进但同时也产生了许多问题和弊端，能给人类前途带来灾害。东方（中国）的综合手段也给人类创造了许多福利；但也有它的偏颇之处。今后的动向应该是把二者结合起来，互济互补；这样一来，人类发展的前途，人类文明的走向，就能够出现许多灿烂的光点，人类就能够大踏步地向前迈进。这就是我的信念。

《分析不是研究学问的唯一手段》（2002 年 9 月 16 日）

四 "天人合一"新解：
人类与自然和谐相处

什么叫"天人合一"呢？"人"，容易解释，就是我们这一些芸芸众生的凡人。"天"，却有点困难，因为"天"字本身含义就有点模糊。在中国古哲学家笔下，天有时候似乎指的是一个有意志的上帝。这一点非常稀见。有时候似乎指的是物质的天，与地相对。有时候似乎指的是有智力有意志的自然。我没有哲学家精细的头脑，我把"天"简化为大家都能理解的大自然。我相信这八九不离十，离开真理不会有十万八千里。这对说明问题也比较方便。中国古代的许多大哲学家，使用"天"这个字，自己往往也有矛盾，甚至前后抵触。这一点学哲学史的人恐怕都是知道的，用不着细说。

谈到"天人合一"这个命题的来源，大多数学者一般的解释都是说源于儒家的思孟学派。我觉得这是一个相当狭隘的理解。《中华思想大辞典》说："主张'天人合一'，强调天与人的和谐一致是中国古代哲学的主要基调。"这是很有见地的话，这是比较广义的理解，是符合实际情况的。我现在就根据这个理解来谈一谈这个命题的来源，意思就是，不限于思孟，也不限于儒家。我先补充一句：这个代表中国古代哲学主要基调的思想，是一个非常伟大的、含义异常深远的思想。

为了方便起见，我还是先从儒家思想介绍起。《周易·乾卦·文言》

说："'大人'者与天地合其德，与日月合其明，与四时合其序，与鬼神合吉凶，先天而天弗违，后天而奉天时。"这里讲的就是"天人合一"的思想，这是人生的最高的理想境界。

孔子对天的看法有点矛盾。他时而认为天是自然的，天不言而四时行，而万物生。他时而又认为，人之生死富贵皆决定于天。他不把天视作有意志的人格神。

子思对于天人的看法，可以《中庸》为代表。《中庸》说："能尽人之性，则能尽物之性；能尽物之性，则可以赞天地之化育，则可以与天地参矣。"

孟子对天人的看法基本上继承了子思的衣钵。《孟子·万章上》说："莫之为而为者，天也；莫之致而致者，命也。"天命是人力做不到达不到而最后又能使其成功的力量，是人力之外的决定的力量。孟子并不认为天是神；人们只要能尽心养性，就能够认识天。《孟子·尽心上》说："尽其心者，知其性也；知其性则知天矣。"

到了汉代，汉武帝独尊儒术。董仲舒是当时儒家的代表，是他认真明确地提出了"天人之际，合而为一"的思想。《春秋繁露·人副天数》中说："人有三百六十节，偶天之数也；形体骨肉，偶地之数也；上有耳目聪明，日月之象也；体有空窍理脉，谷川之象也。"《阴阳义》中说："天亦有喜怒之气，哀乐之心，与人相副，以类合之，天人一也。"董仲舒的"天人合一"思想，是非常明显的。他的天人感应说，有时候似乎有迷信色彩，我们不能不加以注意。

到了宋代，是中国所谓"理学"产生的时代。此时出了不少大儒。尽管学说在某一些方面也有所不同，但在"天人合一"方面，几乎都是相同的。张载明确地提出了"天人合一"的命题。程颐说："天、地、人，只一道也。"

宋以后儒家关于这一方面的言论，我不再介绍了。我在上面已经说过，这个思想不限于儒家。如果我们从更宏观的角度来看这个问题，把

"天人合一"理解为人与大自然的关系。那么在儒家之外，其他道家、墨家和杂家等等也都有类似的思想。我在此稍加介绍。

老子说："人法地，地法天，天法道，道法自然。"王弼注说："与自然无所违。"《庄子·齐物论》说："天地与我并生，而万物与我为一。"看起来道家在主张"天人合一"方面，比儒家还要明确得多。墨子对天命鬼神的看法有矛盾。他一方面强调"非命"、"尚力"，人之富贵贫贱荣辱在力不在命；但是在另一方面，他又推崇"天志"、"明鬼"。他的"天"好像是一个有意志行赏罚的人格神。天志的内容是兼相爱。他的政治思想，比如兼爱、非攻、尚贤、尚同，也有同样的标记。至于吕不韦，在《吕氏春秋·应同》中说："成齐类同皆有合，故尧为善而众善至，桀为非而众非来。《高箴》云：'天降灾布祥，并有其职。'"这里又说："山云草莽，水云鱼鳞，旱云烟火，雨云水波，无不皆类其所生以示人。"从这里可以看出，吕氏是主张自然（天）是与人相应的。

中国古代"天人合一"的思想，就介绍这样多。

《"天人合一"新解》（1992 年）

印度古代思想派系繁多。但是其中影响比较大，根底比较雄厚的是人与自然合一的思想。印度使用的名词当然不会同中国一样。中国管大自然或者宇宙叫"天"，而印度则称之为"梵"（Brahman）。中国的"人"，印度称之为"我"（Atman，阿特曼）。总起来看，中国讲"天人"，印度讲"梵我"，意思基本上是一样的。印度古代哲学家有时候用 tat（等于英文的 that）这个字来表示"梵"。梵文 tatkartr。表面上看是"那个的创造者"，意思是"宇宙的创造者"。印度古代很有名的一句话 tat tvam asi，表面上的意思是"你就是那个"，真正的含义是"你就是宇宙"（你与宇宙合一）。宇宙，梵是大我；阿特曼，我是小我。"奥义书"中论述梵我关系常使用一个词儿 Brahmatmaikyām，意思是"梵我一如"。吠檀多派大师商羯罗（Śankara，约公元 788—820 年），张扬不二一元论（Advita）。大体的意思是，有的"奥义书"把"梵"区分为二：有形的梵和无形的梵。有形的梵指的是现象界或者众多的我（小我）；无形的梵指的是宇宙本体最高的我（大我）。有形的梵是不真实的，而无形的梵才是真实的。所谓"不二一元论"就是说：真正实在的惟有最高本体梵，而作为现象界的我（小我）在本质上就是梵，二者本来是同一个东西。我们拨开这些哲学迷雾看一看本来面目。这一套理论无非是说梵我合一，也就是天人合一，中印两国的思想基本上是一致的。①

从上面的对中国古代思想和印度古代思想的介绍中，我们可以看到，尽管使用的名词不同，而内容则是相同的。换句话说，"天人合一"的思想是东方思想的普遍而又基本的表露。我个人认为，这种思想是有别于西方分析的思维模式的东方综合的思维模式的具体表现。这个思想非常值得注意，非常值得研究，而且还非常值得发扬光大，它关系到人类发展的前途。

《"天人合一"新解》（1992 年）

"天人合一"命题正是东方综合思维模式的最高最完整的体现。我在上面已经说到，我理解的"天人合一"是讲人与大自然合一。我现在就根据这个理解对人与自然的关系进行一些分析。

人，同其他动物一样，本来也是包括在大自然之内的。但是，自从人变成了"万物之灵"以后，顿觉自己的身价高了起来，要闹一点"独立性"，想同自然对立，要平起平坐了。这样才产生出来了人与自然的关系。

人类在成为"万物之灵"之前或之后，一切生活必需品都必须取自

---

① 请参阅姚卫群：《吠檀多派哲学的梵我关系理论》，载《南亚研究》1992 年第 2 期，第37—44 页。

于大自然，衣、食、住、行，莫不皆然。人离开了自然提供的这些东西，一刻也活不下去。由此可见人与自然关系之密切、之重要。怎样来处理好人与自然的关系，就是至关重要的了。

据我个人的观察与思考，在处理人与自然的关系方面，东方文化与西方文化是迥乎不同的，夸大一点简直可以说是根本对立的。西方的指导思想是征服自然；东方的主导思想，由于其基础是综合的模式，主张与自然万物浑然一体。西方向大自然穷追猛打，暴烈索取。在一段时间以内，看来似乎是成功的：大自然被迫勉强满足了他们的生活的物质需求，他们的日子越过越红火。他们有点忘乎所以，飘飘然昏昏然自命为"天之骄子"、"地球的主宰"了。

东方人对大自然的态度是同自然交朋友，了解自然，认识自然；在这个基础上再向自然有所索取。"天人合一"这个命题，就是这种态度在哲学上的凝练的表述。东方文化曾在人类历史上占过上风，起过导向作用，这就是我所说的"三十年河东"。后来由于种种原因，时移势迁，沧海桑田，西方文化取而代之。钱宾四先生所说的："近百年来，世界人类文化所宗，可说全在欧洲。"这就是我所说的"三十年河西"。世界形势的发展就是如此，不承认是不行的。

东方文化基础的综合的思维模式，承认整体概念和普遍联系，表现在人与自然的关系上就是人与自然为一整体，人与其他动物都包括在这个整体之中。人不能把其他动物都视为敌人，要征服它们。人吃一些动物的肉，实在是不得已而为之。从古至今，东方的一些宗教，比如佛教，就反对杀牲，反对肉食。中国固有的思想中，对鸟兽表示同情的表现，比比皆是。最著名的两句诗"劝君莫打三春鸟，子在巢中待母归"是众所周知的。这种对鸟兽表示出来的怜悯与同情，十分感人。西方诗中是难以找到的。孟子的话"恻隐之心，人皆有之"，也表现了同一种感情。

东西方的区别就是如此突出。在西方文化风靡世界的几百年中，在尖刻的分析思维模式指导下，西方人贯彻了征服自然的方针。结果怎样呢？有目共睹，后果严重。对人类的得寸进尺永不餍足的需求，大自然的忍耐程度并非无限。而是有限度的，在限度以内，它能够满足人类的某一些索取。过了这个限度，则会对人类加以惩罚，有时候是残酷的惩罚。即使是中国，在我们冲昏了头脑的时候，大量毁林造田，产生的后果，人所共知：长江变成了黄河，洪水猖獗肆虐。

从全世界范围来看，在西方文化主宰下，生态平衡遭到破坏，酸雨到处横行，淡水资源匮乏，大气受到污染，臭氧层遭到破坏，海、洋、湖、河、江遭到污染，一些生物灭种，新的疾病冒出等等，威胁着人类的未来发展，甚至人类的生存。这些灾害如果不能克制，则用不到一百年，人类势将无法生存下去。这些弊害目前已经清清楚楚地摆在我们眼前，哪一个人敢说这是危言耸听呢？

现在全世界的明智之士都已痛感问题之严重，但是却不一定有很多人把这些弊害同西方文化挂上钩。然而，照我的看法，这些东西非同西方文化挂上钩不行。西方的有识之士，从本世纪 20 年代起直到最近，已经感到西方文化行将衰落。钱宾四先生说："最近五十年，欧洲文化近于衰落。"他的忧虑同西方眼光远大的人如出一辙。这些意见同我想的几乎完全一样，我当然是同意的，虽然衰落的原因我同宾四先生以及西方人士的看法可能完全不相同的。

有没有挽救的办法呢？当然有的。依我看，办法就是以东方文化的综合思维模式济西方的分析思维模式之穷。人们首先要按照中国人、东方人的哲学思维，其中最主要的就是"天人合一"的思想，同大自然交朋友，彻底改恶向善，彻底改弦更张。只有这样，人类才能继续幸福地生存下去。我的意思并不是要铲除或消灭西方文化。不是的，完全不是的。那样做，是绝对愚蠢，完全做不到的。西方文化迄今所获得的光辉成就，决不能抹杀。我的意思是，在西方文化已经达到的基础上，更上一层楼，把人类文化提高到一个前所未有的高度。"三十年河西，三十年河东"这个人类社会进化的规律能达到的目标，就是这样。

一位语言学家讽刺我要"东化"。他似乎认为这是非圣无法大逆不道之举。愧我愚陋，我完全不理解：既然能搞"西化"，为什么就不能搞"东化"呢？

"风物长宜放眼量"，我们决不应妄自尊大；但是我们也不应妄自菲薄。我们不应当囿于积习，鼠目寸光，认为西方一切都好，我们自己一切都不行。这我期期以为不可。

多少年来，人们沸沸扬扬，义形于色，讨论为什么中国自然科学不行，大家七嘴八舌，争论不休，都认为这是一件事实，不用再加以证明。然而事情真是这样吗？我自己对自然科学所知不多，不敢妄加雌黄。我现在吁请大家读一读中国当代数学大家吴文俊先生的一篇文章：《关于研究数学在中国的历史与现状》①，大家从中一定可以学习很多东西。

总之，我认为，中国文化和东方文化中有不少好东西，等待我们去研究，去探讨，去发扬光大。"天人合一"就属于这个范畴。我对"天人合一"这个重要命题的"新解"，就是如此。

《"天人合一"新解》（1992 年）

慎之在"后记"中又提到："去年 6 月讨论环境问题的全球首脑会议前夕，有一批当今世界上在各种学科居于领导地位的科学家特地写信给首脑会议发出呼吁，认为只有发展科学，发展技术，发展经济，才有可能最后解决环境问题。决不能为保护环境而抑制发展，否则将两俱无成。我是赞成他们的意见的。"直白地说，我是不赞成他们的意见的，我期期以为不可。为了保护环境决不能抑制科学的发展、技术的发展和经济的发展，这个大前提绝对是正确的。不这样做是笨伯、是傻瓜。但

———————————

① 见《自然辩证法通讯》，1990 年第 4 期。

是，处理这个问题，脑筋里必须先有一根弦，先有一个必不可缺的指导思想，而这个指导思想只能是东方的"天人合一"的思想。否则就会像是被剪掉了触角的蚂蚁，不知道往哪里走。从发展的最初一刻起（from the very beginning），就应当在这种思想的指引下，念念不忘过去的惨痛教训，想方设法，挖空心思，尽上最大的努力，对弊害加以抑制，决不允许空喊："发展！发展！发展！"高枕无忧，掉以轻心，梦想有朝一日科学会自己找出办法，挫败弊害。常言道："道高一尺，魔高一丈。"到了那时，魔已经无法控制，而人类前途危矣。中国旧小说中常讲到龙虎山张天师打开魔罐，放出群魔，到了后来，群魔乱舞，张天师也束手无策。最聪明最有远见的办法是向观音菩萨学习，放手让本领通天的孙悟空去帮助唐僧取经。但同时又把一个箍套在猴子头上，把紧箍咒教给唐僧，这样可以两全其美。真无愧是大慈大悲的观世音。西方科学家们决不能望其项背。他们那一套"科学主义"是绝对靠不住的。事实早已证明了：科学绝非万能。

《关于"天人合一"思想的再思考》（1993 年）

日本深受中国宋明理学的影响，对于"天人合一"的思想并不陌生。这一点在讲日本思想史的书中，在许多中国学家的著作中，很容易可以找到，无需我再加以详细论列……

朝鲜有比较悠长的哲学发展的历史，一方面有自己本土的哲学思想，另一方面又受到了邻国中国哲学思想的影响。中国儒家思想在三国时期已传入朝鲜，儒家的天命观影响了朝鲜思想。到了高丽末李朝初期，宋代程朱之学传入。作为宋代理学基础的"天人合一"思想，也在朝鲜占了上风。在这时期出现了一批程朱理学的代表人物，比如李穑（1328—1396）、郑梦周（1337—1392）、郑道传（1337—1398）等等，在他们的学说中，都有一些关于天地万物之理的论述；但是，明确提出"天人合一"思想的是权近（1352—1409）。他用图表来解释哲学思想，其中最重要的是"天人心性合一之图"，他把这张图摆在所有图的最前面，以表示其重要性。他反对天人相胜论。他说：

> 就人心性上，以明理气善恶之殊，以示学者……人兽草木千形万状，各正性命者，皆自一太极中流出。故万物各具一理，万理同出一源，一草一木各依太极，而天下无性外之物，故中庸言，能尽其性则能尽人之性，能尽物之性，而可以赞天地之化育，鸣呼，致哉。

权近又提出了天人相类相通的学说，他说：

> 盖天地万物本同一体，故人之心正，则天地之心亦正；人之气顺，则天地之心亦顺。是天地之有灾祥，良人事之有得失也，人事得则灾祥顺其长；人事失，则灾祥反其正。

他还说：

> 人众胜天，天定亦能胜人，虽交相为胜，然人之胜天可暂而不可长；天之胜人，愈久而愈定也。故淫者必不能保其终，而善者必有庆于后矣。

李朝前半期的哲学思想，以及那以后的哲学思想，仍然或多或少地呈现出"天人合一"的色彩。因此我们可以说，这种东方特有的"天人合一"的思想，在朝鲜哲学史上也是比较明确的。

《关于"天人合一"思想的再思考》(1993年)

我曾多次声明，我禀性愚鲁，最不擅长也最不喜欢那种抽象到无边无际的甚至是神秘的哲学思考。我喜欢具体的摸得着看得见的东西。我是搞语言研究出身的，做学问喜欢考据，那种有一千个哲学家就有一千种哲学的现象，我认为是非我性之所近。但是，出于我自己也无法解释的原因，我"老年忽发少年狂"，侈谈东西文化的区别及其对人类生存前途的关系。这已经接近哲学思考，是我原来所不愿谈的，"怪论"一出，反对者有之，赞成者也有之，我细读赵杰的文章，他属于后者。古语云："惺惺惜惺惺"，我在窃喜之余，还是决定写几句话。

我的"怪论"是无能成龙配套的。我讲四大文明体系，又讲东西两大文明体系，还不知天高地厚地讲综合思维模式和分析思维模式，以及"三十年河东，三十年河西"，又"预言"，21世纪将是东西文化融合而以东方为主的世纪，最后还讲西方文化以"征服自然"为鹄的，制造了许多弊端，弊端不除，人类生存前途将会异常艰辛，如此等等，不一而足。我名之曰"怪论"，这是以退为进的手法，我自己实际上并不认为有什么"怪"，我认为，人类只要还有理性，就必然会得出这样的结论。

有高人说我论证不足，说老实话，我讨厌你们那一套"哲学"论证，与其说我是在搞哲学，不如说我是在做诗。但是我的诗是现实主义的，不是浪漫主义的，更决不会是什么朦胧诗。我的这些诗作，击节者有之，厌恶者也有之。对赞成者我感激，对反对者我恭谨阅读他们的文章；但是决不商榷，也不辩论。因为这些议论是非与否，只有将来的历史发展能够裁决，现在人的文章，不管看起来似乎振振有词，高深莫测；但大多仍然都是空话。同空话辩论，"可怜无补费精神"，还不如去打牌，去钓鱼。只是有一位学者的议论，我还是要引一下，目的只在于"奇文共析赏"。这位学者说：

　　《黄帝内经》成为最高医学，"千年秘方"成为万应灵药。
　　学习古代是学问，研究现代不是学问。"天人合一"、"内圣外王"，语词如此冬烘，概念如此陈腐，道学先生竟想用它来教化 21 世纪。①

请问这一位学者：你懂得什么叫"天人合一"吗？你心目中的"天人合一"是董仲舒的"天人感应"的"天人合一"呢？还是张载的"民胞物与"的"天人合一"？至于"千年秘方"，里面难免有迷信的成分，也决不会缺少老百姓用性命换来的经验。当年鲁迅一笔抹杀中医，为世诟病。不料时至世纪末又见有自命为非"冬烘"的洋冬烘、真正"科学主义"的信徒，挺身出来说出这样非"科学"的话，我确实感到吃惊！

《东方文化与东亚民族》序（1999 年 7 月 14 日）

孔子说："天何言哉！"大自然是不会讲话的，或者说是不讲话的。然而它却能报复，能惩罚。西方的征服自然，诛求无餍，就受到了大自然的报复和惩罚。例子很多，仅举污染大气、污染环境、破坏生态平衡、灭绝物种、破坏臭氧层、乱砍森林，等等，等等。中国虽然有上面提到的那种先进的思想，然而在行动上却未能实践。特别在几十年前歪风狂吹的时代，毁林造田等等一系列荒唐的举动，及今思之，简直令人感到愤慨，感到羞耻。

当前中国的以及世界的情况怎样呢？总起来看，有所改善，有所觉悟，现代世界各国的政府几乎都大力开展环保事业，就是一个证明。但是，根据我的看法，人们对人类所面临的危机的认识和觉悟还是很不够的。南美亚马孙河流域的大原始森林照砍不误，类似的现象还可以举出不少来。本书标题中有"无告的"几个字，这是警策鲜明生动的语言，我很赞成使用。然而，大自然的容忍是有限的，一旦容忍到了极限，大

---

① 《群言》，1999 年第 6 期。

自然勃然哀怒，对人类进行报复，到了那时候，人类就要吃不了兜着走，要叹息悔之晚矣了。

《为无告的大自然请命》序（1999 年 8 月 3 日）

学术大师钱穆先生一生最后一篇文章《中国文化对人类未来可有的贡献》，讲的就是"天人合一"的问题，我冒昧地在钱老文章的基础上写了两篇补充的文章，我复印了几份，呈献给大家，以求得教正。"天人合一"是中国哲学史上一个重要命题，解释纷纭，莫衷一是。钱老说："我曾说'天人合一'论，是中国文化对人类最大的贡献。"我的补充明确地说，"天人合一"就是人与大自然要合一，要和平共处，不要讲征服与被征服。西方近二百年以来，对大自然征服不已，西方人以"天之骄子"自居，骄横不可一世，结果就产生了我在上文第一章里补充的那一些弊端或灾害。钱宾四先生文章中讲的"天"似乎重点是"天命"，我的"新解"，"天"是指的大自然。这种人与大自然要和谐相处的思想，不仅仅是中国思想的特征，也是东方各国思想的特征。这是东西文化思想分道扬镳的地方。在中国，表现这种思想最明确的无过于宋代大儒张载，他在《西铭》中说："民，吾同胞；物，吾与也。""物"指的是天地万物。佛教思想中也有"天人合一"的因素，韩国吴亨根教授曾明确地指出这一点来。佛教基本教规之一的"五戒"中就有戒杀生一条，同中国"物与"思想一脉相通。

《关于人的素质的几点思考》（1999 年）

我体会，圣严法师之所以不惜人力和物力召开这样一个规模宏大的会议，大陆暨香港地区，以及台湾的许多著名的学者专家之所以不远千里来此集会，决不会是让我们坐而论道的。道不能不论，不论则意见不一致，指导不明确，因此不论是不行的。但是，如果只限于论，则空谈无补于实际，没有多大意义。况且，圣严法师为法鼓人文社会学院明定宗旨是"提升人的品质，建设人间净土"。这次会议的宗旨恐怕也是如此。所以，我们在议论之际，也必须想出一些具体的办法。这样会议才能算是成功的。

我在本文第一章中已经讲到过，我们中国和全世界所面临的形势是十分严峻的。钱穆先生也说："近百年来，世界人类文化所宗。可说全在欧洲。最近五十年，欧洲文化近于衰落，此下不能再为世界人类文化向往之宗主。所以可说，最近乃人类文化之衰落期。此下世界文化又将何所向往？这是今天我们人类最值得重视的现实问题。"可谓慨乎言之矣。

我就在面临这样严峻的情况下提出了修养和实践问题的，也可以称之为思想与行动的关系，二者并不完全一样。

所谓修养，主要是指思想问题、认识问题、自律问题，他律有时候也是难以避免的。在大陆上，帮助别人认识问题，叫做"做思想工作"。一个人遇到疑难，主要靠自己来解决，首先在思想上解决了，然后才能见诸行动，别人的点醒有时候也起作用。佛教禅宗主张"顿悟"。觉悟当然主要靠自己，但是别人的帮助有时也起作用。禅师的一声断喝，一记猛掌，一句狗屎橛，也能起振聋发聩的作用。宋代理学家有一个克制私欲的办法。清尹铭绶《学见举隅》中引朱子的话说：

> 前辈有欲澄治思虑者，于坐处置两器。每起一善念，则投白豆一粒于器中；每起一恶念，则投黑豆一粒于器中，初时黑豆多，白豆少，后来遂不复有黑豆，最后则虽白豆亦无之矣。然此只是个死法，若更加以读书穷理底工夫，则去那般不正当底思虑，何难之有？

这个方法实际上是受了佛经的影响。《贤愚经》卷十三（六七），优波毱提品第六十讲到一个"系念"的办法。

　　以白黑石子，用当筹算。善念下白，恶念下黑。优波毱提奉受其教，善恶之念，辄投石子。初黑偏多，白者甚少。渐渐修习，白黑正等。系念不止。更无黑石，纯有白者。善念已盛，逮得初果。（《大正新修大藏经》，第四卷，页四四二下）

　　这与朱子说法几乎完全一样，区别只在豆与石耳。

　　这个做法究竟有多大用处？我们且不去谈。两个地方都讲善念、恶念。什么叫善？什么叫恶？中印两国的理解恐怕很不一样。中国的宋儒不外孔孟那些教导，印度则是佛教教义。我自己对善恶的看法，上面已经谈过。要系念，我认为，不外是放纵本性与遏制本性的斗争而已。为什么要遏制本性？目的是既让自己活，也让别人活。因为如果不这样做的话，则社会必然乱了套，就像现代大城市里必然有红绿灯一样，车往马来，必然要有法律和伦理教条。宇宙间，任何东西，包括人与动植物，都不允许有"绝对自由"。为了宇宙正常运转，为了人类社会正常活动，不得不尔也。对动植物来讲，它们不会思考，不能自律，只能他律。人为万物之灵，是能思考、能明辨是非的动物，能自律，但也必济之以他律。朱子说，这个系念的办法是个"死法"，光靠它是不行的，还必须读书穷理，才能去掉那些不正当的思虑，读书当然是有益的，但却不能只限于孔孟之书；穷理也是好的，但标准不能只限于孔孟之道。特别是在今天，在一个新世纪即将来临之际，眼光更要放远。

　　眼光怎样放远呢？首先要看到当前西方科技所造成的弊端，人类生存前途已处在危机中。世人昏昏，我必昭昭。我们必须力矫西方"征服自然"之弊，大力宣扬东方"天人合一"的思想，年轻人更应如此。

　　以上主要讲的是修养。光修养还是很不够的，还必须实践，也就是行动，最好能有一个信仰，宗教也好，什么主义也好；但必须虔诚、真挚。这里存不得半点虚假成分。我们不妨先从康德的"消极义务"做起：不污染环境、不污染空气、不污染河湖、不胡乱杀生、不破坏生态平衡、不砍伐森林，还有很多"不"。这些"消极义务"能产生积极影响。这样一来，个人的修养与实践、他人的教导与劝说，再加上公、检、法的制约，本文第一章所讲的那一些弊害庶几可以避免或减少，圣严法师所提出的希望庶几能够实现，我们同处于"人间净土"中。"挽狂澜于既倒"，事在人为。

《关于人的素质的几点思考》（1999 年）

我们面对的现实，多种多样，很难一一列举。现在我只谈两个：第一，生活的现实；第二，学术研究的现实。

生活，人人都有生活，它几乎是一个广阔无垠的概念。在家中，天天开门七件事：柴、米、油、盐、酱、醋、茶，人人都必须有的。这且不表。要处理好家庭成员的关系，不在话下。在社会上，就有了很大的区别。当官的，要为人民服务，当然也盼指日高升。大款们另有一番风光，炒股票、玩期货，一夜之间成了暴发户，腰缠十万贯，"春风得意马蹄疾，一日看尽长安花。"当然，一旦破了产，跳楼自杀，有时也在所难免。我辈书生，青灯黄卷，兀兀穷年，有时还得爬点格子，以济工资之穷。至于引车卖浆者流，只有拼命干活，才得糊口。

这都是我们必须面对的生活。我们必须黾勉从事，过好这个日子（生活），自不待言。

但是，如果我们把眼光放远一点，把思虑再深化一点，想一想全人类的生活，你感觉到危险性了没有？也许有人感到，我们这个小小寰球并不安全。有时会有地震，有时会有天灾，刀兵水火，疾病灾殃，说不定什么时候就会驾临你的头上，躲不胜躲，防不胜防。对策只有一个：顺其自然，尽上人事。

如果再把眼光放得更远，让思虑钻得更深，则眼前到处是看不见的陷阱。我自己也曾幼稚过一阵。我读东坡《（前）赤壁赋》："惟江上之清风，与山间之明月，耳得之而为声，目遇之而成色。取之不尽，用之不竭。是造物者之无尽藏也，而我与子之所共适。"我深信苏子讲的句句是真理。然而，到了今天，江上之风还清吗？山间之月还明吗？谁都知道，由于大气的污染，风早已不清，月早已不明了。与此有联系的还有生态平衡的破坏，动植物品种的灭绝，新疾病的不断出现，人口的爆炸，臭氧层出了洞，自然资源——其中包括水——的枯竭，如此等等，不一而足。我们人类实际上已经到了"盲人骑瞎马，夜半临深池"的地步。令人吃惊的是，虽然有人已经注意到了这个现象，但并没有提高到与人类生存前途挂钩的水平，仍然只是头痛治头，脚痛治脚。还有人幻想用西方的"科学"来解救这一场危机。我认为，这是不太可能的。这一场灾难主要就是西方"征服自然"的"科学"造成的，西方科学优秀之处，必须继承；但是必须从根本上、从思想上解决问题，以东方的"民胞物与"的"天人合一"的思想济西方"科学"之穷。人类前途，庶几有望。

《我们面对的现实》（2000 年 1 月）

中国怎样呢？中国古代也有过制天而胜之的哲学家，在十年浩劫评法批儒的运动中被尊为"法家"，是唯物主义者。在这之前，在五十年代末，浮夸风达到疯狂的时候，有人说："与天斗，其乐无穷；与地斗，其乐无穷；与人斗，其乐无穷。"这只能说是我们中华民族发高烧时的吃语。跟着来的就是三年自然（！）灾害，这是不折不扣的大自然对人类进行的报复。可惜至今还没有看到作如是解者。我认为，中国的主导思想是"天人合一"，儒、道、汉化了的佛，都有这种思想。宋代大儒张载说："民，吾同胞；物，吾与也。""与"，字是"伙伴"的意思。这两句话一般缩为"民胞物与"四个字。无论从哪方面来看，这都是中华文化的精华。

中华文化，博大精深，条理万端，"天人合一"的思想，就算是精华吧，也只是其中的一小部分。我们对自己的文化自我感觉良好，这是人之常情，未可厚非。但是，一个人，一个民族，最忌自满；一旦自满的苗头出现，就表示了停滞不前的倾向。古人说："他山之石，可以攻玉。"对一个国家来说，"他山"就是外国。苏东坡诗："不识庐山真面目，只缘身在此山中。"一个人，一个民族了解自己，并不容易。必须跳出此山，而外国人的意见尚矣。对外国广大的芸芸众生，我们不能要求他们都了解中国。作家，当然还有思想家、哲学家、科学家、艺术家等等，是他们中的精英。这些人想了解中国文化，能够了解而且评价中国文化，是意料中的事。我们要寄希望于他们。他们对中国文化的赞扬，对我们很有用。他们对中国文化的否定，也同样对我们很有用。我们倘想发展、弘扬我们的固有文化，眼前必须有一面镜子，这镜子决不能是哈哈镜，而只能是一面正常的镜子，从中可以照见我们的是与非、美与丑，这对我们客观评估自己的文化，会有很大的好处。

我自己并不是研究外国文学的专家，学过一点，但所知不多。我知道，外国作家对中国文化的看法是形形色色的，五花八门的，有的扬，有的抑；有的有真知灼见，有的也胡说八道。但是，不管怎样，他们总是一面明亮的镜子，照一照会对自己有利。

在本文一开头我就提出了在新世纪中世界文化的走向问题，中国文化的发展问题。在行文过程中，我已经回答了一部分。在新世纪中，文化交流必须继续；文化交流必然导致文化融合，这些都是不可避免的。但是，融合怎样进行呢？是不是简单的 $1+1=1$ 呢？我希望不是，其中必须有个重点，说白了，就是必须以东方文化济西方文化之穷，必须以"天人合一"思想改变粗暴的"征服自然"的思想。这样人类才有可能避免走向穷途末路。

然而实际怎样呢？环保之声虽然洋洋乎盈耳，可真正采取措施者并不多。发达国家以其科技骄人，然而污染环境破坏天人和谐者正是这一帮人。大自然有点怪脾气，你对它征服得越卖劲，它对人类的报复得越冷酷。人类昏昏，而自然却是昭昭。我们现在只有希望，世界各国中，特别是发达国中的精华，作家能够以他们的远见卓识和博大的胸怀，看出全人类所面临的危险，大声疾呼，催人猛省，在文化交流中，认识到中国传统的"天人合一"的思想之英明，慎思之，明辨之，笃行之，扭转当前全世界浑浑噩噩的状态，为人类立一大功，立一新功，跂予望之矣。

《跨文化丛书外国作家与中国文化》序（2001 年 2 月 15 日）

21 世纪我们所面临的最重要的问题是什么？不但在中国，而且在全世界，大家可能有多种想法，现在我谈我自己的想法。大概若干年以来，究竟多少年没有计算过，我们这个地球村里面，自然界发生了很多过去没有或者比较罕见的现象，比如气候变暖、淡水缺乏、生态平衡破坏、人口爆炸、动植物灭绝、臭氧层出洞、洪水泛滥、新疾病产生等等。我们自己想一想，这些问题，如果有一个解决不了，我们人类的前途和发展就有困难。比如水，我们从来没有想到水会发生问题。北大就是一个例子。最近，我看了一篇文章讲：如果现在发生了世界大战，大家不是争油，而是争水。由此可见水的重要性。

这些问题是怎么来的呢？我先举两句话，一句是德国的伟大诗人歌德说的："大自然从未犯错误，犯错误的是人。"第二句是伟大的思想家恩格斯讲的："我们不要过分陶醉于我们对大自然的胜利，每一次胜利，自然界对我们都进行了报复。"这两句话很值得我们品味。第一句是说，自然界不犯错误，问题总发生在人的身上。第二个呢，自然界会报复。我前面举的许许多多的自然现象就是自然界对我们的报复。是不是该这样理解？

为什么自然界对我们报复呢？中国和欧洲对待自然的态度不同。我们中国讲人与自然应该和谐相处，就是"天人合一"。"天人合一"这个词儿在中国哲学史上是很重要的一个词儿，大家对它的解释很不一样。这是我的一个解释：天就是大自然，人就是人类。大自然与人类要和谐统一，不要成为敌人。宋代大哲学家张载有两句非常著名的话："民，吾同胞；物，吾与也"，简称"民胞物与"，"与"是"伙伴"的意思。这两句话言简意赅，涵义深远。

在欧洲情况有些不同。查一下英文字典，"征服"是"conquer"，举的例子是"conquer the nature"，把自然看作是敌对的，否则怎么会谈到"征服"呢？最近几百年来科学技术的发展，应该说，给人类带来了很大的福利。今天我们开会的这个地方，在以前能够想象吗？这就是西方科学技术带给我们的福利。但带给我们福利的同时，也产生了上面提到的诸多问题。他们以为自然是个奴隶，是可以征服的。这种想法和事实不符。刚才我说的那些现象就证明自然不能征服。我个人认为，这些问题或弊端之所以产生，其根源就在于"征服自然"。

那怎么办呢？我们人类的衣食住行所有的东西都是从大自然来的，我们只能向大自然伸手要，我们才能活。否则，我们就活不下去。不征服怎么办呢？只有一条路，就是：我们和自然做朋友，天人要合一。

中国古代也有征服自然的想法，荀子想制天，想能够胜天，能够战胜自然。但现在事实证明，你想征服自然，你想制天，必定为天所制。天人合一不限于中国。在印度也是讲天人合一的，讲个人与宇宙是统一的。我归纳东方文化的特点是天人合一。我们讲人和自然是一致的，不是敌对的。

《在北京大学首届文科论坛上的讲话》（2001 年 11 月 2 日）

五 文化交流促进文化发展，
推动人类社会前进

　　老子在欧洲，自来就走红运，没有另外一个中国哲学家可以同他比
的，连在中国同他并称的庄子也望尘莫及。这原因其实并不复杂，我们
只要一想就可以明白。中国哲学家讨论研究的对象差不多都是人与人的
关系和治国平天下的道理。孔子虽然"诲人不倦"，但一提到"死"和
"命"这些比较抽象的东西，就不高兴发表意见了。我们在这里不必讨
论是不是孔子影响了中华民族，或者是中华民族的特性决定了孔子的看
法。但中国思想的特点确是偏于现实的伦理的，这是大家都承认的。在
这样的环境里居然出了一个老子，谈了许多近于形而上学的问题，无怪
他在几乎没有一个真正哲学家不谈形而上学的欧洲大走红运了。

　　倘若我们再仔细想一想，还可以找到更深更根本的理由。无论哪一
国的人都喜欢神秘的自己不了解的，同自己有距离的东西。这距离愈
大，喜欢的程度也就愈高。世界上的伟人们尤其是政治上的伟人们，大
半都懂得这道理。为了要在自己周围创造一层神秘的氛围，使他与人民
之间的距离永远保持，他们不惜用种种方法，方法成功，距离就能保
持，他们也就永远为人民所爱戴崇拜了。在这方面德国人恐怕比别的国
家更厉害。倘若你对他们赞美一件东西，他们先问是哪里来的，回答说
是德国本国的，他们必摇头。说是法国来的，他们面部微有喜意。说是

土耳其，他们眼睛里发了光。倘若说是从中国来的，他们就惊呼要抢着看了。因为什么？因为这样才够远的。倘若从远远的国度里来了一件东西，这东西他们又不了解；换了话说，就是距离之外再加上神秘，那么他们的赞叹崇拜也就没有止境了。

老子不正合这个条件吗？在中国一直到现在还没有人敢断定老子是不是有这个人；即便有这个人，他生在什么时候，他是不是老子这本书的著者，没有人敢给我们确切的回答。在司马迁时代，老子已经是恍惚迷离的神龙般的人物。我们读了他替老子写的传，眼前依然是个大问号。谈到举世闻名的《道德经》五千言，虽然到现在已经有了很多的注释，但没有人敢说他真能懂。无论谁读了这书，都觉得似乎懂了一点，但认真说起来，依然是仁者见仁，智者见智。老子仿佛是一面镜子，人们都喜欢来照一照。一照之下，在镜子里发现的不是老子的而是自己的影子。然而人们高兴了，觉得已经捉到了老子的真相，走开了。

欧洲人也喜欢来这面镜子里照。照过之后，每个人都觉得他真正了解了老子，于是就设法译成自己国的文字。在德国平均每隔几个月总有一个新译本出现。译者有的是汉学家，有的是在大学里念汉学的青年学生，有的是根本不懂汉文的诗人、哲学家、退职的老牧师、老公务员，有的是自命博雅的大半多少都有点神经病的老处女，真是洋洋乎大观，我们一时数也数不清。"道可道非常道"这个"道"字的翻译更是五花八门，无奇不有。有的人在这里面发现了上帝，有的人把它同柏拉图的理念来比，有的人又把它同康德的自存物、叔本华的意志拉在一起。每个译者都不会忘掉写上一篇序言，这序言有的时候竟比原文还长，在这里面他们都很骄傲地急于宣布他们终于把老子了解了，把真正的"道"的意义捉到了；然而都不过是夫子自道，把自己的思想藉了老子的名字表现出来，如此而已。

《老子在欧洲》(1946 年 7 月 28 日)

　　这种风气不限于一国，也不限于一时。但在上一次世界大战后的德国特别厉害。原因也很自然，一想就会明白的。德国人平常就有点夸大狂，在哲学音乐科学艺术方面又真的有惊人的造就，所以总觉得德国人高于一切，想征服世界。然而结果却被打倒在地上，他们先是觉得有点不了解，颇为愤愤然。后来又想到，难道自己的文明真的有什么缺陷吗？为了借助于他山起见，他们就各处搜寻。我上面已经说过，对德国人，远的就是好的，于是他们找到中国。又因为平常人总喜欢神秘的东西，而德国人的天性就倾向神秘主义，他们终于找到老子。无怪老子的译本像雨后的春笋般地出现了。

　　但他们究竟在老子书里找到些什么呢？这话很难说，恐怕多一半是一团大糊涂。愈不明白，他们就愈钻；愈钻也就愈不明白。他想找的东西没有找到，在一团糊涂中他们也就渐渐忘记了自己是来找东西的，至于找到了什么或没有找到什么与他们也就无关了。后来国内的情形变好了，对老子的热情终于渐渐淡下来。虽然间或仍然有老子的译本出现，已经不像以前那样起劲了。同时，在德国以外的欧洲国家，以前对老子虽也喜欢，但没有像德国那样发狂。现在仍然冷静地爱着老子，不时出一个新的译本。最近的一个译本就是成自英国有名的汉学家 A. Waley 之手。他也像别人一样，写了一篇很长的序，解释怎样才是"道"。他愈说人愈不明白，终于还是一团大糊涂。

　　不久就来了第二次世界大战，这次又同上次不同，一打就是六年。打到一半的时候，别的国家里的情形我不十分清楚，在德国，人们又因了同上次战后差不多一样的原因想到自己的文明是不是有缺陷，才开战时火一般的热情现在消逝得毫无踪影了，很多人，尤其是大学教授同学生开始动摇悲观起来。结果是东方的哲学又为一般人所注意了。老子又走起红运来。我去年秋天从德国到瑞士去以前，有一天忽然有一个衣帽整齐的中年人去找我，说他把老子译成德文了，请我给他写一个序出版。我听了当然很高兴，问他学过中文没有，他说没有学过。他自己是牙科医生，三年来只要有一点余闲，他就利用来研究老子。他曾经把中文本的老子借出来自己抄了一遍，每天晚上坐对着那部几十斤重的中法字典把每一个中国字都查了出来，然后自己再从这些字里硬寻出意义来，结果就成了这部译著。无论谁都知道，这是一件非凡艰苦的工作，我对这中年绅士无端肃然起敬起来。但一看他的译文却真使我失望，到处是错误，令人看了简直要生气。我没有别的办法，只好告诉他这书最好不要出版，出来对他也没有好处。他没说别的话，收起稿本来就向我告辞了。

自从我离开德国，那里的情形一天比一天坏。自命为世界上最优秀的民族而想征服世界的终于又被打倒在地上了，而且这次比上一次更彻底更厉害。外国的统治者在国内到处横行，没有一个人敢说什么。全国无论什么地方看到的只有悲惨与不安定。人们仿佛当顶挨了一大棍，都失掉了知觉，谁也不知道应该怎样说怎样想，到处是一片麻木。我上面说过，战争打到一半的时候，他们悲观动摇。但现在他们已经超过了悲观与动摇，简直是糊涂了。

对德国人这是好是坏我不敢说。而且这现象也不只限于德国，欧洲别的国家也有，不过没有像德国那样厉害而已。无论怎样，对老子恐怕只有好没有坏，他的红运恐怕还要继续下去，谁也不敢说到什么时候。

《老子在欧洲》（1946 年 7 月 28 日）

纸是中国人民最伟大的发明之一。它的发明对人类文化传播与推动所起的作用是不可计量的。①在中国，有了纸，才有印刷术的发明；有了纸，才能大量地抄书藏书印书，书籍才能流通，文化才能传播；有了纸，在世界艺术史上放一异彩的中国绘画才能得到蓬蓬勃勃的发展。纸对世界文化的贡献也是同样大的。传到欧洲，就助成了世界历史上有名的文艺复兴和宗教改革，促进了社会的进化。②这一点连欧美资产阶级的抱着根深蒂固的成见的学者也不能不承认。这些学者一向是努力抹杀中国古代伟大的发明的，抹杀中国人对世界文化的伟大的贡献的，譬如对罗盘针、火药和印刷术的发明，他们都竭力加以曲解，不惜歪曲历史事实，把发明的光荣从中国人手中夺走硬扣到自己头上。独独对于纸的发明，即使他再不甘心，却也不能不在事实面前低头。

《中国纸和造纸法输入印度的时间和地点问题》（1954 年）

蚕丝是中国古代伟大的发现之一，在全世界各国中，中国是最先发现蚕丝的国家。正如我国其他伟大的发明或发现一样，它一旦被发现了，就不会停留在本国，而是向外国传布。中国蚕丝的向外传布可能在公元前三四百年以前已经开始了。丝的贸易对古代中西的交通，甚至对古代中西各国的历史有极大的影响。横亘欧亚的"丝道"是众所周知的。所以中国蚕丝传布的历史一向是东西各国学者一个极其喜爱的研究题目。本文想研究的只是这个大题目中的一个小题目，一个过去还没有任何人系统地深入地研究过的小题目：中国蚕丝输入印度的问题。中国蚕丝的输入印度在中印两个伟大民族文化交流史上无疑是一个重大的事件，我们必须研究清楚。

《中国蚕丝输入印度问题的初步研究》（1955 年）

在评价东方文学时，我们坚决反对欧洲中心主义以及受其影响的资产阶级学者的错误观点，但是也不能说东方什么事都是世界第一，这也是不符合实际的。国家不论大小，都有自己的优点和缺点，都有自己的创造和不足，都会对人类做出或大或小的贡献，也都要向别的国家和民族学习。这就是历史唯物主义的观点，实事求是的观点。例如鲁迅的《狂人日记》、茅盾的《子夜》和巴金的《家》，日本岛崎藤村的《破戒》等，从形式上说都不是中国或日本的古典文学的继续，而是向西方（包括俄国）文学学习而得来的。但这种学习不是生搬硬套，而是具有新的、伟大的创造。

《正确评价和深入研究东方文学》（1982 年）

谈到文化交流，过去大概有两个比较普遍的看法：一个是认为，文化交流的研究是一门专业性很强的学科，同我们平民老百姓关系不大；一个是认为，文化交流是"单行线"，换句话说，就是一个国家的文化在某一个时期、某一方向，流到了另一个国家，在那里生根开花。几乎没有人强调，一个国家接受了另一个国家某一方面的文化以后，结合自己的情况，加以融会贯通、发扬光大，然后再流回来源的国家去。这两个看法，我自己和别人都有过。我看过别人的文章，表现的是这种观点。我自己也写过一些论文化交流的文章，表现的同样地是这种观点。只是到了最近，我才意识到，这种看法不符合事实，因而是错误的。同时我也日益感到，文化交流同我们关系异常密切，我们的日常生活时时刻刻处处都离不开文化交流。

我先谈文化倒流的问题。在文化交流中，来源于某一个外国的思想或者事物是否能再流回那一个国家去呢？有没有这样的例子呢？有的，而且很多。为了说明这个现象，我从日常非常习见的食品和用品中选取两个例子，加以阐释：一个是白糖，一个是钢铁。

《交光互影的中外文化交流》（1986 年 3 月 5 日）

这里讲了两个问题：一个是佛教倒流，一个是道教西流。佛教的发源地是尼泊尔和印度。从那里传入中国，到了唐代已有相当长的时间了。经过了中国的改造与发展，又传回印度。道教的发源地是中国，在唐代有传入印度的可能。只因翻译《道德经》的时候在如何翻译"道"这个字，和尚道士发生了争吵，翻译工作停了下来。否则，老子《道德经》就很有可能传入印度了。在这里，只有第一个例子属于倒流的范畴。《宋高僧传》用根干和枝叶来比喻印度和中国，说明枝叶也能变成根干。这比喻很形象，很生动，也很有趣，耐人寻味。这一个例子足以说明，文化交流中确实存在着倒流的现象。可是我们现在讲文化交流的书没有哪一本强调这种倒流现象的。这不能不算是一件憾事。宋代的一个和尚能注意到这个现象，说得又如此生动、深刻，又不能不算是一件喜事了。

《含光传》的意义还不止这一点。它还谈到了一个非常重要的现象，这就是中印两国文化的差异问题。我再引一段原文：

> 盖东人之敏利，何以知耶？秦人好略，验其言少而解多也。西域之人淳朴，何以知乎？天竺好繁，证其言而后悟也。由是观之，西域之人利在乎念性，东人利在乎解性也。

"东人"和"秦人"，指的是中国人；"西域之人"指的是印度人。这里的"性"，指的是本体、本质、自性、原因，是哲学的根本问题。中印两国人民对待哲学根本问题，态度和办法是有差异的。

一千年前的《宋高僧传》的作者赞宁看到了文化倒流的现象，又从而分析了中印思想方法的差异，扩大来看，也可以说是分析中印文化的差异，这确实是十分难能可贵的。对这种中外文化差异的观察与分析，后来一直有人在做。近代注意介绍西方思想的思想家严复是其中非常值得注意的一个。他曾说过：

> 中之人好古而忽今，西之人力今以胜古。中之人以一治一乱、一盛一衰为天行人事之自然；西之人以日进无疆，既盛不可复衰、既治不可复乱，为学术政化之极则……中国最重三纲，而西人首明平等；中国亲亲，而西人尚贤；中国以孝治天下，而西人以公治天下；中国尊主，而西人隆民；中国贵一道而同风，而西人喜党居而州处；中国多忌讳，而西人众讥评。其于财用也，中国重节流，而西人重开源；中国追淳朴，而西人求欢虞。其接物也，中国美谦屈，而西人多发舒；中国尚节文，而西人乐简易。其于为学也，中国夸多

识，而西人尊新知。其于祸灾也，中国委天数，而西人恃人力。（《论世变之亟》）

所有这一些观察，都具体确实，细致入微。虽然我们不一定全盘接受，但对我们很有启发，则是完全可以肯定的。

到了二十世纪二十年代，又掀起了一番东西文化及其哲学的讨论，在国外，有东方精神文明与西方物质文明之说。在国内，有的人主要讨论中国文化与印度文化的异同问题。有人认为，这一场论战规模大，持续久，也更深入。但是后来终于也没能得出什么一致的结论，就销声匿迹了。

《交光互影的中外文化交流》（1986 年 3 月 5 日）

我们研究比较文化，我们研究文化交流，绝不是为研究而研究。除了学术意义以外，还有现实意义。在过去，由于历史情况、地理情况等等的不同，每一个民族都发展了自己的独特的文化。但是国与国之间，民族与民族之间的文化交流始终也没有停止过。到了今天，历史情况，地理情况等等都大大地改变了。全世界各国人民都时时刻刻生活在文化交流中，都从文化交流中既得到物质利益，也得到精神利益。从人类发展的前途来看，全世界文化的大汇流是不可避免的，尽管可能需要极长的时间，几百年，上千年，甚至千年以上；但是汇流终究必然会来到的。1827 年 1 月 31 日，德国的伟大诗人歌德在同爱克曼博士谈话的时候讲到，他正在读一本"中国传奇"。根据这一本中国小说，歌德评论了中国文学中表现出来一些特点，他的总印象是，中国人严格遵守道德和礼仪。话题一转，歌德又讲到法国诗人贝朗瑞。他认为，中国诗人彻底遵守道德，而现代法国第一流诗人却正相反，这非常值得注意。他最后说：

民族文学在现代算不了很大的一回事，世界文学的时代已快来临了。①

我们现在可不可以预言一个"世界文化"呢？我认为是可以的。我们现在进行文化交流的研究，也可以说是给这种"世界文化"，这种世界文化大汇流做准备工作吧。这种研究至少能够加强各国各民族之间的相互了解，促进我们之间的友谊，共同保卫世界和平，难道说这不是一件十分有意义的工作吗？

《交光互影的中外文化交流》(1986 年 3 月 5 日)

近一二年以来，全国学术界掀起了一个讨论文化问题的热潮，许多专家学者，老中青都有，都参加了进来，发表了很多很好很新很有启发性的意见。尽管大家的意见还不能取得一致，但是这真正贯彻了建国以来从来没有认真贯彻过的百家争鸣的方针，这与我们提出的两个文明的建设有密不可分的联系，是我们全国人民生活中一件很有意义的大事。我在学习、思考之余，也想发表一点意见，主要是讲文化交流。我讲的是广义的文化交流，不限于精神方面，也包括物质方面在内。

首先我要讲文化交流无所不在。不管我们意识到与否，我们今天的生活，不管是精神的，还是物质的，无一不与文化交流有关。试想一下，我们在学校里学习的，在科研机构或者学校里所研究探讨的，哪一件是完完全全的中国土生土长的？我们吃的、喝的、穿的、戴的、乘的、坐的、住的、用的，又哪一件是完全土生土长的？汽车、火车、飞机、轮船，我们古代有吗？可可、咖啡、纸烟、可口可乐、啤酒、香槟、牛排、面包，我们过去可都有？例子不要再举了，这都是大家熟知的。我们的花草里面，茉莉花，连名字都不是中国固有的。我们吃的土

---

① 见朱光潜译：《歌德谈话录》。

豆、老玉米、菠菜、葡萄，以及许许多多的水果蔬菜都是外来的。用的乐器：胡琴、钢琴、小提琴、琵琶，等等，也都是外来的。至于中国东西传入国外的，那就多得说也说不清。所以，我可以归纳起来说一句：文化交流无所不在。

从历史上来看，自从人类开始学习使用工具，甚至在这之前就已经有了交流，人与人之间的交流，家庭与家庭之间的交流，氏族、民族、国家之间的交流，无时不在，无地不在。这种交流是多层次、多角度的交流。今天我们习惯于把文化交流限定于国与国之间，民族与民族之间。其实不必这样拘泥。交流活动是不受国界、地域和时间限制的。我现在又可以加上一句：文化交流无时不在。

文化交流，换一句话说，人民之间，国家和民族之间的互相学习，是推动人类文化发展的重要因素。没有这一个因素，人类文化的进步是无法想像的。鲁迅先生有名的"拿来主义"，其内容也不外就是不拒绝向外国学习，换句话说，也就是文化交流。

《对于文化交流的一点想法》(1986 年 8 月 19 日)

文化交流是有其自身的规律的。两种文化或多种文化互相交流时，产生的现象异常复杂，有交流，有汇流，有融合，有分解，有斗争，有抗拒，有接受，有拒绝。千变万化，很难用一两句话来表达。世界民族，无论大小，无论新旧，都会有自己的文化创造，总会对人类文化的总体有所贡献。哪一个民族，除了法西斯和帝国主义分子以外，都必须承认，哪一个民族也不是，而且也不可能是人类文化的惟一的创造者、施予者，而不是接受者。当然，我们也必须承认，各民族对世界文化的贡献，在质和量方面也不可能完全是相同的。

一个文化传入另一国以后，往往有一个适应的过程。有的外国文化不会一下子就被另一国接受。适应往往就意味着改变，它必须根据新的环境改变自己一些特点以适应当地的需要。举一个最显著的例子，印度佛教传到中国以后，首先要适应汉代的思想情况，好像它也是当时流行于中国的道术之一。甚至在翻译名词方面，也努力采用一些中国老百姓喜闻乐见的词儿，比如早期佛教译文中的"孝"字就是显著的例子。也还有一些东西，比如一个外国名词输入到另一个国家以后，有的始终保留音译，有的就从音译逐渐化为意译，然后才立定了脚跟。比如英文president 这个词，清末初输入时音译为"伯理玺天德"（见曾纪泽《出使英法俄国日记》等书），这个名词大概太古怪，太不适应中国群众的口耳，逐渐改为意译"总统"，才最终为大家所承认。这样的例子不胜枚举。

在文化交流中，还必须处理好外国文化和本国文化的关系。大概这里只能用一分为二的理论来处理。每个文化都有精华与糟粕。取其精华去其糟粕，是最自然、最行得通的办法。

还有一个以哪个文化为主的问题。我认为，当然以本国文化为主，绝不能反客为主或喧宾夺主。以中国为例，我们首先要继承中国传统文化的精华部分，与此同时，分析、接受外来文化的适合于中国国情的精华部分。我们现在不是常提要建设有中国特色的社会主义新文化吗？所谓中国特色，我认为，就表现在把中国传统文化的精华保留下来。就算是精华吧，也不能原封不动地保留，也必须加以分析、研究。所谓社会主义新文化，就是要根据马克思主义的基本原理（绝不是过去我们搞的那一套僵化的教条），吸收世界各国的先进文化，包括文学、艺术、教育、哲学和科技都在内，使之为我所用。这样做，不可避免地要带进一些消极的东西。这用不着害怕，我们人民是有鉴别能力的，即使流行一时，也绝不会"万岁"的，将来终必被扬弃。我们也不必怕什么资本主义，现在大家都承认，我们中国实际上是封建主义垄断，资本主义并不多。资本主义也是有好东西的，比如管理体制等等，都值得我们学习、吸收。

中国几千年的历史告诉了我们一个非常可贵的经验：在我们国力兴

旺，文化昌明，经济繁荣，科技先进的时期，比如汉唐兴盛时期，我们就大胆吸收外来文化，从而促进了我们文化的发展和生产力的提高。到了见到外国东西就害怕，这也不敢吸收，那也不敢接受，这往往是我们国势衰微，文化低落的时代。打一个比方，一个胃口健康的人什么好东西都敢吃，绝不嘀嘀咕咕，什么胆固醇多了呀，这个多了那个少了呀，到了连鸡蛋黄和动物内脏都不敢吃的地步，终日愁眉苦脸，怕这怕那："哎呀，这个吃不得呀！"仿佛就要去见马克思似的。这就说明，此人的胃病或者幻想的胃病，已经不轻了。

我们建国以来，四人帮时期是胃病严重时期，可以说是已经病入膏肓。十一届三中全会以后，实行了对外开放政策，完全反其道而行之，结果，经济发展，文化昌盛，全国人民喜气洋洋，我认为，这不但是我们建国后最好的时期，在中国历史上也是文化交流最好的时期之一。它的影响今天只能说是刚刚开始，真正巨大的影响还没有表露出来。它将对我们文化的发展，经济的繁荣，生产力的提高，人民物质生活和精神生活的改善，起极大的促进作用。我们后代的子子孙孙也会长远蒙受其利益，这一点我是深信不疑的。

《对于文化交流的一点想法》（1986 年 8 月 19 日）

五六十年以前，我国的爱国诗人和学者，又是民主斗士的闻一多先生写过一篇文章：《女神之地方色彩》。他在文中提出了，新诗应该是"中西艺术结婚后产生的宁馨儿"，"一切的艺术应该是时代的经线，同地方纬线所编织成的一匹锦"。这说法实在是形象生动，比喻确切。这也可以说是我国比较文学史上的一篇重要文章。

我个人体会到，任何国家任何时代的文学（文化的一个重要组成部分）都包含着两方面的因素：民族性和时代性。代表民族性的民族文学传统是历史形成的，这是锦上的南北方向的直线，可以算是经。代表时代性的是民族文学随时代而异的现代化，这是共时形成的，这是锦上的东西方向的纬。经与纬，民族性与时代性相结合就产生出了每一个时代的新文学。从广义的文化交流方面来看，这种现象更为突出。

闻一多先生在几十年前提出来的这个主张，至今看起来仍然虎虎有生气。我们现在在文化范围内做工作的指导思想仍然与此相似。当然，今天的世界已非五六十年前的世界，我们中国的社会也非五六十年前的社会，我们对文化和文学的理解更深了，要求更高了，而且又有了新的内容，这是不言自明的。

《大学比较文学教程》序言（1987 年 10 月 2 日）

我的意思无非是强调比较文学（比较文化学的一个重要组成部分）在我们今天社会主义建设中的重要意义。我曾多次着重提出我们研究比较文学绝不是为研究而研究（为研究而研究也不能一概抹杀），我们的研究是为创造新中国的新文学服务的，为加强各民族之间的理解服务的，为整个人类走向大同之域的理想服务的。

《大学比较文学教程》序言（1987 年 10 月 2 日）

现在谈文化交流的必然性。

文化一旦产生，它必须要交流。上面提到一个部落发现用火，其他部落必然来学习。其他如农耕等都一样。文化一旦发现，人们感到这对他们有好处，他就必然来学习。可以这样讲，从古代到现在，在世界上还找不出一种文化是不受外来影响的。记得以前我曾做过一次报告，我问在座的同志，你们研究一下你们从头顶到脚下，有多少是出自于中国的？头发式样不是，衬衣、裤子、鞋子也不是；吃的喝的东西中，面包、啤酒不是；坐的汽车、骑的自行车，以及沙发、电灯、电话等，都不是。可以说没有文化交流，就没有文化发展。我们现在生活在文化交流的时代，随时有新东西传进来，如喇叭裤（当然，它流行一时又很少见了）。现在流行牛仔裤。牛仔裤究竟要流行多久，谁也不知道。反正将来还得换。交流是不可避免的，无论谁都阻挡不住。交流总的来说是好的，当然也有坏的。坏的，对人们没有益处的，不能称为"文化"。我是说对人类有好处的、有用的，物质、精神两方面的东西交流才叫"文化交流"。现在报纸上常报道某地方发现原始民族。现在世界上恐怕没有真正的原始民族，而某些所谓原始民族其文化也有过交流。60年代初，我去非洲访问，走了很多国家，看到一些国家的农村，钉子都不会制，风箱是用牛皮灌上气，用手来按。这种文化水平，我国在公元前3000年就达到了。甚至这些国家的农村种庄稼还不用铁，用木棒在土地上杵一个坑，上面放一粒种子，这就不管了，靠天吃饭——天下雨就来收获，不下雨就算了。当时感到这些地方比较原始，但往牛皮风箱里吹气，那也是学来的。所以说在原始状态下也还是有交流。

《中国文化发展战略问题》（1987年）

我们研究文化交流究竟采用什么方法。拿比较文学来说，其研究方法有很多派。如法国学派、美国学派、苏联学派、欧洲学派等。现在我们中国搞比较文学的同志想创造一个中国学派。在上述学派中，据我个人以及好多同志的看法，有两派最有代表性：一派是美国派，搞平行研究；另一派是法国派，搞影响研究。这是大体上讲。世界上的东西都不会纯之又纯的。"平行研究"是研究发展的规律。这一个国家有这一现象，另外一个国家也有这个现象，但它不一定是这个国家影响了另一个国家。我这个国家可以创造这个东西，另一个国家不受外来影响也可创造这个东西。"影响研究"是举具体事实。这个国家有什么东西，用什么方式传到另一个国家去？讲具体事实，讲它的影响。我看研究文化交流也是这两个方法，这两条道路。美法两学派多年来经常打笔墨官司。法国人对美国的办法不赞成，美国人对法国的学派不赞成。其他国家如苏联、德国、中国等也都各有各的特点。但从研究方法、道路讲，就是这么两条。我是赞成影响研究的，因为它看得见，抓得住。平行研究很玄乎。当然讲影响研究也不能绝对化，如孙悟空的猴子形象哪里来的？我认为是受到印度的影响。有的同志不赞成，并写文章反驳。对此我不在乎。但不能绝对说猴子形象完完全全是从印度搬来的，这不可能。文化交流有个特点，一国的文化传到另一个国家，那个国家必然要加以修正，完完全全照搬的很少。

有一个字很有意思。法国比较语言学家常用的一个字，法文是"securite"。英文是"security"，意为"安全"、"安全感"、"安全的"。法国比较文学家用此字的意思是：搞平行研究不那么安全，你可以胡扯。搞影响研究安全，事实俱在。比较文学，最早是从 19 世纪 20 至 30 年代，由一位德国学者开始的。他研究一本阿拉伯文的书叫《卡里来和笛木乃》。这是一本寓言童话集，源自印度的《五卷书》。开始《五卷书》是翻成波斯的巴列维语的，然后再翻成阿拉伯文，书名叫《卡里来和笛木乃》，以后转译成多种文字，流行于全世界。据统计其译本之多，可以同《圣经》相比。该书影响欧洲文学的创作，如《格林童话集》中的故事就有取材于该书的。德国人因此说比较文学是德国人先开始搞的（法国人不承认，说在 19 世纪 30 年代法国已有某大学开比较文学课）。《卡里来和笛木乃》的故事很简单，它由一国传到另一国，由一种文字译成另一种文字，看得见，摸得着，一点也不玄乎。但问题是，从一个民族传到另一个民族，从一个国家传到另一个国家，到了那地方必然有所改变。如鲁迅的《中国小说史略》中讲到一个故事，说鹅笼出生的一个书生，原来是外国人，后来变成了中国人。《卡里来和笛木乃》也是，在本国就有改变，何况从一国传到另一国，不可能完全一样。

由此看来，研究比较文学，研究文化是不是可以有两个层次。第一个层次讲事实。先把事实讲出来，如一个故事从印度经波斯、阿拉伯传到其他国家，把这个过程搞清楚。但作为研究，不能就此止步。第二个层次便是要研究一个故事或一个形象。如猴子，到了这个国家后有什么变化，变化有何规律，根据事实找出规律性的东西来。没有事实空讲不行，那不着边际。罗列事实也不行。要研究从一国到另一国有何改变，改变里有何规律，摸出规律，总结成理论。这样的理论就可靠，没有事实作根据的理论很玄乎。像变戏法一样，今天这样讲，明天那样讲，我对这种理论是不感兴趣的。

《中国文化发展战略问题》（1987年）

文化可分为两部分。第一部分是一个民族自己创造文化，并不断发展，成为传统文化。这是文化的民族性。另一部分是一个民族创造了文化，同时在发展过程中它又必然接受别的民族的文化。这便是文化交流。这也是文化的时代性。文化的民族性和文化的时代性，这两个"性"有矛盾但又统一。近来，英国剑桥大学出了一本书，叫《中国晚清史》。它不是一个人写的，而是好多汉学家写的。书中提出一个论点，认为从晚清到现在这一部分的历史表现了两种文化的撞击（是西方文化和中国文化相撞击）。我看这个论点提得很有道理。中国近代史从1840年鸦片战争到现在，经过了好多时期：有旧民主主义革命、新民主主义革命、社会主义革命，约有一百四十多年了。《中国晚清史》说的两种文化的撞击，是不是结束了？我看没有。什么时候结束？不敢说。我现在手里拿着一本刊物叫《文艺研究》，刚出版的。打开书一看目录，文章的题目有：《关于西方影响与民族风格》、《历史继承与现实创造》等等。你看，"西方影响"即"时代性"，"民族风格"即"传统文化"。"历史继承"即"传统文化"，"现实创造"即"时代性"。这类题目目前在刊物上多得很。这说明此类问题还没有解决，还要讨论下去。想到四十多年前，闻一多先生写过一篇文章，发表在《清华大学学报》上，题目是《母体文化的自卫与超越》。"母体文化"即"传统文化"。实际上闻一多先生在这里讲的就是"传统文化"和"引进创新"这两者之间的矛盾怎样解决。他有一句话："一切的艺术应该是时代的经线与地方的纬线编织的一匹锦。"意思就是一切文艺的传统文化的纬线与时代性的经线相织而成一匹锦。闻一多先生当时讲到这个问题，今天我们讨论的也还是这个老问题。从 1840 年后，文化界有过几次大争论，如"体用之争"、"本末之争"、"夷夏之争"等，都还是那个老问题。再从政治上看，从鸦片战争到现在快一百五十年了，也经过好几个革命阶段，但共产主义能否在很短的时期内实现？现在，大家都认为不可能。人类历史上的一个大的转折，在短时期内是不可能实现的。共产主义是人类发展的必然趋势，我仍相信人类的将来是共产主义社会。但何时才能实现？全世界都在考虑。全世界的社会主义走的步调差不多，是否中国先走了一步，很难说。不过，我们的改革在世界上有影响，而按时间来说我们不是最早的。现在苏联等国也在改革。这样一个历史上的大转折绝不是一百年准能完成的。政治如此，文化也如此。文化的民族性和时代性这问题没解决。我们今天研究文化交流，讨论文化问题必然有这种需要，没有需要大家不会研究。它同我们的生活联系密切，不关心不行。我们应该把眼光放大一点、远一点，它的意义绝不限于文化。

《中国文化发展战略问题》（1987 年）

下面讲文化交流的复杂性。我想举一个例子来说明这个问题。这个例子也是中印文化交流史上的一个例子。

最近几年我研究糖的历史。这在世界上也是一门专门学问，有好多国家的学者研究它，我也是从文化交流的角度来研究它的。因为"糖"的背后有一部文化交流的历史。中国的"糖"字，英文叫"sugar"，法文叫"sucre"，德文叫"zueker"，俄文叫"caxap"。一看就知道这个字是一个来源。一般讲，一个国家接受外来的东西，最初把外来的名字也带来了。有的后来改变了，有的没改变。如"啤酒"的"啤"字不是汉语，"沙发"、"巧克力"都不是。"面包"是汉字，变了，英文叫"bread"。我们吃的"干乳酪"，英文叫"cheese"，现在还有人称之为"计司"。糖从一个地方传到另一个地方，如果本地没有，它把外来词也带进本地。英文的"糖"字来自印度，是从梵文´sarkarā 转借来的。一比较就知道。这说明英语国家原来没有糖，糖是从印度传去的，要不为什么用印度字呢？我们中国最早也没有糖，从前有个"餳"字不念"易"，也不念"阳"，念"糖"。中国糖最早是甘蔗做的。中国甘蔗是有的，《楚辞》中就提到。当时也吃甘蔗，也喝甘蔗浆。中国甘蔗浆变成糖在中国用了 1000 多年。你看这个"餹"字，这字指的是麦芽糖，北京叫"关东糖"。不是甘蔗做的，是麦子做的。这个"糖"字，从语言学来说，六朝时才有"米"字旁的。从"食"字旁换成"米"字旁，不是随便一换这样简单。中国《新唐书》里就讲到唐太宗李世民派人去印度学习制糖技术，这在中国的正史里有记载。这个"糖"字出现在六朝，说明唐太宗时，我们已能制糖，但水平不高，要派人去印度学习。这是历史事实。但问题不出在这里，问题是印地文中有个字叫"cīnī"，意为"中国的"，英文叫"chinese"。"中国"两字，英文叫"China"，法文叫"Chine"，德文叫"China"，都是从梵文"Cina"变的。而印度把"白糖"也叫"cīnī"。印度自称在世界制糖水平最高，历史最悠久，因此"´Sarkarā"这个字传遍世界，为什么"白糖"反而叫"cīnī"呢？1985 年我去印度参加《罗摩衍那》国际讨论会。一次我当主席，我向在座的印度学者问"cīnī"怎么来的？糖出在印度，为什么"白糖"叫"中国的"？结果没有一位学者答得上来。我的问题也没解决。今年年初有个丹麦学者，知道我研究糖的历史，给我寄来了一篇论文。这论文也不知哪国人写的，这人叫 Smith。他的论文题目是讲 cīnī 及其来源。看了他的论文，感到他自己也解释不通，有矛盾。他说"cīnī"是"中国的"，而白糖却和中国没关系。因为在中古时期白糖很贵，当药来用，非皇家贵族、大商人是吃不起的。为何"cīnī"叫"白糖"呢？这是因为中国有几件东西在世界上很有名，如瓷器。英文"China"当"中国"讲，但也是"瓷器"的意思。中国的瓷器也传入印度，印度的阔人才用瓷器。中国瓷器是白的，于是把中国瓷器的"白"和白糖的"白"连在一起。印地文中的"白糖"应该是"cīnī śarkarā"，后来因为字太长，简为"cīnī"。看来作者有个主见，无论如何"cīnī"和中国没关系，他想尽办法来解释。而且还说中国从来没有生产过白糖，也没向印度输出过白糖。这简直是胡说八道。但他的文章有可借鉴之处。大家知道，要研究这类问题先要确定"cīnī"这字什么时候出现的，上限在什么时候。第二是研究在什么地方出现"cīnī"这个字，然后再研究中国在什么时候生产白糖，什么时候，从什么地方传入印度。这样研究就比较科学。可是问题之难在于不知道"cīnī"在印度何时出现，我问过印度学者，他们也答不出来。而 Smith 做了些工作。他查了印度的文学作品，"cīnī"一字出现在 13 世纪，这是他的功绩。另外他基本上把现在印度好多种语言中表示"白糖"这个意思的词儿追踪清楚。总的情况是，在印度西部语言中，都来自梵文的 Śarkarā。在东部语言中，则是 cīnī 或者 cini。孟加拉文就是这样，由此我们可以推断，中国白糖是由印度东部进入印度的。再研究中国白糖有没有，出口了没有，到印度了没有，问题就好解决了。

　　我国 7 世纪唐太宗时期确实向印度学习制糖技术，我们的制糖水平不高。但学习了以后，我们后来制的糖，其颜色、味道都超过印度。《新唐书》说"色味逾西域远甚"。一方面是我们引进了，另一方面是我们改进了。这是唐朝的情况。到宋朝我们仍制糖。到了元朝又来了一个变化。13世纪马可·波罗的游记中有一段记载。说在福建尤溪地方有一批制糖工人，他们是蒙古大汗忽必烈从巴比伦找来教中国制糖工人制糖的，炼白糖。巴比伦这地方，有人说是现在的伊拉克，有人说是埃及。埃及开罗的可能性大。上述记载说明印度制糖传到波斯，从波斯传到埃及。埃及当时很多手工业占世界领先地位。而蒙古人的文化水平不高，蒙古大汗抓了些制糖工人，送到中国的福建尤溪，尤溪出甘蔗，在那里教中国人炼糖。到了明朝末年，很多书里讲炼糖，其中有一段记载说，原来糖炼不白。一次，一个偶然的机会，倒了一堵墙，墙灰落入糖中，发现制的糖变白了。

这在化学上讲得通，灰里有碱，因此糖炼白了。中国的白糖到了明朝末年在国际市场成了抢手货。现在我们有根据，中国的白糖在郑成功时代已出口了。郑成功家里也做白糖生意，从中国运货去日本，在货物中就有白糖，这证明 13 世纪后，中国的白糖出口。那么中国的白糖是否出口到印度？在别的书上记载大概是印度人派船到新加坡那里去买中国的白糖。中国直接去印度的有没有？现在没根据，但估计可能从福建泉州运白糖到孟加拉。泉州当时是世界很大的港口，那里有穆斯林的、印度教的文化遗迹。福建尤溪制的糖运到泉州，泉州有印度船运回印度。上岸的地方是东印度，讲孟加拉语，不是西印度。

以上讲的事实，从事实中得出什么结论呢？说明文化交流绝不是直线的，而是非常复杂、曲折的。"cīnī"这个字的例子说明文化交流的复杂性。印度还有一个字叫"misrī"，意为"冰糖"，但"misrī"也是"埃及的"意思。从语言现象来看，印度制糖是先进的，但另一方面不能否认他也向别的国家学习了。东面学中国，"白糖"叫"cīnī"，西面学埃及，"冰糖"叫"misrī"。从语言现象分析只能得出这个结论。

《中国文化发展战略问题》（1987 年）

话又收回来，再谈到《西游记》，情况也是如此。这部著名小说有一个逐渐演变的过程。我在这里不详细讨论，过去胡适、郑振铎等对这个问题做过一些探讨。印度的许多民间故事寓言童话很早就传入中国。《西游记》是写唐僧取经的，是与佛教有直接关系的。"近水楼台先得月"，它吸收了一些印度故事，本来是很自然的，毫不足怪的，但吴承恩和他的先驱者，绝不是一味抄袭，而是随时随地都有所发现，有所创新。鲁迅在《中国小说史略》中说："故虽述变幻恍惚之事，亦每杂解颐之言，使神魔皆有人情，精魅亦通世故，而玩世不恭之意寓焉。"这就是《西游记》的发展和创新。我对《西游记》同印度传统故事之间的关系就做如是观。

《〈西游记〉里面的印度成分》（1987 年 12 月 26 日）

我在上面说到过，没有文化交流就没有人类的历史。这是什么意思呢？有必要结合我上面谈到的世界四大文化体系通过西域进行交流的情况再加以阐述。一方面，我们必须承认，中华民族光辉灿烂的文化，是在自己创造的基础上，不断吸收外来文化才得以形成的。另一方面，也必须承认，中国文化传了出去，对世界文化也做出了不可磨灭的贡献。这一点，现在的西方人未必都乐意承认。我在这里不想同他们辩论，我只举一个他们祖先的意见，就是英国十六、十七世纪的伟大思想家佛兰西斯·培根（Francis Bacon，1561—1626 年）。那时候，西方资本主义还没有充分发展，帝国主义当然更没有形成，西方人还没有狂妄地自封为天之骄子，他们对中国文化的看法还比较公正、客观。培根说：

> 我们应当观察各种发明的威力、效能与后果，最显著的例子便是印刷术、火药和指南针。这三种发明都不为古人所知；虽然它们的起源都是在近期，但却是又不为人所知而默默无闻。而这三种发明却都曾改变了整个世界事物的全部面貌和状态——第一种是在（知识传播的）文献方面，第二种是在战争上，第三种是在航海上：并且跟着这些发明的利用又引起了无数的变迁。由此看来，世上没有一个帝国，没有一个教派，没有一个星宿比这三种机械发明对于人类发生过更大的力量与影响了（见所著《新方法论》Novum organum。引张春树译文，见《汉代丝绸之路的开拓与发展》、《食货月刊》复刊第十五卷第一、二期合刊）。

这三种发明都是中国的。其意义培根说得很清楚了。从这一件事情上可以看出中国文化对人类文化发展贡献之重要。其他的例子还多得很，这里不一一列举了。

《西域在文化交流中的地位》（1988 年 7 月 6 日）

中国在几千年的历史上通过西域同欧洲和中亚、西亚，甚至非洲的交通情况就介绍到这里。通过这极其简略的介绍，我们可以看到在东西文化交流中西域的重要性，特别是新疆地位的重要性。西方和中亚同中国的陆路交通几乎全部都通过新疆。新疆在全世界上是惟一的一个世界四大文化体系汇流的地方，全世界再没一个这样的地方。这是新疆地理位置所决定的。它东有中国汉族文化，南有印度文化，西有闪族伊斯兰文化和欧洲文化。连古代希腊的雕塑艺术，都通过形成于阿富汗、巴基斯坦、印度一带的犍陀罗艺术传入新疆，再传入中国内地。新疆地区最早接受中国文化，跟着进来的是印度文化，再后是伊斯兰文化。在这三者之间，对峙、并存、汇合的现象，逐步形成。在目前，虽然从宗教方面来看，伊斯兰教统一了全疆。但从深层文化来看，几大文化体系的痕迹依然隐约存在。新疆这个地方实在是研究世界文化交流的最好的场地。有一些问题我们还不是很清楚。我相信，随着考古工作不断深入和发展，随着我们研究水平不断提高，我们的了解也会逐步加深。

《西域在文化交流中的地位》(1988 年 7 月 16 日)

李慎之先生说："事实上，人类已经到了全球化的时代，各种文化的融合已经开始了。"

笼统地说，我是同意这个看法的。因为，文化一经产生并且发展到了一定的程度，就会融合；而只有不同的文化的融合才能产生更高一层的文化。历史事实就是如此。

在这里，关键问题是："怎样融合？"也就是慎之所说的"如何"（how）的问题。这也就是我同他分歧之所在。他的论点看样子是东西文化对等地融合，不分高下，不分主次，像是酒同水融合一样，你中有我，我中有你，平起平坐，不分彼此。这当然是很理想的，很美妙的。但是，我却认为，这样的融合是不能解决问题的，倒不是因为我们要争一口气。融合必须是不对等的，必须以东方文化为主。这不是有点太霸道了，太不讲理了吗？为了说明这个问题，话必须扯得远一点。

英国历史学家汤因比（Toynbee）在他的巨著《历史研究》（Historical Studies）中，把人类在几千年的历史上所创造的文明归纳为二十三种或二十六种。意思就是说，任何文明都不能万岁千秋，永存不朽。这个观点是符合人类历史发展情况的。我归纳了一下，认为人类的文明或者文化大体上有五个阶段：诞生，成长，繁荣，衰竭，消逝。这种消逝不是毫不留踪迹地消失了，而是留有踪迹的，踪迹就存在于接它的班的文化中。这其实也是一种文化融合；但却不是对等的，而是有主有从的。

我们现在所说的西方文化，是指汇合了古代希腊文化和希伯来文化而发展下来的欧美文化，其思想基础是分析的思维模式，其繁荣期是在工业革命以后，与资本主义的诞生有密切联系。这个文化把人类文化的发展推向一个空前的高度，创造的物质财富使全人类皆蒙其利，无远弗届。这一点无论如何也要强调的。但是，中外少数有识之士已经感到，到了今天，这个文化已呈强弩之末之势。它那分析的特点碰到了困难，一些西方的物理学家提出了"夸克封闭"的理论。我于此是一个完全的外行，不敢赞一辞。即使是还能分析下去，也决不能说永远能分析下去。那种"万世不竭"的想法，恐怕只是一种空想。反正一向自认为已经抓到了真理，无所不适、无所不能的自然科学家并不能解决或者解释自然界和人类躯体上的一切问题，这已经是有目共睹的了。

西方文化衰竭了以后怎样呢？我的看法是：自有东方文化在。

可是，李慎之先生在这里又提出了问题。他在《辨同异 合东西》这一篇发言里说："首先是，所谓东方与西方文化究竟何所指，就很难弄清楚。"这话自有其道理。一直到今天，主张东西文化有别的人还没有哪一个能够条分缕析地，翔实而又确凿地，令人完全信服地说出个道理来。这有待于我们进一步地思考与研究。但是决不能因噎废食，就说东西文化分不清楚了。世界上万事万物，没有哪一个是绝对地纯的，连

"真空"也不是百分之百地"真"。自其大者而言之，东西文化确有差别，而且差别极为明显，这一点无法否认。人类创造的文化很多，但是从总体上来看，可以分为东西两大文化体系。人类的思维模式，尽管名目繁多；但是从总体上来看也只能分为两大体系：综合的思维模式与分析的思维模式。这与东西两大文化体系相对应。我在上面已经谈到，西方文化绝不能万岁千秋，西方的科学技术也决非万能。自然界和人体内许多现象，西方科技无法解释。比如人体特异功能、中国的气功，还有中国儒文化中的一些现象，按照西方自然科学的规律是无法说得通的。把这些东西过分夸大，说得神乎其神，我并不相信；但是这种现象确实存在，又无法否认。

怎样来解释这些现象呢？西方的科学技术已经无能为力，也就是说，西方以分析思维模式为主导的探讨问题的方式已经无能为力了。换一个方式试试看怎样呢？在这里，alternative 只有东方文化，只有以综合思维模式为主导的东方探讨问题的方式。实迫处此，不得不尔。一个人的个人爱好在这里是无能为力的。

东西方文化的差别表现在众多的地方。原来我以为只有在社会科学和人文科学方面是这样的。后来我读了一些书和文章，才知道区别并不限于上述两种科学。连自然科学也不例外。给我启发最大的两篇文章，一篇是吴文俊教授的《关于研究数学在中国的历史与现状》，副标题是《东方数学典籍〈九章算术〉及其刘徽注研究》序言，发表在《自然辩证法通讯》，1990 年第 4 期，页 37—39 上。第二篇是关士续先生的《科学历史的辩证法与辩证唯物论的历史观》，副标题是《由吴文俊教授一篇序言引起的思考和讨论》，发表在《自然辩证法研究》，1991 年第 7 卷第 5 期，页 27—31 上。两位作者都根本不是讨论东西方文化的问题，然而对探讨这两种文化之差别时有非常深刻的启发意义。我郑重推荐给对这个问题有兴趣的同行们读一读。

话扯得有点太远了，是收回来的时候了。话虽然多，但我深信并不是废话。看了这些话以后，读者自然就能明白，我理解的东西文化融合与慎之理解的大相径庭。我理解的不是对等的融合，而是两个文化发展阶段前后衔接的融合，而是必以一方为主的融合，就是"东风压倒西风"吧。试问一个以综合思维为基础的文化怎样能同一个以分析思维为基础的文化对等地融合呢？那样产生出来的究竟会是一种什么样的文化？

　　这里有一个十分关键的问题，必须加以解决，否则的话，我上面的那一些论证都成了肥皂泡，一吹就破。这就是：中国文化，或者泛而言之的东方文化，也已有了若干千年的历史，难道这个文化就不受我在上面提出来的文化发展的五个阶段的制约吗？难道在这里必须给东方文化以"特权"吗？否，否，东方文化也必须受那五个阶段的制约。在规律面前，方方平等。我拿中国文化作一个例子来解释一下这个问题。汤因比在他的书中曾把中国文化分为几个文明。其说能否成立，姑置不论。但是中国作为一个整体，在几千年的发展过程中，有过几次"输液"或者甚至"换血"的过程。印度佛教思想传入中国，是第一次"输液"。明清之际西方思想传入，是第二次"输液"。五四运动也可以算是第三次"输液"。有这样几次"输液"的过程，中国文化才得以葆其青春。这样的"输液"西方文化是不明显的。工业革命以后的繁荣阶段，更是根本没有。这是东西方文化最显著的区别之一。

　　基于上述理由，我不能同意慎之的意见。

《关于"天人合一"思想的再思考》（1993 年）

　　写到这里，已经接近西方必须向东方学习的问题了。

　　关于这个问题，郑敏先生介绍了一些情况。她说，随着西方社会走向后工业化时代，西方思潮中发展了一股向东方文化寻找清热解毒的良药的潜流。她举出了一些例子，比如本世纪初的费诺罗萨（Fenollosa）和庞德（Ezra Pound）对中国文字和古典文学的兴趣。"这一支向东方文明寻找生机的学派虽然在 20 世纪以前已经开始，但在 19 世纪与 20 世纪发展成西方文化中是一支颇有影响的亚文化。从道家、儒家、印度佛教近年在西方文化中的影响来讲，就可以看出西方思想家是如何希望将东方文化作为一种良药来疏浚西方文化血管中物质沉淀的阻塞。"在这里，郑敏教授举出了 F·卡普拉（Fritjof Capra）和海德格尔，还有日本学者 Tezuka（手塚），以及德里达关于语言的讨论。

总之，西方向东方学习古已有之，于今为烈。我个人认为这是不可避免的，而且是一件大好的事情。特别值得思考的是这样一个事实：西方在第一次世界大战和第二次世界大战以后，都曾掀起了向东方学习的高潮。其中原因实在值得我们认真去思考。

《关于"天人合一"思想的再思考》（1993 年）

在世界上所有的文明大国中，古代典籍传留下来在质和量的方面都独占鳌头的，只有中国一国。这个说法完全符合事实，毫无夸大之处。典籍是最重要的文化载体。古代典籍是我们中华民族对世界人民，对世界文化一个伟大的贡献。

在过去漫长的封建社会中，有的统治者也曾用大力整理过，比如清代的乾隆皇帝就曾亲自过问，遴选了几位大学士，集天下最有成就的大学者，用上几年的时间，编选了一部有名的《四库全书》，没有刻版印行，只命人缮写了七部，分贮全国一些地方。乾隆的用心或者动机并不是善良的，他想消灭一些书或者消灭一些书的有忌讳的部分。但是效果应该说还是好的，《四库全书》保全了一些书，免遭毁灭的厄运。

在解放前，上海商务印书馆影印了一大批古籍，编为《四部丛刊》。上海中华书局排印了一套《四部备要》，两套丛书都是皇皇巨著，异曲同工，起到了传播与保存古籍的双重作用，受到了海内外广大读者的欢迎，动机与效果完全统一。

最近若干年以来，在改革开放的影响下，在弘扬中华民族优秀文化正确方针的指导下，又有一些有识之士，用不同的方式整理、编纂优秀古籍。在群峰并峙的形势中，《传世藏书》以其独特的编选方式，投入巨大的资金，邀集众多的学者，横排，简体字，所有入选的古籍都加上标号，穷数年之力，采用最好的纸张，使用最高的印刷技术，实行严格的审校制度，反复核校，最后出之以最美的装帧。这样细致审慎的操作规程，称之为前无古人，恐怕亦非过分夸大。好在全书一百二十三巨册已经出齐，明眼人自能衡量其价值，徒托空言，不足为凭。

关于此书的意义与价值，我想提出几点个人的看法。最近几年，我在很多文章和发言中提出了一个观点：文化交流是推动人类社会前进的主要动力之一。如果没有国家与国家间、人民与人民间的文化交流，今天人类社会是个什么样子，简直无法想象。我认为，在人类历史上，最大的文化交流是东西两大文化体系之间的交流。以中国文化为核心的东方文化，其基础或出发点是综合的思维模式，表现在哲学思想上是"天人合一"。最有代表性的说法是宋代大哲学家张载的"民，吾同胞；物，吾与也"。西方文化自希腊罗马起一直发展到今天的欧美文化，其基础或出发点是分析的思维模式，表现在行动上是"征服自然"。在中国汉唐时期，主宰世界的是东方文化。西方自文艺复兴，特别是产业革命以后，征服自然，成绩彪炳。到了今天，在衣食住行各个方面，都有巨大的创造与成就，全世界莫不蒙受其利。

然而征服自然，从一开始就孕育着危险性。到了今天，弊端日益明显，大气污染，环境污染，生态平衡破坏，臭氧层出洞，如此等等，不一而足。原来，大自然虽既非人格，亦非神格，却是能惩罚善报复的，以上列举的诸弊端就是报复与惩罚的结果。如果人类再不悬崖勒马，后果真不堪设想。救之之方只有一个，就是以东方"天人合一"的思想和行动济西方"征服自然"之穷，我称之为"东西文化互补论"。

《传世藏书》所收典籍中蕴含着中国文化的精华。不仅是中国学者，连西方一些有识之士也感到了西方文化所产生的弊端，必救之以东方文化。当年鲁迅先生提倡"拿来主义",是想输入西方的科技文化,使中国富强起来。到了今天,人类所面临的处境既然如此险恶,而西方大部分人——我看,中国也一样——却还懵懵懂懂,高枕不醒。我们只有一个办法,就是采用"送去主义",送去的方法和工具颇多,把《传世藏书》弘扬四海,就是有效的办法之一。

再过几年,一个新的世纪就来临了。我虔诚希望,人类能聪明起来,认真考虑拿来与送去的问题,认真考虑我的"东西文化互补论"。

《拿来和送去》(1997 年 3 月 26 日)

众所周知,自远古以来,中国和印度就一直是好邻邦和好朋友。甚至在先秦时期,即在东周时期,我们已经能够在诸如《战国策》和《国语》这样一些中国典籍中,主要是在神话和寓言中,找到印度影响的一些蛛丝马迹。在屈原的诗歌中,特别是在《天问》中,我们也可以发现印度的一些影响,主要是神话方面的影响。在天文学中,我们同样可以找到中国和印度的相互影响。中国的著名发明,如造纸术、印刷术、火药、指南针等等,从中国传到包括印度在内的其他国家。中国的纸和丝以及丝织品,经由丝绸之路从中国传到印度。与此同时,中国南方的海上丝绸之路也是功不可没的。在佛教从印度传入中国后,在近两千年的岁月中,印度文化源源不断地涌入中国。在各种不同学术领域中,都可以发现印度的影响。佛教在中国人民中风行起来。一言以蔽之,中印之间的文化交流有着十分悠久的历史,而这种交流促进了我们两国的社会进步,加强了我们的友谊,并给两国带来了福祉。在人类历史上,这是一个在任何别的地方都不曾发现的绝无仅有的例证。

我是在德国开始印度学研究的。最初,我的专门学科是所谓的混合梵语,即梵语、巴利语和俗语形成的一种混合语言。我用德语撰写了几篇长文,发表在《哥廷根科学院院刊》上。在我返回中国后,由于缺乏资料,我可以说是被迫改变了自己的专业。我开始做一些中印文化交流史方面的研究工作。嗣后，我开始将印度古典文学名著如迦梨陀娑的《沙恭达罗》和《优哩婆湿》、《五卷书》以及一些佛本生故事从梵文和巴利文译成中文。所有这些翻译作品都受到了中国读者的欢迎和喜爱。《沙恭达罗》曾被数度搬上中国舞台。不过，我的贡献毕竟微不足道。

　　现在，我们正处于世纪之末。明年，我们将迎来一个新的世纪。乃至一个新的千纪。万象都将更新。可惜，我行年已经八十有八。我不能再继续做很多有意义的工作了。然而，我一点也不心灰意冷。我记得三国时期著名的军事家和诗人曹操写的一首著名的诗。其中几行如下：

　　　　　　　老骥伏枥，

　　　　　　　志在千里；

　　　　　　　烈士暮年，

　　　　　　　壮心不已。

　　我将这几行诗当作座右铭并照其行事。我衷心希望，中国人民和印度人民一如既往地继续保持传统友谊并一如既往地继续进行文化交流。我们两个伟大民族的友谊与合作将促进世界和平，而世界和平能够造福人类。

　　《在印度文学院授予名誉院士学衔仪式上的演说》（1999 年 7 月 5 日）

　　　　　　　　　　　　　　　（演说原稿系英文，刘建译）

　　文化交流的范围极为广博，天文地理，医卜星象，科学技术，哲学思想，伦理道德，宗教信仰，以及人类社会的方方面面，旮旮旯旯，下至草木虫鱼，花果菜蔬，无一不在交流范围以内。但是，据我个人的观察和思考，在众多的交流对象中，文学交流历时最久，领域最广，影响最大，追踪最易。文学交流中包含民间文学，比如寓言、童话、小故事等，都是民间老百姓创造出来的。民间文学，同其他文化交流对象一样，最少保守性，最少保密性，一旦被创造出来，便立即向外传播，不分天南和海北，不分民族和国家，无远弗届。这样的例子比比皆是，举不胜举。我只举一个以概其余。19 世纪德国比较文学史大家 T. 本费埃（Benley）追踪印度著名的寓言童话集《五卷书》，写成了一部巨著，描述了《五卷书》在大半个世界流传演变的情况，其国家之众多，语言之繁杂，头绪之交叉，线索之迷离，真令人惊诧不已，谁也不会想到一部简单的寓言童话集竟会有这样大的生命力，竟会有这样大的迷人感人的力量。像《五卷书》这样的事例，研究中外文学交流的，特别是中外民间文学交流的专家们都知道得很多很多。在中外文学交流中，民间文学的交流实居首位。《五卷书》确实没有以整本书的形式传入中国，但是其中的一些寓言、童话和小故事，确亦传入中国，在中国民间故事以及文人的创作中，在极其悠久的历史上，蛛丝马迹，确能寻出。

回溯一下两千多年的中外文学交流的历史，我们能够发现，在先秦时期已有外国文学传入的痕迹，主要是印度文学。例如"狐假虎威"的故事见于《战国策》。还有一些其他的故事，看上去都不像是中国土产。这一点西方的汉学家早就指出过。可能受外国影响的最突出的例子是《楚辞》，《离骚》已有一些域外的色彩和词句，《天问》中特别突出，其中一些类似荒诞的神话，与以《诗经》为代表的黄河流域的文学创作，迥异其趣。有人怀疑是来自域外，特别是印度，这种怀疑是极有根据的。估计这些神话传说不是通过当时还没有开辟的丝绸之路传进来的，而是通过那一条滇缅道路，这一条道艰险难行，却确实是存在的。

《20 世纪中外文学交流史》序（1999 年 12 月 8 日）

到了汉代，由于丝绸之路的凿通，中外文化交流达到了第一个高峰。中国对于输出文化，其中包括科学技术的发明创造，从来是不吝惜的。我们大度地把我们的四大发明送了出去，这些发明对促进人类文化的发展以及人类社会的进步，都起了决定性的作用。同时，我们对吸取外来文化也决不保守，只要对我们有用的东西，不管来自何方何国，我们都勇敢地拿过来为我所用。肇自汉代的丝绸之路就是一个彰明昭著的证据。但是，在文学交流方面，却找不出很多的东西。我个人认为，不是没有，而是我们的探讨研究工作还没有到家。印度佛教于汉代传入中国，是文化交流史上的一件大事。后汉三国时代的译经，可以算是文学交流的一种形式。

南北朝时期，五胡乱华，中原动荡，众多的民族逐鹿于北疆，宋、齐、梁、陈偏安于南国；然而文化交流却并没有停止。在文学交流方面，主要是输入，输入又主要来自印度。在印度的，多半是随着佛教进来的影响，中国汉语文学创作增添了很多新内容，名目庞杂的鬼神志怪之书大量出现。此事鲁迅在《中国小说史略》中论之颇详。连伪书《列子》中都有印度的故事，至于对诗歌创作至关重要的四声，本是中国汉语中所固有的东西，可是我们以前对它并没有明确的认识。也由于印度古典文献的启迪，终于被发现了，被我们清晰地意识到了，这在中外文学交流史上也不能算是一件无关紧要的小事。

唐代又是中国历史上一个非常辉煌的朝代。兵力遍及西域，从而保证了丝路的畅通。首都长安几乎成为世界经济和文化的中心。从向达的《唐代长安与西域文明》中可以看出当时中外文化交流之兴旺频繁。在文学交流方面，也同样可以看出非常活跃的情况。唐代传奇颇受印度文学的影响。王度的《古镜记》从内容到结构形式，都能够找到印度文学的痕迹。至于那些龙女的故事，当然都与印度文学有关，因为龙女本身就是一种舶来品。对此，霍世休作过比较深入的探讨。也有人主张，连韩愈的《南山》，在结构方面，都受到了一些印度的影响。在其他方面，外来的成分也可以找到一些，这里就不再一一列举了。

唐代以后，经过宋、元、明，中外文学交流一直没有断过，不过不像六朝和唐代那样显著而已。明末清初，是中外交流的一个空前转折时期。过去的交流，东部以日本为主，西部以印度、波斯为主。到了此时，欧风东渐，中国的文化交流主要以欧洲为对象了。天主教取代了佛教的地位，澳门成了主要的交流通道。交流对象以天文历算、科学技术为主，其间也杂有文学艺术。有人考证，古希腊的《伊索寓言》已于此时传入中国。绘画方面，有郎世宁的作品，技巧是西方的，有时也流露出一点华夏画风。到了19世纪，中西双方相互摸索的时间已经够长了，双方的相互了解已经大为增强了。中国方面少数有识之士，比如林则徐、魏源等等，冲破了闭关锁国的桎梏，张开眼睛看世界，喜见西方世界之昌盛，深感夜郎自大之可笑，遂锐意介绍，积多年之努力而纂成的魏源的《海国图志》可以作为一个代表。此书在日本产生了良好的影响。据说，此书对1868年的明治维新也不无贡献。在中国方面，19世纪末的"洋务运动"表现出中国一部分开明人士向西方寻求救世良药的努力。这个运动最初效果并不十分显著，但它是顺应时代潮流的，是无法抗御的，它自然会持续发展下来，一直到了20世纪。

《20世纪中外文学交流史》序（1999年12月8日）

20世纪是公元第二个千纪的最后一个世纪。在这一百年里，人类社会的进步速度超过了过去的几千年。好像物理学上物体下坠的定理一样，速度越来越快。就拿20世纪之初和世纪末相比，其速度也是极为悬殊的。现在的地球已经小成了一个"地球村"，虽相距千里万里也能朝发夕至。因此，文化交流，其中当然包括文学交流，越来越方便，越来越频繁，效果也越来越显著。在李岫教授等写作的这一部《20世纪中外文学交流史》中，对文学交流的方方面面都做了细致深刻的叙述和分析，这实在是一件功德无量的事，值得我们大大地予以赞扬的。

文学交流的意义何在呢？我个人认为，物质方面的文化交流能提高世界人民的生活水平。而文学交流则属于精神方面的文化交流，它能提高世界人民的精神境界，能促进世界文学创造的繁荣，更重要的是能促进世界上不同民族的相互了解，增强他们之间的友谊和感情，而最后这一点是极其重要的。世界人民，不管肤色多么不同，语言风习多么歧异，但是他们却有一个共同的愿望：他们要和平，不要战争；他们要安定，不要祸乱；他们要正义，不要邪恶。20 世纪在这方面做出了很坏的榜样，一百年内，狼烟四起，战乱不断；两次世界大战震古烁今。有的大国，手握原子弹和指挥棒，以世界警察自命。这些邪恶现象引起了全世界的公愤。转瞬 21 世纪即将来临，这邪恶现象必将会继续下去。遏止之方不是没有，但是最重要的还要依靠人民的力量。文学交流是沟通人们的心灵和加强团结斗争的重要渠道。20 世纪一百年的中外文学交流史已由李岫等专家写成了，我相信，这一部总结百年经验的巨著，其影响必将在下一个世纪中更为显著，固乐而为之序。

《20 世纪中外文学交流史》序（1999 年 12 月 8 日）

我们中华民族是伟大的民族，几千年来我们的发明创造，传出了中国，传遍了世界，其中四大发明更是辉煌无限，尽人皆知，我们甚至可以说，如果没有中国的四大发明，人类文化发展的进程将会推迟的。至于那一些比较小的发明创造，更是难以计数。英国学者李约瑟关于中国科技史的名著，是许多人都熟悉的。我在这里不再重述。我只举一本大家也许还不太知道的书，说明同一个问题，这就是伊朗裔的法国学者阿里·玛扎海里的《丝绸之路》，其中讲了许多中国的发明创造，虽不像四大发明那样辉煌，但意义并未减少。这一些看起来极其微末琐细的发明创造，对人类文化的发展，对人类生活的方便，同样做出了重大的贡献，且莫等闲视之。

《西学东传人物丛书》序（2000 年 1 月 16 日）

上面说的是中华民族送出去的东西。在过去两千多年中，我们也同样拿来了很多很多的有用的东西。现在从最大的宏观上来看，在中国历史上外来文化大规模的传入共有两次，一次是汉代起印度佛教的传入，一次就是从四百年前起西方天主教，后来又加上了基督教的传入。两次传入，从表面上来看，都是宗教的传入；但从本质上来看，实际上传入的是文化，是哲学，是艺术，是技术等等。没有这两次的传入，我们今天的科技和文化的发展决不会是现在这个样子。这是一件事实，没有争辩的余地。

佛教在这里先不谈，这不是我要谈的题目，我只谈天主教和基督教。虽然西方信仰耶稣的宗教在中国唐代已经以景教的名义传入中国，但是影响不大。真正有影响的是明末清初天主教的传入。晋代佛教高僧道安对弟子们说过两句话："不依国主，则法事难立。"这两句话是从经验中得来的，完全符合实际情况。佛教如此，天主教亦何独不然。天主教所依的最初不是国主，而是大臣和艺术家、学者，前者可以徐光启为代表，后者的代表当首推大画家吴历。到了清代康熙皇帝统治时期，这一位大皇帝并不一定为天主教义所动，然而他的目光犀利，看到了西方科技的重大意义，亲自学习西方的几何学。皇帝的榜样有力量，清代颇出了几个大数学家。到了 20 世纪，西方文化猛烈冲击"东方睡狮"，如暴风骤雨，惊涛骇浪，中国人民接受了这个挑战，在短短一百年的时间内，从一个殖民地半殖民地国家，达到了今天的社会主义社会的初级阶段，其进步之速超过了过去的一千年。

《西学东传人物丛书》序（2000 年 1 月 16 日）

首先要对青年进行爱国主义教育，让他们知道，中华民族对世界做出过重大的贡献，今后还将做出更重大的贡献，作为一个中国人是很值得骄傲的。一个人只能有一次生命，必须实现人生的价值，才对得起这仅有的一次生命。麦当劳，肯德基，可口可乐加雪碧，比萨饼，加州面，卡拉 OK，美容院，这样的生活，虽然也能增加一些人生乐趣；但是，天天这样，就毫无意义。我希望，我们中国人，特别是青年人，要认识到自己对国家和后世子孙的义务。我们都是人类进化无尽长河中的一段，承前启后，是跑接力赛中的一棒，我们这一棒跑不好，会对全局产生恶劣影响。这就是爱国主义。但是，同时我们又必须认识到，我们对世界也负有义务，这就是国际主义。真正的爱国主义与国际主义，不但没有矛盾，而且是相辅相成，互相依存的。我个人认为，人类前途还是光明的。能否真正光明，就决定于各国人民能否做到爱国主义与国际主义相结合。

怎样才能让中国青年认识到这一点呢？办法多种多样。其中之一就是让他们认识到，一个人、一个民族、一个国家，都不能离开别的人、别的国家、别的民族而完全独立生存。人类都是要互相帮助、互相依存。而文化交流尚矣。就连我在上面说的麦当劳、肯德基等等也是文化交流的结果。

我们目前当务之急就是对青年进行文化交流的教育。世界上文化极多，而大别之无非东西两大文化体系，讲文化交流，首先就是要讲东方文化和西方文化的交流。我从前主编过一套《东学西渐丛书》，是讲东学，主要是中国文化向西传布的历史事实的。现在王渝生研究员又主编了这一套《西学东传人物丛书》，二书正好互补。

《西学东传人物丛书》序（2000 年 1 月 16 日）

在全部世界史上，要举一个文化交流双方获利的例子，非中印文化交流莫属。中印文化交流是全世界当之无愧的典范。

在中国先秦时期，中印文化交流的痕迹已昭然可见。到了汉代，随着佛教的传入，印度文化大量涌入中国，在中国产生了巨大的普遍的影响。中国文化对印度的影响，除了四大发明以外，由于印度古代缺少真正的史籍，所以隐而不彰。

但是，如果我们肯费上一点力气的话，从双方史籍的语言中仍能够找到一些中国文化影响印度的证据。我举一个简单的例子。中国先秦时代就知道甘蔗，但在长时期中，中国只知饮蔗浆，不知以蔗造糖，后来终于发明了造糖技术，最初可能水平还不够高，所以唐太宗才派人到印度去学习熬糖法。到了明代，中国已经能够制造洁白的砂糖。这个技术明末传入印度，印度许多地方把白糖称为 cīnī，意思是"中国的"。从这一个简单的例子中，可以窥见中印文化交流能产生多么有利于双方人民的结果。

《文化交流能推动中印社会前进》(2000 年 3 月 2 日)

师尊罗宾德罗纳特·泰戈尔是印度伟大的诗人、伟大的爱国者和伟大的贤哲，也是中国伟大的朋友。

中国和印度是邻国，至少在两千余年来一直是好邻居。我们在包括哲学、宗教、艺术乃至自然科学和技术在内的不同领域里不断进行交流，从而使我们两国的文化丰富起来。我认为，这是中印传统友谊的基础。

泰戈尔推进了这一传统友谊。在十九世纪末叶，他还是一个青年之时，就撰写文章愤然谴责英帝国主义向中国输送鸦片。一九二四年，他应邀访问中国。在北京，他受到包括梁启超、胡适、徐志摩、林徽因等在内的知名学者和诗人以及青年学生的热情欢迎。他在不同院校和学术机构发表了演说。梁启超给他取了中国名字竺震旦，他则给徐志摩取了印度名字 Susima。这应当被视为他们之间亲密友谊的标志。

除了北京，泰戈尔还访问了中国的几个大城市，其中包括山东省会济南。那时，我正在济南读中学。我有幸能够目睹这位伟大的诗人。当时，我年仅十三，对于诗歌还懂得不多，对于印度就所知更少了。然而，我当时就认为，他一定是个伟人。

一九三七年以后，日本军国主义者入侵中国。泰戈尔写了一些如同利剑怒火一般的诗篇，猛烈抨击残暴的侵略者。同年，他撰写了著名的文章《中国与印度》。一九四一年，就在他辞世前不久，他撰写了另外一篇著名文章《文明的危机》。他在临终之际仍然惦念着中国的抗日战争。他在一九三七年的文章中预言，一个伟大的未来正在离我们愈来愈近。我们应当做好准备，以迎接新纪元的到来。

我们应当说，他的预言完全实现了。以上简短的介绍清楚地表明，师尊泰戈尔终其一生都是中国人民的伟大朋友，一直与我们同甘共苦。

现在泰戈尔无论在印度还是在中国都是中印友谊的象征。

印度总统纳拉亚南先生阁下推进了这一友谊传统。在你担任印度驻华大使之时，你不愧是一个文化与友谊的伟大使者。今天，你莅临北京大学参加泰戈尔铜像揭幕仪式，你成了我们两国文化与友谊更其伟大的使者。

我确信，中印友谊将万古长青。

《中印友谊的又一象征》（2000 年 5 月 30 日）

（原文是英文，刘建译）

20 世纪二三十年代，鲁迅先生提出了"拿来主义"的主张。我们中国人，在整个 20 世纪，甚至在 20 世纪以前，确实从西方国家拿来了不少的西方文化的精华，这大大地推动了我们教育、文化、科研，甚至政治、经济等方面的发展，提高了我们的文化水平，丰富了我们的物质生活和精神生活。这是一个历史事实，谁也无法否认。当然，伴随着西方文化的精华，我们也拿来了不少的糟粕。这是不可避免的，有时候精华与糟粕是紧密相连的。

十几年前，也就是在上一个世纪的最后一段时间内，我曾提出了一个主张："送去主义"。拿来与送去是相对而言的。我的意思是把中国文化的精华送到西方国家去，尽上我们的国际主义义务。我的根据何在呢？

我们中华民族是伟大的民族，在过去几千年的历史上，我们有过许多重要的发明创造，四大发明是尽人皆知的，无待赘言。至于无数的看来似乎是细微的发明，也出自中国人之手，其意义是决不细微的。我只介绍一部书，大家一看便知，这部书是阿里·玛扎海里的《丝绸之路》。至于李约瑟的那一部名著，几乎尽人皆知，用不着我再来介绍了。如果没有中国的四大发明，人类社会的进步，人类文化的发展，将会推迟几百年，这是世界上有点理智的人们的共识，绝不是我一个人的"老王卖瓜"也……

现在屈指算来，西方以及世界其他国家已经从中华民族优秀文化中拿走了不少优秀的精华，它们学习了，应用了，收到了效果，获得了利益。但是，仍然有许多精华，它们没有拿走，比如中国传统的伦理道德，其中有糟粕，也有精华、其精华部分对世界人民处理天人关系、人与人的关系，以及个人心中感情中的矛盾时会有很大的助益。眼前全世界都大声疾呼的环保问题实际上是西方人"征服自然"的恶果，中国的"天人合一"的思想，如能切实行之，必能济西方之穷。我们眼前，由于人所共知的原因，科技在某些方面确实落后于西方。但是，我们也不能说是一点创造发明都没有，一点先进的东西都没有，比如改革开放，由计划经济转入市场经济而获得成功，对世界上其他国家就很有借鉴的价值。

这些东西如珠子在前，可人家，特别是西方人，却偏不来拿。怎么办呢？你不来拿，我们就送去。我们首先要送去的就是汉语。"射人先射马，擒贼先擒王。"汉语是"王"。中华民族的优秀文化大部分保留在汉语言文字中，中华民族古代和现代的智慧也大部分保留在汉语言文字中。中国人要想弘扬中华民族的优秀文化，外国人要想学习中华民族的优秀文化，都必须首先抓汉语。为了增强中外文化交流，为了加强中外人民的理解和友谊，我们首先必抓汉语。因此，我们要奉行送去主义，首先送出去的也必须是汉语。

此外，汉语本身还具备一些其他语言所不具备的优点。50 年代中期，我参加了中共八大翻译处的工作。在几个月的工作过程中，我逐渐发现了一个从来没有人提到过的现象，这就是：汉语是世界上最短的语言。使用汉语，能达到花费最少最少的劳动，传递最多最多的信息的目的。我们必须感谢我们的祖先，他们给我们留下了汉语言文字这一瑰宝。过去的几千年，我们在这里暂且不谈。仅就目前将近十二亿的使用汉语言文字的人来说，他们在交流思想、传递信息方面所省出来的时间简直应该以天文数字来计算。汉语之为功可谓大矣。

从前听到有人说过，人造的世界语，不管叫什么名称，寿命都不会太长的。如果人类在未来真有一个世界语的话，那么这个世界语一定会是汉语的语法和英文的词汇。洋泾浜英语就证明了这一点。这种说法虽然近乎畅想，近乎说笑话，但其中难道一点道理都没有吗？

说来说去，一句话：我们要奉行"送去主义"。这既有政治意义，也有学术意义。我们首先要送出去的就是汉语言文字。

《我们要奉行"送去主义"》（2000 年 1 月 11 日）

文化交流的速度还会随着人类社会的前进而加速。我们可以说，文化交流的速度与社会前进的速度成正比。到了今天，社会发展已经到了很高的水平，信息爆炸，空间上相距千里万里，而鸡犬之声可以相闻。一个新的发明创造——这些都属于文化范畴——一出现，立刻就能传遍世界。什么知识产权，什么保密，绝密，都无济于事。原子能，特别是原子弹就是一个好例子。哪一个自命"天之骄子"的想独霸世界的骄纵恣睢的大国能够阻碍别的国家制造原子弹呢？

在这样的情况下，任何国家都必须关心文化交流的问题，关心世界文化的走向，关心本国文化的发展与走向。在经济建设的同时，努力进行文化建设，而二者是密切相关的。进行文化建设，无非是做两个方面的工作：一个是弘扬本国本民族文化的优良部分，一个是"拿来"外国文化中的优良的东西。不要认为，一提到文化，里面都是好东西。对外来的文化要批判吸收，对本国文化也要批判继承，也就是要去粗取精，去伪存真。这是十分必要的，千万不能等闲视之。胡子眉毛一把抓，对文化发展是不利的。

在这里，我必须对精华和糟粕谈一点看法。我在最近几年来逐渐发现，一般人认为精华与糟粕是固定了的，精华永远是精华，糟粕永远是糟粕。实际情况并不是这样。这二者的标准并不固定，有时候甚至互相转换。这完全取决于时代的需要。需要就是精华，不需要就是糟粕。时代不停地变化，标准也不能一成不变。

《跨文化丛书外国作家与中国文化》序（2001 年 2 月 15 日）

中国和印度是数千年的友好邻邦。我们两国之间的文化交流，丰富了精神文明和物质文明。即使在今天，两国的二十亿人民，也还在享用着这种交流带来的好处。在人类历史上很难再找到类似的例子，我们两国应当为此自豪。小的矛盾和分歧的存在是不可避免的，任何人都不应当对此大惊小怪。这只是天空中的一片乌云，遮不住中印友谊的灿烂阳光。

我记得我在 1978 年受到德里大学艺术系师生热情欢迎的那一时刻。全系都沉浸在节日的气氛中。欢迎仪式就在礼堂举行。谭中教授坐在主席台上的人群中。系主任拉吉尼·科塔里（RajniKothari）在欢迎辞中说，在中华人民共和国成立之前，是中国向印度学习。1949 年之后，是印度向中国学习。他将这种现象说成是"单向交通"（one way traffic）。我们的印度朋友如此高度评价中华人民共和国，令人感到欣慰。然而，我愿意指出，根据历史事实，中印之间的互相学习一直是双向交通，从来就不是单向的事。

《中印文化交流源远流长》（原文系英文，刘建译）
摘自《季羡林论中印文化交流》2006 年

我一生都在从事与促进中外文化交流相关的工作，我深刻体会到翻译在促进不同民族、语言和文化交流中的重要作用。自从人类有了语言，翻译便应运而生。在世界文明发展的历史长河中，在中华民族伟大复兴的进程中，翻译，始终都是不可或缺的先导力量。中华几千年的文化之所以能永盛不衰，就是因为，通过翻译外来典籍使原有文化中随时能注入新鲜血液。可以说，没有翻译，就没有社会的进步；没有翻译，世界一天也不能生存。

中国两千多年丰厚的翻译文化史无与伦比，中国今天翻译事业的进步有目共睹。2008 年世界翻译大会将在中国召开，这是中国翻译界的光荣，我这样的老兵为你们感到鼓舞。我更希望年轻一代能够后来居上，肩负起历史使命和社会责任。

我总认为，翻译比创作难。创作可以随心所欲，翻译却囿于对既成的不同语言文本和文化的转换。要想做好翻译，懂外语，会几个外语单词，拿本字典翻翻是不行的，必须下真工夫，下大工夫。

《在"翻译文化终身成就奖"表彰大会上的书面发言》（2006 年 9 月 26 日）

六　论和谐：必须处理好三个关系

　　我对 21 世纪究竟有什么希望呢？

　　先从大的讲起。首先，我希望世界和平，民族团结。但是，我自己立即否定了这个希望，这是根本办不到的。眼前的世界大国，特别是那一个惟一的超级大国，一点也没有接受 20 世纪两次世界大战的惨痛教训，仍然自我感觉十分良好，颐指气使，横行霸道，以世界警察自居。我希望，我们中国人民不要为巧言花语所迷惑，奋发图强，加强团结，随时保留一点忧患意识，准备对付一切可能发生的外来的侵略，保卫我们的祖国。

　　其次是对我们国家的希望。改革开放确实给我们国家带来了翻天覆地的变化，经济繁荣，政局安定，人民生活有了提高。总起来看，确有一个安定团结的局面。但这仅仅是一面，也不是没有令人担忧的一面。我不懂经济；但是我从《参考消息》上看到一则外国评论中国经济的报道，其中讲到中国国有经济在某一些方面给中国带来了一些麻烦，详情我不清楚，不敢妄加评论。但是，《参考消息》敢于刊登，其中必有依据，我们的最高领导班子对这个问题是十分清楚的，也正在采取措施。我希望这个问题能够尽早地尽善尽美地得到解决。

　　从人类生存的前途来看，多少年来，我就提出了一个看法：西方自产业革命以后，恶性膨胀逐渐形成的对大自然诛求无餍的要求，也就是所谓"征服自然"的做法，现在已经产生了严重的后果。现在全世界各国政府都对环保问题异常重视。但是却没有什么人追究造成这种现象的根源。我认为，这是一种缺少远见卓识的表现。我一向主张，中国的，同时也是东方的"天人合一"的思想，也就是人类要与大自然为友，不要为敌的思想，能济西方思想之穷。我这种想法，反对的人有，赞成的人也有。我则深信不疑。我希望，21世纪走到某一个阶段时，人类文化会在融合的基础上突出东方文化的作用，明辨而又笃行之。

还有一件让我忧心忡忡的事，这就是：中国公民中某一些人素质不高，道德滑坡的现象。谁也无法否认，中华民族是一个伟大的民族。但是，在伟大的后面也确有不够伟大的地方，对此熟视无睹是有害无益的。例子用不着多举，我只举一个随地吐痰的坏习惯。这样做是一切文明国家所没有的。然而在中国却是司空见惯，屡禁不止。前不久，中国庆祝建国五十年的喜事，北京市政府和各界人士，费了九牛二虎之力，把北京打扮得花团锦簇，净无纤尘，谁看了谁爱。然而，曾几何时，国庆后不到一个月，许多地方又故态复萌，花坛和草地遭到破坏践踏，烟头随处乱丢，随地吐痰也不稀见。还有一些破坏公共设施的现象，连风光旖旎的燕园内也不例外。这种破坏对肇事者本人一点好处也没有，对群众则带了莫大的不方便。我真不了解，这些人是何居心。这样的人，如果只有几个，则世界任何文明国家都难以避免。可惜竟不是这样子，看来人数并不太少。这一批害群之马，实在配不上是伟大民族的一部分。救之方法何在？我觉得，过去主要靠说教，事实证明，用处不大。我认为，必须加以严惩。捉到你一次，罚得你长久不能翻身。只有这样才能奏效，新加坡就是一个例子。在此万象更新之际，我希望在21世纪某一个时候，这种现象能够绝迹，至少是能够减少。伟大的中华民族真正能显出伟大的本色，岂不猗欤休哉！

《千禧感言》(1999年11月1日)

我自己在这方面几乎完全是一个门外汉，忧患意识极强，而具体行动则是没有的。旧日的所谓"书生"，今天的知识分子，手无缚鸡之力，过去被人称为腐儒，现在在一段时间内又被人称为"老九"。但是，现实证明，所谓有识之士却多出于知识分子群中。我们嘴中有三寸不烂之舌，手里拿着毛锥，现在则是钢笔和圆珠笔，切不可小看这几件东西，有了它们，我们就有了用武之地。我觉得，我们要做一点类似启蒙的工作，把危险和希望都实事求是地告诉全世界的人民，让他们了解到，今天的地球已经小到成为一个"地球村"，村中住着将近二百个国家，成千上万个民族。不管你想到没有，我们这一大批国家和民族，同处在地球这一艘诺亚方舟上，我们只能同呼吸，共命运；我们只能同舟共济，决不能鹬蚌相争；我们需要的是相互的理解和友谊，我们拒绝的是相互的仇恨和伤害。对待大自然，我们决不能像西方那样"征服自然"，对自然诛求无餍，以致受到了大自然的报复和惩罚。总之一句话：中国宋代大哲学家主张"天人合一"学说的张载说过几句话："民，吾同胞；物，吾与也"，这是至理名言，我们都要认真遵行，不允许丝毫阳奉阴违。

能做到上面说的这一些事情，是万分困难的。我们应该从各个方面下手，分工合作，细大不捐，庶几能有所成就。各个方面的组织和人物也应该通力合作，达到同一个目的。二战后成立的联合国，我认为，就是在这方面的一个尝试。虽然在半个世纪以来，联合国确实做了不少的事情，但是，总的来看，它不能说是成功的。同居一厦之内，而各怀鬼胎，微笑握手，暗想拳经，这样的组织，焉能有成！联合国所属的教科文组织却做了不少好事情，比如通过了《保护世界文化和自然遗产公约》，又制定了《世界遗产名录》，就是其中最富有深远意义，有利于世界人民的盛举。现在广西人民出版社不惜斥巨资，费了三年多的时间，艰苦备尝，出版了这一部《世界遗产大典》，根据联合国教科文组织的《世界遗产名录》，对每一项已被批准的遗产做了科学性与可读性、知识性与趣味性相结合的叙述，实在是一件利国利民的好事。

这一部大典的意义究竟何在呢？我认为，中国人读了这一部书，总会在不知不觉中感到世界是一家。比如说，长城和泰山等是在中国，它们是中国的，但同时它们又是世界的，世界各国的人民都能到中国来欣赏这些文化和自然遗产，得到美感享受，长城和泰山的恢弘和雄伟会震慑从而净化他们的心灵。金字塔在埃及，它是埃及的，但同时也是世界的。不管哪一个国家的人到了埃及，看到了金字塔，都会有同看长城和泰山一样的感受。其他所有的世界文化和自然遗产，都会起同样的作用。这些遗产可以帮助世界人民增强相互了解和友谊，感到人人都是地球村里的人，只能团结友爱，不能互相仇视。当然，只靠几百个文化和自然遗产是绝不能完全达到上述目的的。我们还必须做很多的其他工作，才能有所成就。但是长江大河不遗涓涓细流。我们的文化和自然遗产，就算是细流吧，也自有它们的作用。

联合国教科文组织的定名中用了"保护"二字，本书的"前言"中也用了这两个字。但是，我认为，保护只是手段，而不是目的。真正的目的是达到我上面再三阐述的全世界人与人一体，人与大自然合一的认识。

总而言之，我觉得，只要我们认识明确，众志成城，那些被带入新世纪的弊端和祸害，会逐渐被铲除掉的。为此书写序，我感到欣慰。

《世界遗产大典》序（1999 年 12 月 22 日）

不知是从什么时候起，我逐渐形成了一种看法，我认为，人的一生主要任务是处理好两种关系：一是要正确处理好人与人的关系，也就是社会关系，国际关系也包括在里面；二是要正确处理好人与大自然的关系，也就是天人关系。到了 21 世纪，这两种主要任务一点也没有改变。

我同时又逐渐形成了另外一种看法，我认为，古今中外，人们之所以要读书，其目的不出两端：一是从书中寻求智慧，寻求真理；二是从书中寻求娱乐。在过去许多年极"左"思潮的影响下，人们只敢谈第一个作用，而第二个娱乐性，则有点谈虎色变，不敢涉及。连众多的中国文学史中，也着重鹦鹉学舌式地大谈所谓思想性，而于文学作品不可或缺的艺术性，则敷衍潦草说上几句扯淡的话。至于文学作品的娱乐性则宛如禁区，无人敢问津矣。

把我上面谈到的两种看法结合起来再看《五卷书》，我认为，它既能给我们以智慧，又能给我们以怡悦。在 20 世纪是如此，在 21 世纪依然是如此。

《五卷书》再版新序（2000 年 8 月 23 日）

近若干年以来，我一直在考虑一个问题。人生一世，必须处理好三个关系：第一，人与大自然的关系，也就是天人关系；第二，人与人的关系，也就是社会关系；第三，个人身、口、意中正确与错误的关系，也就是修身问题。这三个关系紧密联系，互为因果，缺一不可。这些说法也许有人认为太空洞，太玄妙。我看有必要分别加以具体的说明。

首先谈人与大自然的关系。在人类成为人类之前，他们是大自然的一个不可或缺的组成部分。等到成为人类之后，就同自然闹起独立性来，把自己放在自然的对立面上。尤有甚者，特别是在西方，自从产业革命以后，通过所谓发明创造，从大自然中得到了一些甜头，于是诛求无餍，最终提出了"征服自然"的口号。他们忘记了一个基本事实，人类的衣、食、住、行的所有的资料都必须取自于大自然。大自然不会说话，"天何言哉！"但是却能报复。恩格斯说过："我们不能过分陶醉于我们对自然界的胜利，对于每一次这样的胜利，自然界都报复了我们。"在一百多年以前，大自然的报复还不十分明显，恩格斯竟能说出这样准确无误又含意深远的话，真不愧是马克思主义伟大的奠基人之一！到了今天，大自然的报复已经十分明显，十分怵目惊心，举凡臭氧出洞，温室效应、全球变暖、淡水短缺、生态失衡、物种灭绝、人口爆炸、资源匮乏、新疾病产生、旧环境污染，如此等等，不胜枚举。其中哪一项如果得不到控制都能影响人类的生存前途。到了这样危急关头，世界上一些有识之士才憬然醒悟，开了一些会，采取了一些措施。世界上一些国家的领导人也知道要注意环保问题了。这都是好事；但是，根据我个人的看法，还都是不够的。我们必须努力发出狮子吼，对全世界发聋振聩。

其次，我想谈一谈人与人的关系。自从人成为人以后，就逐渐形成了一些群体，也就是我们现在称之为社会的组织。这些群体形形色色，组织形式不同，组织原则也不同。但其为群体则一也。人与人之间，有时候利益一致，有时候也难免产生矛盾。举一个极其简单的例子，比如讲民主，讲自由，都不能说是坏东西；但又都必须加以限制。就拿大城市交通来说吧，绝对的自由是行不通的，必须有红绿灯，这就是限制。如果没有这个限制，大城市一天也存在不下去。这里撞车，那里撞人，弄得人人自危，不敢出门，社会活动会完全停止，这还能算是一个社会吗？这只是一个小例子，类似的大小例子还能举出一大堆来。因此，我们必须强调要处理好社会关系。

最后，我要谈一谈个人修身问题。一个人，对大自然来讲，是它的对立面；对社会来讲，是它的最基本的组成部分，是它的细胞。因此，在宇宙间，在社会上，一个人所处的地位是十分关键的。一个人在思想、语言和行动方面的正确或错误是有重要意义的。一个人进行修身的重要性也就昭然可见了。

写到这里，也许有人要问：你不是谈伦理道德问题吗，怎么跑野马跑到正确处理三个关系上去了？我敬谨答曰：我谈正确处理三个关系，正是谈伦理道德问题。因为，三个关系处理好，人类才能顺利发展，社会才能阔步前进，个人生活才能快乐幸福，这是最高的道德，其余那些无数的烦琐的道德教条都是从属于这个最高道德标准的，这个道理，即使是粗粗一想，也是不难明白的。如果这三个关系处理不好，就要根据"不好"的程度而定为道德上有缺乏，不道德或"缺德"。严重的"不好"，就是犯罪。这个道理也是容易理解的。

《漫谈伦理道德》(2001 年 5 月 25 日)

把以上所讲的归纳起来看，本文中所讲三个关系，第二个关系社会关系和第三个个人修身问题，人们早已注意到了，而且一贯加以重视了。至于天人关系，虽也已注意到，但只是片面讲，其间的关系则多所忽略，特别是对大自然能够报复，则认识比较晚，这情况中西皆然。只是到了西方产业革命以后，西方科技发展迅猛，人们忘乎所以，过分相信人定胜天的力量，以致受到了自然的报复，才出现了恩格斯所说的那种情况。到了今天，世界上一些有识之士，其中包括一些国家领导人，如梦初醒，惊呼"环保"不止。然而，从世界范围来看，并不是每个人都清醒够了。污染大气，破坏生态平衡的举动仍然到处可见。我个人的看法是不容乐观，因此我才把处理好天人关系提高到伦理道德的高标准来加以评断。

从一部人类发展前进的历史来看，三个关系的各自的对立面并不是固定不变的，而是变动不居的。因此制约这些关系的伦理道德教条也不可能一成不变。各个时代，各个民族，各个国家，情况不一，要求不一，道德标准也不可能统一。因此，我们必须提出，对过去的道德标准一定要批判继承。过去适用的，今天未必适用。今天适用的，将来未必适用。在道德教条中有的寿命长，有的寿命短。有的可能适用于全人类，有的只能适用于某一些地区。适用于一切时代，一切地区，万古长青的道德教条恐怕是绝无仅有的。

《漫谈伦理道德》(2001 年 5 月 25 日)

自古以来，中国就主张"和谐"，"礼之用，和为贵，先王之道，斯为美"。时至今天，我们又提出"和谐"这一概念，这是我们中华民族送给世界的一个伟大礼物，希望全世界能够接受我们这个"和谐"的概念，那么，我们这个地球村就可以安静许多。

有个问题，我考虑很久，我们讲和谐，不仅要人与人和谐，人与自然和谐，还要人内心和谐。中国现在正大力提倡构建和谐社会，可以说是适逢其时。我活了将近一百年了，从未看到过这么好的一个时代。

要想达到个人和谐的境界，需要具备两个条件：良知和良能。知是认识，能是本领。良知是基础，良能是保障，两者缺一不可。知行合一，天人合一，方能和谐。良知是什么？概括起来就是八个字：爱国、孝亲、尊师、重友，这在中国传统文化中都有。一个人如果做到了这一点，那就可以说他是个人和谐了，而每一个人都和谐了，那整个社会也就和谐了。

引自卞毓方《一位文化老人的"和谐观"》，《人民日报》（2007年7月27日第11版）

七 中华优秀传统文化：知与行

传统文化代表文化的民族性，现代化代表文化的时代性。二者都是客观存在，是否定不掉的。二者之间的关系是矛盾统一，既相反，又相承。历史上所谓现代化，是指当时的"现代"，也可以叫作时代化。

所谓现代化或者时代化，必须有一个标准，这就是当时世界上在文化发展方面已经达到的最高水平。既然讲到世界水平，那就不再是一个国家或一个民族的事情。因此，不管哪一个时代、哪一个国家的现代化，总是同文化交流分不开的。文化交流是人类历史上以及现在人类最重要的活动之一。现代化或者时代化一个最重要的内容就是进行文化交流，大力吸收外来的文化，加以批判接受。对于传统文化，也要批判继承，二者都不能原封不动。原封不动就失去生命活力，人类和任何动物植物失去了生命活力，就不能继续生存。

在历史上任何时代，任何正常发展的国家都努力去解决传统文化与现代化的矛盾。这一个矛盾解决好了，达到暂时的统一，文化就能得到进一步的发展，国家的社会生产力也会得到进一步的发展，经济就能繁荣。解决不好，则两败俱伤。只顾前者则流于僵化保守；只顾后者则将成为邯郸学步，旧的忘了，新的不会。

中国历史上的事实可以充分证明上述的看法。试以汉代为例。汉武帝在位期间是汉代国力达到顶峰的时代。在政治方面和经济方面都有辉煌的成就。在文化思想方面，董仲舒的"罢黜百家，独尊儒术"，可以说是保存传统文化的一种办法。但是当时的人们并没有仅仅对儒家思想抱残守缺，死死抱住不放，而是放眼世界，大量吸收外来的东西。从那时候起，许多外国的动物、植物、矿物，以及其他产品从西域源源传入中华，比如葡萄、胡瓜、胡豆、胡麻、胡桃、胡葱、胡蒜、石榴、胡椒、苜蓿、骆驼、汗血马、璧琉璃等等都是当时传入的。西域文化，比如音乐、雕刻等也陆续传入。稍晚一点，佛教也传了进来。另一方面，中国的丝和丝织品也沿着丝绸之路传到了中亚和欧洲。总之，汉武帝及其以后的长时间中，一方面发扬传统文化，一方面大搞"时代化"。尽管当时不会有什么时代化或现代化之类的概念，人们也许根本没有意识到他们是在进行这样伟大的事业；但是他们确实这样做了，而且取得了辉煌的成果。历史的辩证法就是如此。文化交流大大地促进了汉代文化的发展，也促进了国际上文化的发展。汉武帝前后的时代遂成为中国历史上最光辉灿烂的时代之一。

我再举唐代作一个例子。李唐的家世虽然可能与少数民族有某一些联系，但是几个著名的皇帝，特别是唐太宗，对保护中华民族、主要是汉族传统文化做了大量的工作。文学、艺术、书法、绘画、哲学、宗教等文化的各个方面都得到了可喜的发展。中华文化还大量向外国输出，日本是一个显著的例子。唐太宗本人，武功显赫，文治辉煌。他是政治家、军事家，又是书法家和诗人。贞观时代，留居长安的外国人数量极大。他们带来了各自国家的物质和精神文化，又带回中国文化。盛唐时期遂成为中国历史上最兴盛的时期之一，长安成为当时世界上第一大都会，唐王朝成为经济最发达、力量最雄厚的国家。

例子还可以举出一些来，但是这两个已经够了。这一些例子透露了一条规律：在中国历史上，凡是国力强盛时，对外文化交流，也可以叫做时代化，就进行得频繁而有生气。这反过来又促进了本国社会生产力的发展，使国力更加强盛。凡是国力衰竭时，就闭关自守，不敢进行文化交流。这反过来更促成了国力的萎缩。打一个也许不太确切的比方：健康的人，只要有营养，什么东西都敢吃，结果他变得更加健康；患了胃病或者自以为有病的人，终日愁眉苦脸，哼哼唧唧，嘀嘀咕咕，这也不敢吃，那也不敢动，结果无病生病，有病加病，陷入困境，不能自拔。

清朝末年，被外国殖民主义者撞开了大门，有识之士意识到，不开放，不交流，则国家必无前途；保守者则大惊失色，决定死抱住国粹不放，决不允许时代化。当时许多有名的争论，什么夷夏之辩，什么体用之争，又是什么本末之分，都与此有关。这是一个国家似醒非醒时的一种反映，其中也包含着传统文化与现代化的斗争。以后经历了民国、军阀混战、国民党统治等混乱的时期，终于迎来了解放。

在解放初期，我们的国家是健康的。对于传统文化不一概抹杀，对于外来文化也并不完全拒绝。对于保护传统文化曾有过一点极"左"的干扰，影响不是很大。到了"四人帮"肆虐时期，情况完全变了。"四人帮"一伙既完全不懂传统文化，又患了严重的"胃病"，坚决拒绝一切外来的好东西。谁要是想学习外国的一点好东西，"崇洋媚外"、"洋奴哲学"等等莫须有的帽子就满天飞舞，弄得人人谈"洋"色变。如果"四人帮"不垮台，"胃病"势将变成"胃癌"，我们国家的前途就岌岌可危了。十一届三中全会以后，我们国家又恢复了健康。我们既提倡保护传统文化，加以分析，批判继承，又提倡对外开放，大搞现代化。纵观几千年的中国历史，人们不能不承认，这是盛世之一，是最高的盛世，是正确处理传统文化与现代化这一对矛盾的典范。从这正确的处理中，我们可以看出，所谓"全盘西化"是理论上讲不通、事实上办不到的。世界上还没有哪一个西方以外的国家全盘西化过。

《传统文化与现代化》(1987 年 6 月 6 日)

张载是宋代的理学大家之一。在遵照唯物主义和唯心主义斗争的条条框框写成的中国哲学史中，他一向被认为是唯物主义者。我对这种愣贴标签的、把哲学现象过分简单化的做法是不敢苟同的。这且不去说它。我现在引他一些话，补"新解"之不足。

"天人合一"思想在张载的著作中，到处都有表现。比如在《正蒙》中他说："爱必兼爱。"他又说，"物无孤立之理。"意思就是，事事物物都互相联系。这同我多次提到的东方文化的特点：整体概念、普遍联系，是一个意思。表现"天人合一"思想最鲜明、最深刻的例子，是张载著名的《西铭》（后收入《正蒙》中）。《西铭》极短，我不妨全文抄出：

> 乾称父，坤称母；予兹藐焉，乃混然中处。故天地之塞，吾其体；天地之帅，吾其性。民，吾同胞；物，吾与也。大君者，吾父母宗子；其大臣，宗子之家相也。尊高年，所以长其长；慈孤弱，所以幼其（吾）幼。圣其合德，贤其秀也。凡天下疲癃残疾、惸独鳏寡，皆吾兄弟之颠连而无告者也。于时保之，子之翼也；乐且不忧，纯乎孝者也。

张载就补充这样多。在当时，张载同程朱一派的理学家意见是不同的，甚至是矛盾的。但是对张载这种鲜明的"天人合一"的思想，程朱也是赞赏的。可见这种思想，在中国哲学史上，是深入人心的。

《关于"天人合一"思想的再思考》（1993 年）

我们中华民族拥有五千年的光辉灿烂的文化，对人类做出了卓越的贡献。很难想像，世界上如果缺少了中华文化会是一个什么样子。前几年，弘扬中华优秀文化的号召一经提出，立即受到了国内外炎黄子孙的热烈拥护。原因何在呢？这个号召说到了人们的心坎上。弘扬什么呢？怎样来扬呢？这就需要认真地研究。我们的文化五色杂陈，头绪万端。

我们要像韩愈说的那样："沉浸醲郁，含英咀华。"经过这样细细品味，认真分析的工作，把其中的精华寻找出来，然后结合具体情况，从而发扬光大之，期有利于中国人民和世界人民的前进与发展。"国学"就是专门做这件工作的一门学问。旧版《辞源》上说："国学，一国所固有之学术也。"话虽简短朴实，然而却说到了点子上。七八十年以来，这个名词已为大家所接受。除了"脑袋里有一只鸟"的人（借用德国现成的话），大概不会再就这个名词吹毛求疵。如果有人有兴趣有工夫去探讨这个词儿的来源，那是他自己的事，我无权反对。

国学绝不是"发思古之幽情"。表面上它是研究过去的文化的，因此过去有一些学者使用"国故"这样一个词儿。但是，实际上，它既与过去有密切联系，又与现在甚至将来有密切联系。现在我们不是都谈建设有中国特色的社会主义吗？什么叫"特色"？特色表现在什么地方？我曾反复思考过这个问题。我觉得，科技对我们国家建设来说，对发展生产力来说，是非常重要的，万万不能缺少的。但是，科技却很难表现出什么特色。你就是在原子能、电脑、宇宙飞船等等尖端科技方面。有突出的成就，超过了世界先进国家，同其他国家比较起来，也只能是程度的差别，是水平的差别，谈不到什么特色。我姑且称这些东西为"硬件"。硬件的本质都是一样的，没有什么特色可言。

特色最容易表现在精神文化方面，我姑且称之为"软件"，哲学、宗教、文学、艺术、伦理、道德、经营、管理等等都属于这个范畴。这些东西也是能够交流的，所谓"固有"并不排除交流，这个道理属于常识范围。以上这些学问基本上都保留在我们所说的"国学"中。其中有不少的东西可以说是中华文化、中华智慧的结晶，直至今日，不但对中国人发挥影响，它的光辉也照到了国外去。最近听一位国家教委的领导说，他在新德里时亲耳听到印度总统引用中国《管子》关于"十年树木，百年树人"的话。在巴基斯坦他也听到巴基斯坦总理引用中国古书中的话，足征中华智慧已深入世界人民之心。这是我们中国人应该感到骄傲的。所有这一些中国智慧都明白无误地表露了中国的特色。它产生于中国的过去，却影响了中国和世界的今天，连将来也会受到影响。事实已经证明，连外国人都会承认这一点的。

《国学漫谈》（1993 年）

国学的作用还不就到此为止，它还能激发我们整个中华民族的爱国热情。"爱国主义"是一个好词儿，没有听到有人反对过。但是，我总觉得，爱国主义有真伪之分。在历史上，被压迫被侵略的民族，为了自己的生存与尊严，不惜洒热血、抛头颅，奋抗顽敌，伸张正义。这是真爱国主义。反之，压迫别人，侵略别人的民族，有时候也高呼爱国主义，然而却不惜灭绝别的民族。这样的"爱国主义"是欺骗自己人民的口号，是蒙蔽别国人民的幌子，它实际上是极端民族沙文主义的遮羞布。例子不用举太远的，近代的德、意、日法西斯主义就是这一类货色。这是伪爱国主义。

中国的爱国主义怎样呢？它在主体上是属于真爱国主义范畴的。有历史为证。不管我们在漫长的封建时期内，"天朝大国"的口号喊得多么响，事实上我国始终有外来的侵略者，主要来自北方，先后有匈奴、突厥、辽、金、蒙、满等等。今天，这些民族基本上都成了中华民族的组成部分；但在当时只能说是敌对者，我们不能否定历史的本来面目。在历史上，连一些雄才大略的开国君主也难以逃避耻辱。刘邦曾被困于平城，李渊曾称臣于突厥，这是最明显的例子。我们也不能说，中国过去没有主动地侵略过别人，这情况也是有过的，但不是主流，主流是中国始终受到外来的威胁。正是由于这个原因，我们中国人民敬仰、歌颂许多爱国者，岳飞、文天祥、史可法等等都是。一直到今天，爱国主义，真正的爱国主义，始终左右我们民族的心灵。我常说，北京大学的优良传统之一，就是爱国主义，我这说法得到了许多人的赞同。探讨和分析中国爱国主义的来龙去脉，弘扬爱国主义思想，激发爱国主义热情，是我们今天"国学"的重要任务。国学的任务可能还可以举出一些来，以上三大项，我认为，已充分说明其重要性了。

《国学漫谈》（1993 年）

　　然而，中国知识分子也是极难对付的家伙。他们的感情特别细腻、锐敏、脆弱、隐晦。他们学富五车，胸罗万象。有的或有时自高自大，自以为"老子天下第一"；有的或有时却又患了弗洛伊德讲的那一种"自卑情结"（inferiority complex）。他们一方面吹嘘想"通古今之变，究天人之际"，气魄贯长虹，浩气盈宇宙；有时却又为芝麻绿豆大的一点小事而长吁短叹，甚至轻生，"自绝于人民"。关键问题，依我看，就是中国特有的"国粹"——面子问题。"面子"这个词儿，外国文没法翻译，可见是中国独有的。俗话里许多话都与此有关，比如"丢脸"、"真不要脸"、"赏脸"，如此等等。"脸"者，面子也。中国知识分子是中国国粹"面子"的主要卫道士。

　　尽管极难对付，然而中国历代统治者哪一个也不得不来对付。古代一个皇帝说："马上得天下，不能马上治之！"真是一针见血。创业的皇帝决不会是知识分子，只有像刘邦、朱元璋等这样一字不识的，不顾身家性命，"厚"而且"黑"的，胆子最大的地痞流氓才能成为开国的"英主"。否则，都是磕头的把兄弟，为什么单单推他当头儿？可是，一旦创业成功，坐上金銮宝殿，这时候就用得着知识分子来帮他们治理国家。不用说国家大事，连定朝仪这样的小事，刘邦还不得不求助于知识分子叔孙通。朝仪一定，朝廷井然有序！共同起义的那一群铁哥儿们，各个服服帖帖，跪拜如仪，让刘邦"龙心大悦"，真正尝到了当皇帝的滋味。

　　同面子表面上无关实则有关的另一个问题，是中国知识分子的处世问题，也就是隐居或出仕的问题。中国知识分子很多都标榜自己无意为官，而实则正相反。一个最有典型意义又众所周知的例子就是"大名垂宇宙"的诸葛亮。他高卧隆中，看来是在隐居，实则他最关心天下大事，他的"信息源"看来是非常多的。否则，在当时既无电话电报，甚至连写信都十分困难的情况下，他怎么能对天下大势了如指掌，因而写出了有名的《隆中对》呢？他经世之心昭然在人耳目，然而却偏偏让刘先主三顾茅庐然后才出山"鞠躬尽瘁"。这不是面子又是什么呢？

我还想进一步谈一谈中国知识分子的一个非常古怪、很难以理解又似乎很容易理解的特点。中国古代知识分子贫穷落魄得多。有诗为证："文章憎命达。"文章写得好，命运就不亨通；命运亨通的人，文章就写不好。那些靠文章中状元、当宰相的人，毕竟是极少数，而且中国文学史上根本就没有哪一个伟大文学家中过状元。《儒林外史》是专写知识分子的小说。吴敬梓真把穷苦潦倒的知识分子写活了。没有中举前的周进和范进等的形象，真是入木三分，至今还栩栩如生。中国历史上一批穷困的知识分子，贫无立锥之地，决不会有面团团的富家翁相。中国诗文和老百姓嘴中有很多形容贫而瘦的穷人的话，什么"瘦骨嶙峋"，什么"骨瘦如柴"，又是什么"瘦得皮包骨头"，等等，都与骨头有关。这一批人一无所有，最值钱的仅存的"财产"就是他们这一身瘦骨头。这是他们人生中最后的一点"赌注"，轻易不能押上的，押上一输，他们也就"涅槃"了。然而他们却偏偏喜欢拼命，喜欢拼这一身瘦老骨头。他们称这个为"骨气"。同"面子"一样，"骨气"这个词儿也是无法译成外文的，是中国的国粹。要举实际例子的话，那就可以举出很多来。《三国演义》中的祢衡，就是这样一个人，结果被曹操假手黄祖给砍掉了脑袋瓜儿。近代有一个章太炎，胸佩大勋章，赤足站在新华门外大骂袁世凯，袁世凯不敢动他一根毫毛，只好钦赠美名"章疯子"，聊以挽回自己的一点面子。

中国这些知识分子，脾气往往极大。他们又仗着"骨气"这个法宝，敢于直言不讳。一见不顺眼的事，就发为文章，呼天叫地，痛哭流涕，大呼什么"人心不古，世道日非"，又是什么"黄钟毁弃，瓦釜雷鸣"。这种例子，俯拾即是。他们根本不给当政的最高统治者留一点面子，有时候甚至让他们下不了台。须知面子是古代最高统治者皇帝们的命根子，是他们的统治和尊严的最高保障。因此，我就产生了一个大胆的"理论"：一部中国古代政治史至少其中一部分就是最高统治者皇帝和大小知识分子互相利用又互相斗争，互相对付和应付，又有大棒，又有胡萝卜，间或甚至有剥皮凌迟的历史。

《一个老知识分子的心声》（1995 年 7 月 18 日）

孝，这个概念和行为，在世界上许多国家中都是有的，而在中国独为突出。中国社会，几千年以来就是一个宗法伦理色彩非常浓的社会，为世界上任何国家所不及。

中国人民一向视孝为最高美德。嘴里常说的，书上常讲的三纲五常，又是什么三纲六纪，哪里也不缺少父子这一纲。具体地应该说"父慈子孝"是一个对等的关系。后来不知道是怎么一来，只强调"子孝"，而淡化了"父慈"，甚至变成了"天下无不是的父母"。古书上说："身体肤发，受之父母"，一个人的身体是父母给的，父母如果愿意收回去，也是可以允许的了。

历代有不少皇帝昭告人民："以孝治天下"，自己还装模作样，尽量露出一副孝子的形象。尽管中国历史上也并不缺少为了争夺王位导致儿子弑父的记载。野史中这类记载就更多。但那是天子的事，老百姓则是绝对不能允许的。如果发生儿女杀父母的事，皇帝必赫然震怒，处儿女以极刑中的极刑：万剐凌迟。在中国流传时间极长而又极广的所谓"教孝"中，就有一些提倡愚孝的故事，比如王祥卧冰、割股疗疾等等都是迷信色彩极浓的故事，产生了不良的影响。

但是中华民族毕竟是一个极富于理性的民族。就在已经被视为经典的《孝经·谏诤章》中，我们可以读到下列的话：

昔者天子有诤臣七人，虽无道，不失其天下；诸侯有诤臣五人，虽无道，不失其国；大夫有诤臣三人，虽无道，不失其家；士有诤友，则身不离于令名；父有诤子，则身不陷于不义。故当不义，则子不可以不诤于父，臣不可以不诤于君；故当不义，则诤之，从父之令，又焉得为孝乎？

这话说得多么好呀，多么合情合理呀！这与"天下无不是的父母"这一句话形成了鲜明的对立。后者只能归入愚孝一类，是不足取的。

到了今天，我们应该怎样对待孝呢？我们还要不要提倡孝道呢？据我个人的观察，在时代变革的大潮中，孝的概念确实已经淡化了。不赡养老父老母，甚至虐待他们的事情，时有所闻。我认为，这是不应该的，是影响社会安定团结的消极因素。我们当然不能再提倡愚孝；但是，小时候父母抚养子女，没有这种抚养，儿女是活不下来的。父母年老了，子女来赡养，就不说是报恩吧，也是合乎人情的。如果多数子女不这样做，我们的国家和社会能负担起这个任务来吗？这对我们迫切要求的安定团结是极为不利的。这一点简单的道理，希望当今为子女者三思。

《谈孝》(1999 年 5 月 14 日)

自清末以来，中国学术界由于种种原因，陆续出现了一些国学大师。我个人认为，最主要的原因是西方文化、西方学术思想和哲学思想，以排山倒海之势涌入中国，中国学坛上的少数先进人物，接受了西方的影响，同时又忠诚地继承和发展了中国古代优秀的学术传统，于是就开出了与以前不同的鲜丽的花朵，出现了少数大师，都是一次出现而又不可超越的。我想以章太炎划界，他同他的老师俞曲园代表了两个时代。章太炎是不可超越的，王国维是不可超越的，陈寅恪是不可超越的，汤用彤也同样是不可超越的。

我在上面多次讲到"不可超越"，是不是指的是学术到了这些大师手里就达到了极巅，达到了终点，不能再发展下去了呢？完全不是这个意思。学术会永远存在的，学术会永远发展下去的，只要地球存在，就有学术存在。但是学术发展的道路不是平坦的，不是永远一样的，不是均衡的。在这一条大路上，不时会有崇山峻岭出现，这种情况往往出现在有新材料被发现，有新观点出现，于时赓缘时会，少数奇才异能之士就会脱颖而出，这就是大师。大师也并不能一下子把所有的问题都能看到，又都能解决。大师解决的问题也不见得都能彻底。这就给后人留下了进一步探讨的余地。就这样，大师一代接一代地传下去。旧问题解决了，新问题又出现，永远有问题，永远有大师。每一个大师都是不可超越的，每一个大师都是一座丰碑。这一些丰碑就代表着学术的进步，是学术发展的道路上的一座座里程碑。

《汤用彤全集》序（1999 年 7 月 24 日）

普天之下，从来没有完全笔直平坦的道路。一个人，一个学术团体，所能走的道路，都不是完全笔直的，绝对平坦的。我们中国文化书院当然不能例外。回想十五年前，为了认真弘扬中华优秀文化，北京大学哲学系几位老中青教师，振臂一呼，就呼唤出一个中国文化书院。创业维艰，筚路蓝缕，凭着满怀壮志，一腔热血，不畏艰苦，一往无前，时而山重水复，时而柳暗花明，风风雨雨，颠颠簸簸，终于走到了今天，罗致了一批在海内外广有声誉的专家学者，还有了一个优美固定的院址，颇成气候了。

这样的十五年是值得庆祝的十五年。

从中国学术史和教育史上来看，几千年来一向是两条腿走路的，一公一私，而又以私为主。私人办的通称书院，历代真正的大学者多出身于书院，或者自己办书院。这种例子，俯拾即是。近一百多年以来，欧风东渐，中国才开始官办大中小学，私人办学的那一条腿逐渐萎缩或者痿缩，到了建国以后，竟完全禁止了。根据我个人和许多人的看法，这不是明智之举，大大不利于中国学术和教育的发展。幸而，最近几年以来，当局施行了明智的政策，允许私人办学。对我们中国文化书院来说，这实在是空前的良机，必须想方设法加以利用的。

顾名思义，我们书院是研究和弘扬中国文化的。狭义的文化属于人文社会科学范畴。而人文社会科学同自然科学和技术是有很大不同的。科学技术专家，一到六七十岁退休的年龄，有的耳有点不聪，有的目有点不明，难以再进实验室，拿手术刀手也发颤，只好退而且休了。而人文社会科学家，则到了这样的年龄都是如日中天，正是读书写作的大好时候。即使耳目有点小毛病，甚至大毛病，也无大碍。此时他们书读得越来越多了，知人论事的能力越来越强了，通古今之变的本领越来越高了，究天人之际的愿望越来越旺了，即使遵章退休，也往往是退而不休。我们中国文化书院所礼聘的正是这样的一些学者。我们的导师不限于中国内地，港、澳、台，甚至国外，都有一些。这是极可宝贵的一个学术群体，对弘扬中华文化，促进学术交流，增强学者间的了解，加深民族间的友谊，我们都做出了一些可贵的贡献。

过去的十五年，是书院辉煌的十五年。

眼前的政治环境，对我们极为有利，它给我们提供了空前的机遇。我们一定要抓住这个机遇，把我们的优势充分发挥出来。我们准备创办一所大学，汤一介院长已经致函各位导师及有关人士征求意见。我们还准备聘一些学有专长的中青年学者为本院导师，以免后顾无人之忧。办大学，走的是西方化的道路，聘导师继承的是中国固有的传统。我们将努力把二者结合起来。牛津、剑桥等世界著名的历史悠久的大学尚矣。白鹿洞书院、东林书院等中国传统的学术机构光辉犹存。二者不可偏废。二十年代的清华国学研究院，虽创办仅四五年，而人才辈出，虽有研究院之名，其精神实与古代书院暗合。这实在是一件十分值得令人深思的事情，其经验必须予以慎重而实事求是的总结。

现在十五年已经过去了。我们过去走过的道路坎坷不平，将来要走的道路也绝不会一帆风顺。回顾过去，感创业之维艰；瞻望前途，又见未来之辉煌。我们中国文化书院的同仁们，决不会为困难而委靡不振，也决不会为胜利而狂傲自得。我们走在大路上，一步一个脚迹。我相信，在我们将来庆祝创办二十周年或更长的时间时，我们中国文化书院将会以越来越新，越来越成熟的面貌，向全世界展现我们的辉煌。

《中国文化书院十五周年华诞纪念论文集》序（1999 年 9 月 1 日）

两千多年以来，中国哲学史上始终有一个争论不休的问题：性善与性恶。孟子主性善，荀子主性恶，这是众所周知的事实。两说各有拥护者和反对者，中立派就主张性无善无恶说。我个人的看法接近此说，但又不完全相同。如果让我摆脱骑墙派的立场，说出真心话的话，我赞成性恶说，然则根据何在呢？

由于行当不对头——我重点搞的是古代佛教历史、中亚古代语文、佛教史、中印和中外文化交流史……我对生理学和心理学所知甚微。根据我多年的观察与思考，我觉得，造物主或天或大自然，一方面赋予人和一切生物（动植物都在内）以极强烈的生存欲，另一方面又赋予它们极强烈的发展扩张欲。一棵小草能在砖石重压之下，以惊人的毅力，钻出头来，真令我惊叹不置。一尾鱼能产上百上千的卵，如果每一个卵都能长成鱼，则湖海有朝一日会被鱼填满。植物无灵，但有能，它想尽办法，让自己的种子传播出去。类似的例子，举不胜举。但是，与此同时，造物主又制造某些动植物的天敌，大鱼吃小鱼，小鱼吃虾米，猫吃老鼠，等等，等等，总之是，一方面让你生存发展，一方面又遏止你生存发展，以此来保持物种平衡，人和动植物的平衡。这是造物主给生物开玩笑。老子说："天地不仁，以万物为刍狗。"意思与此差为相近。如此说来，荀子的性恶说能说没有根据吗？荀子说："人之性恶，其善者伪也。""伪"字在这里有"人为"的意思，不全是"假"。总之，这说法比孟子性善说更能说得过去。

《关于人的素质的几点思考》（1999 年）

写到这里，我认为可以谈道德问题了。道德讲善恶，讲好坏，讲是非，等等。那么，什么是善，是好，是是呢？根据我上面的说法，我们可以说：自己生存，也让别的人或动植物生存，这就是善。只考虑自己生存不考虑别人生存，这就是恶。《三国演义》中说曹操有言："只教我负天下人，不教天下人负我。"这是典型的恶。要一个人不为自己的生存考虑，是不可能的，是违反人性的。只要能做到既考虑自己也考虑别人，这一个人就算及格了，考虑别人的百分比愈高，则这个人的道德水平也就愈高。百分之百考虑别人，所谓"毫不利己，专门利人"，是做不到的，那极少数为国家、为别人牺牲自己性命的，用一个哲学家的现成的话来说是出于"正义行动"。

只有人类这个"万物之灵"才能做到既为自己考虑，也能考虑到别人的利益。一切动植物是绝对做不到的，它们根本没有思维能力。它们没有自律，只有他律，而这他律就来自大自然或者造物主。人类能够自律，但也必须辅之以他律。康德所谓"消极义务"，多来自他律。他讲的"积极义务"，则多来自自律。他律的内容很多，比如社会舆论、道德教条等等都是。而最明显的则是公安局、检察机构、法院。

《关于人的素质的几点思考》（1999 年）

说在中国传统文化的宝库中，中国传统道德是最重要的一部分内容，这话完全正确。因为从世界各国来看，像中国这样几千年如一日重视伦理道德的还没有第二个国家。什么叫做中国传统道德？或者说中国传统道德有哪些内容呢？这个问题很复杂，每个人的回答都可能不一样。我讲讲自己的看法，我想这里面起码应包括这么几部分内容。

第一，正如我的老师——清华大学陈寅恪教授曾经说过的《白虎通》当中的三纲六纪是中国文化的精华。什么叫三纲呢？就是君臣、父子、夫妇。他讲的当然是君为臣纲，父为子纲，夫为妻纲。这里边有糟粕，如夫妻应该是平等的，怎么男人成了女人的纲了呢？这个我们先不讲它。六纪，一是仲父，就是父亲的兄弟姊妹；二是兄弟；三是族人；四是族舅，就是母亲家的人；五是师长；六是朋友。他说，这三纲六纪是中国文化的中心，我看他的话很有道理。因为人类自有社会以来，必然要有一种规则来维系，不然的话社会就乱七八糟。现在马路上为什么要有交通警？为什么要有红绿灯？这就是一种规则，一种规章制度，要求大家都来遵守，这样社会生活才能进行。要是没有这些规则，社会生活就不能进行。《白虎通》的三纲六纪，把当时社会所有的人际关系都规定了。

第二，我们的文化还有一个提法，是我们的特点，就是"格、致、正、诚、修、齐、治、平"。意思就是格物、致知、诚意、正心、修身、齐家、治国、平天下八个步骤。先从自己开始格物，就是了解事物，了解以后致知，把规律找出来，正心、诚意就不用讲了，修身就是修自己，然后齐家，把家治好，然后再治国，治国以后是平天下。就是从个人内心一直到天下。那么，什么叫国，什么叫天下呢？在周代来讲，像齐国、燕国、郑国等国是国，天下则指整个周代的中国。现在像中国、日本叫国，天下就是世界。个人要从内心出发，正心、诚意，一直推到治国、平天下。这套系统的步骤，属于伦理道德范畴，也属于政治范畴，是其他任何国家所没有的。

第三，"礼义廉耻，国之四维。"就是说，礼义廉耻是国家的四个支柱。除了这个提法外，古人还提出了"孝悌忠信，礼义廉耻"等说法，意思都差不多。

上述三个方面是古代伦理道德最先最主要的内容。懂得了这三个方面的内容，大体就了解了中国伦理道德最基本的内容。我们的道德伦理

又全面又有体系，其他的内容当然就多了，需要写一部中国伦理学史来
阐述。

《略说中国传统文化及其特点》①

中国传统道德是中国传统文化当中最精华的内容，它在世界人类文
明遗产中的特殊性非常之明显。为什么这么说呢？因为世界上任何国
家，从古希腊一直到古印度，尽管每个国家都有自己的道德规范，每个
民族都有自己的道德规范，可是内容这么全面、年代这么久远、涉及面
这么广泛的道德规范，在全世界来看，中国是惟一的。现在中国周围这
些国家，像日本、韩国、越南等，有一个名词叫汉文化圈，属于汉文化
圈的国家基本上都受我国的影响。

我们一向讲中国是四大文明古国之一。现在我们的考古发现越多，
就越证明我们的历史长久。比如"五四"时代连尧、舜、禹、汤的禹都
有怀疑是不是确有其人，现在已经证明了有禹这个人。随着考古学的不
断进步，我估计将来考古发现不但有夏、有禹，一定还会有更古的尧、
舜，还要往上发展。总而言之，我看法是考古发现越多，我们的历史越
长。这是从形成的历史时间看。

那么从具体内容上看，我们民族的特点就更明显了。

比如"孝"这个概念，"三纲五常"里面都有。除了中国以外，全
世界各国都没有这么具体。何以证之呢？可以看一看欧洲现在社会的情
况跟我们作比较。当然现在青年人也不像以前那样愚忠愚孝，"割肉疗
母"我们也不提倡，可是就拿眼前来讲，我们中国的青年人还比世界各
国的要孝得多，虽然程度不如以前了。我是研究语言的，有件事情很有
意思：把"孝"这个词翻译为英语，用一个词翻译不出来，得用两个
词。什么原因呢？因为虽然不能说外国没有孝，但是孝并非作为一个很

---

① 邓九平编：《季羡林文化论集》，同心出版社 2001 年版。

重要的概念，所以译过去就得用两个词。英文里面的两个什么词呢？就是儿女的"虔诚"与"尊敬"，而在中文中光一个"孝"就够了。这就说明"孝"这个词有中国的特点。

《略说中国传统文化及其特点》

我认为中国伦理道理中有两点值得提倡，第一点是讲气节、骨气。一个人要有骨头。我们现在不是还讲解放军硬骨头六连吗？文章也讲风骨。骨头本来是讲一种生理的东西，用到人身上，就是指人要讲气节。孟子就讲富贵不能淫，贫贱不能移，威武不能屈，此之谓大丈夫。富贵我们也不怕，贫贱我们也不怕，威武我们也不怕，这在别的国家是没有的。就是说作为一个人，我有我的人格，顶天立地，不管你多大的官，多么有钱，你做得不对我照样不买你的账。例子很多。《三国演义》里有个祢衡敢骂曹操，不怕他能杀人。近代的章太炎，他就敢在袁世凯住进中南海称帝时，到中南海新华门前骂袁称帝。这种骨气别的国家也不提倡。"骨气"这个词也不好译，翻成英文也得用两个词：道德的"反抗的力量"，或者"不屈不挠的力量"，我们用一个"气节"、"骨气"，多么简洁明了。我们中国的小说中，随便看看，都有像祢衡这样的人。我们为什么崇拜包公？就是因为他威武不能屈。皇帝掌握生杀大权，但皇帝做错的包公照样不买账；达官显贵虽然有钱有势，包公也照样不买账。这种品行外国是不提倡的。

我常对年轻人讲，不仅在国内要有人格，不能一见钱就什么都不讲了，出国也要有国格，不能忘记自己是中国人，不能忘记国格。

第二点是爱国主义。世界上真正提倡爱国主义的是中国。比如苏武北海牧羊而气节不改的故事，连小孩都知道。写《满江红》的抗金英雄岳飞，他的爱国精神更是历代传颂，后人在杭州西湖边专给他盖了一座庙。又如文天祥，谁都知道他的名言"人生自古谁无死，留取丹心照汗青"，全国都有他的祠堂。近代、现代的爱国英雄也多得很，如抗日战争中的张自忠、佟麟阁等等。

145

关于中国传统道德在世界文明史中的地位问题，我想最好先举例来说明。大家都知道《歌德谈话录》这本书，在 1827 年 1 月 30 日歌德与爱克曼的谈话录中，歌德说："我今天看了一本中国的书：《好逑传》。中国人了不起，在中国人眼中人跟宇宙合而为一（这是我这几年宣传的人与大自然和谐），男女谈情说爱，相互彬彬有礼，那么和谐、和睦，这个境界我们西方没有。"可以说，《好逑传》在中国文学史上最多与《今古奇观》处在一个水平上，甚至中国文学史也不会写它。可是传到欧洲，当时欧洲文化的第一代表人歌德却大加赞美。但他是有根据的，虽然我国这类才子佳人题材的小说有些理想化，像《西厢记》；但是在当时的西方文化泰斗看来，起码中国作者心中的境界是很高的。歌德指出的这一点不是很值得我们回味吗？

我认为，从世界文化发展趋向看，中国文化包括中国道德的精华，在 21 世纪的将来，会在人类精神文明的发展中，发挥更重要的作用。这是我所期望的。

《略说中国传统文化及其特点》

全世界都承认，中国是伦理道德的理论和实践最发达的国家。中国伦理道德的基础是先秦时期的儒家打下的，在其后发展的过程中，又掺杂进来了一些道家思想和佛家思想，终于形成了现在这样一个伦理体系，仍在支配着我们的社会行动。这个体系貌似清楚，实则是一个颇为模糊的体系。三教信条你中有我，我中有你，绝不是泾渭分明的。但仍以儒家为主，则是可以肯定的。

儒家的伦理体系在先秦初打基础时以孔子和孟子为代表。孔子的学说的中心，也可以说是伦理思想的中心是一个"仁"字。这个说法已为学术界比较普遍地所接受。孟子学说的中心，也可以说伦理思想的中心是"仁""义"二字。对此学术界没有异词。先秦其他儒家的学说，我们不一一论列了。至于先秦以后几千年儒家学者伦理道德的思想，我在这里也不一一论列了。一言以蔽之，他们基本上沿用孔孟的学说，间或有所增益或有新的解释，这是事物发展的必然规律，不足为怪。不这样，反而会是不可思议的。

多少年来，我个人就有个想法。我觉得，儒家伦理道德学说的重点不在理论而在实践。先秦儒家已经安排好了的：格物、致知、诚意、正心、修身、齐家、治国、平天下，是大家所熟悉的。这样的安排极有层次，煞费苦心，然而一点理论的色彩都没有。也许有人会说，人家在这里本来就不想讲理论而只想讲实践的。我们即使承认这一句话是对的，但是，什么是"仁"，什么是"仁""义"？这在理论上总应该有点交代吧，然而，提到"仁""义"的地方虽多，也只能说是模糊语言，读者或听者并不能得到一点清晰的概念。

秦代以后，到了唐代，以儒家道统传承人自命的大儒韩愈，对伦理道德的理论问题也并没有说清楚。他那一篇著名的文章《原道》一开头就说："博爱之谓仁，行而宜之之谓义，由是而之焉之谓道，足乎己勿待于外之谓德。"句子读起来铿锵有力，然而他想什么呢？他只有对"仁"字下了一个"博爱"的定义，而这个定义也是极不深刻的。此外几乎全是空话。"行而宜之"的"宜"意思是"适宜"，什么是"适宜"呢？这等于没有说。"由是而之焉"的"之"字意思是"走"，"道"是人走的道路，这又等于白说。至于"德"字，解释是根据汉儒那一套"德者得也"。读了仍然是让人莫名其妙。至于其他朝代的其他儒家学者对仁义道德的解释更是五花八门，莫衷一是。

《漫谈伦理道德》（2001 年 2 月 25 日）

我在上面极其概括地讲了从先秦一直到韩愈儒家关于仁义道德的看法。现在，我忽然想到，我必须做一点必要的补充。我既然认为，处理好天人关系在道德范畴内居首要地位，我必须探讨一下，中国古代对于这个问题是怎样看的，换句话说，我必须探讨一下先秦时代一些有代表性的哲学家对天、地、自然等概念是怎样界定的。

首先谈"天"。一些中国哲学史认为，在春秋末期哲学家们争论的主要问题之一是，"天"是否是有人格有意志的神？这些哲学家大体上可以分为两个阵营：一个阵营主张不是，他们认为天是物质性的东西，就是我们头顶的天。这可以老子为代表。汉代《说文解字》的："天，颠也，至高无上"，可以归入此类。一个阵营的主张是，他们认为天就是上帝，能决定人类的命运，决定个人的命运。这可以孔子为代表。有一些中国哲学史袭用从前苏联贩卖过来的办法，先给每一个哲学家贴上一张标签，不是唯心主义，就是唯物主义，把极端复杂的思想问题简单化了。这种做法为我所不取。

老子《道德经》中在几个地方都提到天、地、自然等等。他说："人法地，地法天，天法道，道法自然。"（二十五章）在这一段话里老子哲学的几个重要概念都出现了。他首先提出"道"这个概念，在他以后的中国哲学史上起着重要的作用。这里的"天"显然不是有意志的上帝，而是与"地"相对的物质性的东西。这里的"自然"是最高原则。老子主张"无为"，"自然"不就是"无为"吗？他又说："天地不仁，以万物为刍狗。"（五章），明确说天地是没有意志的。他又说："道之尊，德之贵，夫莫之命而常自然。"（五十一章）道德不发号施令，而是让万物自由自在地成长。总而言之，老子认为天不是神，而是物质的东西。

几乎可以说是与老子形成对立面的是孔子。在《论语》中有许多讲到"天"的地方。孔子虽然说"子不语怪力乱神"；但是，在他的心目中是有神的，只不过是"敬鬼神而远之"而已。"天"在孔子看来也是有人格有意志的神。孔子关于"天"的话我引几条："天何言哉！四时行焉，百物生焉，天何言哉！""天之将丧斯文也，后死者不得与于斯文也；天之未丧斯文也，匡人其如予何！""天生德于予，桓魋其如予何！"等等。孔子还提倡"天命"，也就是天的意志，天的命令，自命为孔子继承人的孟子，对"天"的看法同孔子差不多。那一段常被征引的话："天之将降大任于斯人也，必先苦其心志，劳其筋骨，饿其体肤，空乏其身，行拂乱其所为。所以动心忍性，曾（增）益其所不能。"在这里，"天"也是一个有意志的主宰者。

也被认为是儒家的荀子，对"天"的看法却与老子接近，而与孔孟迥异其趣。他不承认天是有人格有意志的最高主宰者。有的哲学史家说，荀子直接把"天"解释为自然界。我个人认为，这是非常重要也非常正确的解释。荀子主要是在《天论》中对"天"做了许多唯物的解释，我不去抄录。我想特别提出"天养"说："财非其类以养其类，夫是之谓天养。"意思是说人类利用大自然养活自己。这也是很重要的思想。多少年前我曾写过一篇论文《天人合一新解》。我当时没有注意到荀子对"天"的解释，所以自命为"新解"，其实并不新了，荀子已先我二千多年言之矣。我的贡献在于结合当前世界的情况把"天人合一"归入道德最高标准而已。

我在上面只讲了老子、孔子、孟子和荀子。其他诸子对"天"的看法也是五花八门的。因为同我要谈的问题无关，我不一一论列。我只讲一下墨子，他认为"天"是有意志的，这同儒家的孔孟差不多。

我的补充解释就到此为止。

尽管荀子对"天"的认识已经达了很高的水平；但是支配中国思想界的儒家仍然是保守的。我想再回头分析一下上面已经提到过的格、致等八个层次。前五项都与修身有关，后三项则讲的是社会关系。没有一项是天人关系的。这是什么原因呢？根据我个人肤浅的看法，先秦儒家，大概同一般老百姓一样，觉得天离开人们远，也有点恍兮惚兮，不容易捉摸，而人际关系则是摆在眼前的，时时处处，都会碰上，不注意解决是不行的。我们汉族是一个偏重实际的民族。所以就把注意力大部分用在解决社会关系和个人修身上面了。

几千年来，在中国的封建社会中，有很多形成系列的道德教条，什么仁、义、礼、智、信，什么孝、悌、忠、信、礼、义、廉、耻，如此等等，不一而足。每一个人在社会中的地位也排列得井井有条，比如五伦之类。亲属间的称呼也有条不紊，什么姑夫，舅父，表姑，表舅等等，世界上哪一种语言也翻译不出来，甚至在当前的中国，除了年纪大的一些人以外，年轻人自己也说不明白了。《白虎通》的三纲六纪，陈寅恪先生认为是中国文化精义之所寄，可见中国这一些处理社会关系的准则在他心目中的重要地位了。

上面讲的是社会关系和个人修身问题。至于天人关系，除了先秦诸子所讲的以外，中国历代还有一种说法，就是所谓"天子"，说皇帝是上天的儿子。这种说法对皇帝和臣民都有好处。皇帝以此来吓唬老百姓，巩固自己的地位。臣下也可以适当地利用它来给皇帝一点制约，比如利用日食、月食、彗星出现等等"天变"来向皇帝进谏，要他注意修德，要他注意自己的行动。这对人民多少有点好处。

《漫谈伦理道德》（2001 年 5 月 25 日）

寅恪先生是史学大师，考据学巨匠。但是，他的考据是与乾嘉诸大师不同的，后者是为考据而考据，而他的考据则是含有义理的，他从来不以哲学家自居。然而他对许多本来应属于哲学范畴的问题的看法却确有独到之处，比如，对"中国文化"，他写道："吾中国文化之定义，见于《白虎通》三纲六纪之说，其意义为抽象理想最高之境，犹希腊柏拉图所谓 Idia 者。"言简意赅，让人看了就懂，非一般专门从事于分析概念的哲学家所能企及。此外，寅恪先生对中国历史研究还有许多人所共知的见解。总之，我认为，寅恪先生不是哲学家，而是思想家。

王元化先生是并世罕见的通儒，他真可以说是学贯中西，古今兼通。他的文章我不敢说是全部都读过，但是读的确实不少。首先让我心悦诚服的是他对五四运动的新看法。五四运动是中国近代史上的一件大事，对它有种种不同的议论和看法，至今仍纷争不休。我自己于无意中也形成了一种看法。但是，读了元化先生论五四的文章，我觉得他的看法确实鞭辟入里，高人一筹。他对当前的许多问题都有自己独特的看法，我从中都能得到启发。总之，我认为，元化先生不是哲学家，而是思想家。

我崇拜思想家，对哲学家则不敢赞一词。

《思想家与哲学家》(2001 年 10 月 7 日)

怪论这个名词，人所共知。其所以称之为怪者，一般人都不这样说，而你偏偏这样说，遂成异议可怪之论了。

我却要提倡怪论。

但我也并不永远提倡怪论。

历史的经验告诉我们，一个国家、一个民族，需要不需要怪论，是完全由当时历史环境所决定的。如果强敌压境，外寇入侵，这时只能全民一个声音说话，说的必是驱逐外寇，还我山河之类的话，任何别的声音都是不允许的。尤其是汉奸的声音更不能允许。

国家到了承平时期，政通人和，国泰民安，这时候倒是需要一些怪论。如果仍然禁止人们发出怪论，则所谓一个声音者往往是统治者制造出来的，是虚假的。二战期间德国和意大利的法西斯，是最好的证明。

从世界历史上来看，中国的春秋战国时代，怪论最多。有的甚至针锋相对，比如孟子讲性善，荀子讲性恶，是同一个大学派中的内部矛盾。就是这些异彩纷呈的怪论各自沿着自己的路数一代一代地发展下去，成为中华民族文化的渊源和基础。

与此时差不多的是西方的希腊古代文明。在这里也是怪论纷呈，发展下来，成为西方文明的渊源和基础。当时东西文明两大瑰宝，东西相对，交相辉映，共同照亮了人类文明发展的前途。这个现象怎样解释，多少年来，东西学者异说层出，各有独到的见解。我于此道只是略知一二。在这里就不谈了。

怪论有什么用处呢?

某一个怪论至少能够给你提供一个看问题的视角。任何问题都会是极其复杂的,必须从各个视角对它加以研究,加以分析,然后才能求得解决的办法。如果事前不加以足够的调查研究而突然做出决定,其后果实在令人担忧。我们眼前就有这种例子,我在这里不提它了。

现在,我们国家国势日隆,满怀信心向世界大国迈进。在好多年以前,我曾预言,21 世纪将是中国的世纪。当时我们的国力并不强。我是根据近几百年来欧美依次显示自己的政治经济力量、科技发展的力量和文化教育的力量而得出的结论。现在轮到我们中国来显示力量了。我预言,五十年后,必有更多的事实证实我的看法,谓予不信,请拭目以待。

我希望,社会上能多出些怪论。

《论怪论》(2003 年 6 月 25 日)

八　中国知识分子与爱国主义

我们一向被称作伟大的民族。但是到了近代和现代，外国人怎样来认识我们呢？我们自己又是怎样来认识自己呢？外国人认识我们，我们自己认识自己，都有一个曲折的过程。如果画一条界限的话，1840 年开始的鸦片战争就是一条天然的界限。在这之前，在 17、18 世纪，中国人在欧洲人心目中，是有天才的民族，是伟大的民族，是有高度文明的民族。当时他们向往的是中国，学习的是中国。但是殖民主义者一旦侵入中国，中国许多弱点暴露出来了。首先是中国力量不强。在信奉优胜劣败的欧洲人眼中，中国不行了，中国人不吃香了，中国成了有色人种，成了劣等民族。久而久之，他们忘记了曾经有一段崇拜中国文化的历史。而我们中国人自己也忘记了过去在欧洲人心目中的地位。有志者要奋发图强，爱国雪耻。庸俗者则产生了贾桂思想，总觉得自己不行。中华人民共和国的成立，是另一条界限。绝大多数外国朋友对中国也另眼相看了。但是一百多年的习惯势力，余威未退。有贾桂思想者也不乏人，最典型的代表就是四人帮一伙。他们义形于色，振振有词，天天批什么洋奴哲学，实际上在他们灵魂深处，他们自己最有洋相，见了洋人，屁滚尿流，奉若神明。

《中国纪行》中译本序（1985 年 6 月 1 日）

一个民族、一个人也一样，了解自己是非常不易的。中国这样一个伟大的民族也不例外。在鸦片战争以前，我们根本不了解自己，也不了解世界大势，昏昏然，懵懵然，盲目狂妄自大，以天朝大国自居。夜郎之君、井底之蛙，不过如此。现在读一读当时中国皇帝写给欧洲一些国家的君主的所谓诏书，那种口吻，那种气派，真令人啼笑皆非又不禁脸上发烧，心里发抖。

鸦片战争以后，中国的统治者，在殖民主义者面前，节节败退，碰得头破血流，中国人最重视的所谓"面子"，丢得一干二净。他们于是来了一个一百八十度的大转变，一变而向"洋鬼子"低首下心，奴颜婢膝，甚至摇尾乞怜。上行下效，老百姓也受了影响，流风所及，至今尚余音袅袅，不绝如缕。鲁迅先生发出了"中国人失掉自信力了吗"的慨叹，良有以也。

《歌德与中国》序（1987 年 11 月 30 日）

我到北大工作已经四十多年了。经过四十多年的观察与思考，我觉得，北大的最突出的特点就是继承而且发扬了中国知识分子的优良传统：关心国家大事。"天下兴亡，匹夫有责"，这是中国的优良传统。从汉朝的太学生起，一直到了解放后，中国的大学生以天下为己任的意识很强，北大尤甚。从五四运动，一二九运动，反饥饿、反迫害的斗争，一直到解放后抗美援朝运动，北大无不走在运动的前面。对国家对人民的责任感可以说是已经形成了北大的光荣传统。

《北京大学》序（1988 年 2 月 24 日）

与以天下为己任的思想有密切联系的是爱国主义思想。这一点在中国知识分子，从历史上一直到今天表现得特别突出。这原因，一方面由于中国历来有爱国主义的传统，另一方面则由于中国曾长期处在半殖民地地位。殖民地和半殖民地的知识分子，因为本身受到压迫，最容易产生爱国主义思想。

九十年来，北大的学生，当然也有教职员，在以上提到的两个特点方面，表现得十分突出。现在我国虽然已经进到社会主义初级阶段，不压迫别人，也不受别人压迫，但是以天下为己任和爱国主义思想仍然是我们迫切需要的。

《北京大学》序（1988 年 2 月 14 日）

传统文化与爱国主义这两件事看起来似乎没有什么联系。但是别的国家我先不谈，专就中国而论，二者是有极其密切的联系的。这里面包含着两层意思：一层是在中国传统文化，或者把范围缩小一点，在中国传统的伦理中，爱国主义占有极其重要的地位；二层是，唯其因为我国有光辉灿烂的传统文化，我们这个国家才更值得爱，更必须爱。

先谈第一层意思。我要从历史谈起。秦以前渺茫难究诘。这里不谈。秦将蒙恬因为御匈奴有功，被当时人和后代人所赞颂。到了汉朝，汉武帝的大将卫青和霍去病，小小年纪，也因为御匈奴有功，为当时人和后代人所赞颂。苏武被匈奴扣压了十几二十年，坚贞不屈，牧羊北海之滨，至今还在小说和戏文中传为千古佳话。到了三国时候，诸葛亮忠于蜀国，成为万古凌霄一羽毛。我必须在这里解释几句。我似乎听到有人问：诸葛亮这能算是爱国主义吗？我答曰：是的，是不折不扣的爱国主义。什么叫"国"呢？古有古的概念，今有今的概念。魏、蜀、吴，就是三个"国"，否则家喻户晓的《三国志演义》为什么叫"三国"呢？过去在很长的一段时间内，我们史学界一些人搞形而上学，连抵御匈奴都不敢说是爱国，因为匈奴是今天中华人民共和国内的某某民族的祖先。在今天看，这话可能是对的。但在古时确是两国。我们怎么能拿今天的概念硬扣在古代历史上呢？我的这个解释也可以而且必须应用到三国以后的中国历史上去。比如宋代的杨家将，至今还在戏文中熠熠闪光。至于岳飞和文天祥，更是"一片丹心照汗青"，名垂千古，无人不知，至今在西子湖畔还有一座岳庙，成为全国和全世界人民朝拜的圣地。所有这一切都值得我们深思。我说中国传统文化中，中国的传统伦理中有强烈的爱国主义成分，难道这不是事实吗？

现在再谈第二层意思。国之所以可爱，之所以必须爱，原因是很多的。专就中国而论，由爱我们的伟大的传统文化而爱国，理由是顺理成章的。我一向主张，在整个人类大家庭中，文化是大家共同创造的，国无论大小，历史无论久暂，都或多或少对人类共同文化宝库有所贡献。但是同时，又必须承认，国与国之间，民族与民族之间，贡献是不一样的。我国立国东亚大陆，垂数千年。我们祖先的几大发明名垂千古，至今人类还受其利。我想，除了主张"全盘西化"的人以外，中国人一谈到自己的文化，无不油然起自豪感。我们当然不能也不会躺在祖先的光荣的文化传统上睡大觉，我们还必须奋发图强，在旧基础上赶上新世界。这一点用不着多做解释。专就爱国主义而论，有这样传统文化的国家，难道还不应该、还不值得爱吗？

《中国知识分子的爱国传统》(1989 年 10 月 13 日)

干知识分子这个行当是并不轻松的。在过去七八十年中，我尝够酸甜苦辣，经历够了喜怒哀乐。走过了阳关大道，也走过了独木小桥。有时候，光风霁月；有时候，阴霾蔽天。有时候，峰回路转；有时候，柳暗花明。金榜上也曾题过名，春风里也曾得过意，说不高兴是假话。但是，一转瞬间，就交了华盖运，四处碰壁，五内如焚。原因何在呢？古人说："人生识字忧患始。"这实在是见道之言。"识字"，当然就是知识分子了。一戴上这顶帽子，"忧患"就开始向你奔来。是不是杜甫的诗："儒冠多误身"？"儒"，当然就是知识分子，一戴上儒冠就倒霉。我只举这两个小例子，就可以知道，中国古代的知识分子们早就对自己这一行腻味了。"诗必穷而后工"，连做诗都必须先"穷"。"穷"并不一定指的是没有钱，主要指的也是倒霉。不倒霉就做不出好诗，没有切身经历和宏观观察，能说得出这样的话吗？司马迁《太史公自序》说："昔西伯拘羑里，演《周易》；孔子厄陈、蔡，作《春秋》；屈原放逐，著《离骚》；左丘失明，厥有《国语》；孙子膑脚，而论兵法；不韦迁蜀，世传《吕览》；韩非囚秦，《说难》、《孤愤》；《诗》三百篇，大抵圣贤发愤之所为作也。"司马迁算了一笔清楚的账。

世界各国应该都有知识分子。但是，根据我七八十年的观察与思考，我觉得，既然同为知识分子，必有其共同之处，有知识，承担延续各自国家的文化的重任。至少这两点必然是共同的。但是不同之处却是多而突出。别的国家先不谈，我先谈一谈中国历代的知识分子，中国有五六千年或者更长的文化史，也就有五六千年的知识分子。我的总印象是：中国知识分子是一种很奇怪的群体，是造化小儿加心加意创造出来的一种"稀有动物"。虽然"十年浩劫"中，他们被批为"一心只读圣贤书"的"修正主义"分子，这实际上是冤枉的。这样的人不能说没有，但是，主流却正相反。几千年的历史可以证明，中国知识分子最关心时事，最关心政治，最爱国。这最后一点，是由中国历史环境所造成的。在中国历史上，没有哪一天没有虎视眈眈伺机入侵的外敌。历史上许多赫然有名的皇帝，都曾受到外敌的欺侮。老百姓更不必说了。存在决定意识，反映到知识分子头脑中，就形成了根深蒂固的爱国心。"天下兴亡，匹夫有责"，不管这句话的原形是什么样子，反正它痛快淋漓地表达了中国知识分子的心声。在别的国家是没有这种情况的。

《一个老知识分子的心声》（1995 年 7 月 18 日）

最后我还想再郑重强调一下：中国知识分子有源远流长的爱国主义传统，是世界上哪一个国家也不能望其项背的。尽管眼下似乎有一点背离这个传统的倾向，例证就是苦心孤诣千方百计地想出国，有的甚至归化为"老外"，永留不归。我自己对这个问题的看法是：这只能是暂时的现象，久则必变。就连留在外国的人，甚至归化了的人，他们依然是"身在曹营心在汉"，依然要寻根，依然爱自己的祖国。何况出去又回来的人渐渐多了起来呢？我们对这种人千万不要"另眼相看"，当然也大可不必"刮目相看"。只要我们国家的事情办好了，情况会大大地改变的。至于没有出国也不想出国的知识分子占绝对的多数。如果说他们对眼前的一切都很满意，那不是真话。但是爱国主义在他们心灵深处已经生了根，什么力量也拔不掉的。甚至泰山崩于前，迅雷震于顶，他们依然会热爱我们这伟大的祖国。这一点我完全可以保证。只举一个众所周知的例子，就足够了。如果不爱自己的祖国，巴老为什么以老迈龙钟之身，呕心沥血来写《随想录》呢？对广大的中国老、中、青知识分子来说，我想借用一句曾一度流行的，我似非懂又似懂得的话：爱国没商量。

我生平优点不多，但自谓爱国不敢后人，即使把我烧成了灰，每一粒灰也还是爱国的。可是我对于当知识分子这个行当却真有点谈虎色变。我从来不相信什么轮回转生。现在，如果让我信一回的话，我就恭肃虔诚祷祝造化小儿，下一辈子无论如何也别再播弄我，千万别再把我播弄成知识分子。

《一个老知识分子的心声》（1995 年 7 月 18 日）

他（指曹靖华——编者）留给我的印象是非常好的，他长我十四岁，论资排辈，他应该算是我的老师。他为人淳朴无华，待人接物，诚挚有加，彬彬有礼，给人以忠厚长者的印象。他不愧是中国旧文化精华的一个代表人物，同他交往，使人如坐春风化雨中。

但是，这只是他性格的一个方面。在另一方面，他却如金刚怒目，对反动派决不妥协。他通过翻译苏联的革命文学，哺育了一代代的革命新人。他的功绩将永远为中国人民所记忆。而他自己也以身作则。早年他冒风险同鲁迅先生交往，支持人民的正义斗争，坚贞不屈，数十年如一日，终于经历了严霜烈日，走过了不知多少独木小桥，迎来了次第春风。他真正做到了"横眉冷对千夫指，俯首甘为孺子牛"。

《悼念曹老》（1996 年）

直白地说，现在国内确实弥漫着一种无孔不入的崇洋羡（我不用"媚"字）外的风气。这种风气来源已久，冰冻三尺，非一日之寒。但是，我们必须正视这种风气的恶劣影响，不能回避。一个失去民族自信心的民族是一个没有出息的民族！

我相信，这只是暂时的现象。还是那一句老话："三十年河东，三十年河西。"将来一定会改变的。有朝一日风雷动，离开河西到河东。

《中餐与西餐》(1997 年 4 月 9 日)

我一向认为，世界上不同的民族都有不同的民族性。那么，我们中华民族怎样呢？我们中华当然不能例外。

中华民族是一个伟大的民族，勤劳、勇敢、智慧，对人类做出了巨大的贡献。这是谁也否认不掉的。我自以生为中国人为荣，生为中国人自傲。如果真正有轮回转生的话，我愿生生世世为中国人。

但是——一个很大的"但是"，环视我们四周，当前的社会风气，不能说都是尽如人意的。有的人争名于朝，争利于市，急功近利，浮躁不安，只问目的，不择手段。大抢大劫，时有发生；小偷小摸，所在皆是。即以宴会一项而论，政府三令五申，禁止浪费；但是令不行，禁不止，哪一个宴会不浪费呢？贿赂虽不能说公行，但变相的花样却繁多隐秘。我很少出门上街；但是，只要出去一次，必然会遇到吵架斗殴的。在公共汽车上，谁碰谁一下，谁踩谁一脚，这是难以避免的事，只需说上一句："对不起！"就可以化干戈为玉帛；然而，"对不起！"、"谢谢！"这样的词儿，我们大多数人都不会说了，必须在报纸上大力提倡。所有这一切，同我国轰轰烈烈、红红火火的伟大建设工作，都十分矛盾，十分不协调。同我们伟大的民族的光荣历史，更是非常不相称。难道说我们这个伟大民族"撞"着什么"客"了吗？

鲁迅先生是最热爱中华民族的，他毕生用他那一枝不值几文钱的"金不换"剖析中国的民族性，鞭辟入里，切中肯綮，对自己也决不放过。当你被他刺中要害时，在出了一身冷汗之余，你决不会恨他，而是更加爱他。可是他的努力有什么结果呢？到了今天，已经"换了人间"，而鲁迅点出的那一点缺点，不但一点也没有收敛，反而有增强之势。

有人说，这是改革开放大潮社会转轨之所致。我看，恐怕不是这个样子。前几年，我偶尔为写《糖史》搜集资料读到了一本十九世纪中国驻日本使馆官员写的书，里面讲到这样一件事。这一位新到日本的官员说：他来日本已经数月，在街上没有看到一起吵架的。一位老馆员莞尔而笑，说：我来日本已经四年，也从来没有看到一起吵架的。我读了以后，不禁感慨万端。不过，我要补充一句：日本人彬彬有礼，不吵架，这十分值得我们学习。对广大日本人民来说，这是完全正确的。但是对日本那一小撮军国主义侵略分子来说，他们野蛮残暴，嗜血成性，则完全是另一码事了。

不管怎样，中国民族性中这一些缺点，不自改革开放始，也不自建国始，更不自鲁迅时代始，恐怕是古已有之的了。我们素称礼仪之邦，素讲伦理道德，素宣扬以夏变夷；然而，其结果却不能不令人失望而且迷惑不解。难道我们真要"礼失而求诸野"吗？这是我们每一个中国人所面临的而又必须认真反省的问题。

《中国的民族性》(1998 年 7 月 16 日)

遥想六七十年前，当我们这一辈人还在念大学的时候，也流行着一股强烈的出国热。那时出国的道路还不像现在这样宽阔，可能性很小，竞争性极强，这反而更增强了出国热的热度。古人说："凡所难求皆绝好，及能如愿便平常。""难求"是事实，"如愿"则渺茫。如果我们能有"前知五百年，后知五百年"的神通，我们当时真会十分羡慕今天的青年了。

但是，倘若谈到出国的动机，则当时和现在有如天渊之别。我们出国的动机，说得冠冕堂皇一点就是想科学救国；说得坦白直率一点则是出国"镀金"，回国后抢得一只好饭碗而已。我们绝没有幻想使居留证变成绿色，久留不归，异化为外国人。我这话毫无贬义。一个人的国籍并不是不能改变的。说句不好听的话，国籍等于公园的门票，人们在里面玩够了，可以随时走出来的。

但是，请读者注意，我这样说，只有在世界各国的贫富方面都完全等同的情况下，才能体现其真实意义，直白地说就是，人们不是为了寻求更多的福利才改变国籍的。

可是眼前的情况怎样呢？眼前是全世界国家贫富悬殊有如天壤，一个穷国的人民追求到一个富国去落户，难免有追求福利之嫌。到了那里确实比在家里多享些福；但是也难免被人看作第几流公民，嗟来之食的味道有时会极丑恶的。

但是，我不但不反对出国，而是极端赞成。出国看一看，能扩大人们的视野，大有利于自己的学习和工作。可是我坚决反对像俗话所说的那样："牛肉包子打狗，一去不回头。"我一向主张，作为一个人，必须有点骨气。作为一个穷国的人，骨气就表现在要把自己的国家弄好，别人能富，我们为什么就不能呢？如果连点硬骨头都没有，这样的人生岂不大可哀哉！

专就中国而论，我并不悲观。中国人民的爱国主义是根深蒂固的，这都是几千年来的历史环境造成的，不是天上掉下来的。现在中国人出国的极多，即使有的已经取得外国国籍；我相信，他们仍然有一颗中国心。

《漫谈出国》（1998 年 11 月 2 日）

最可怕的是，我逐渐发现，"十年浩劫"过去还不到二十年，人们已经快要把它完全遗忘了。我同今天的青年，甚至某一些中年人谈起这一场灾难来，他们往往瞪大了眼睛，满脸疑云，表示出不理解的样子。从他们的眼神中可以看出来，他们的脑袋里装满了疑问号。他们怀疑，我是在讲"天方夜谭",我是故意夸大其辞。他们怀疑,我别有用心。他们不好意思当面驳斥我;但是他们的眼神却流露出:"天下哪里可能有这样的事情呢?"我感到非常悲哀、孤独与恐惧。

我感到悲哀,是因为我九死一生经历了这一场巨变,到头来竟然得不到一点理解,得不到一点同情。我并不要别人会全面理解,整体同情。事实上我对他们讲的只不过是零零碎碎、片片段段。有一些细节我甚至对家人好友都没有讲过,至今还闷在我的心中,然而,我主观认为,就是那些片段就足以唤起别人的同情了。结果却是适得其反。于是我悲哀。

我孤独,是因为我感到,自己已届耄耋之年,在茫茫大地上,我一个人踽踽独行,前不见古人,后不见来者,年老的像三秋的树叶,逐渐飘零。年轻的对我来说像日本人所说的"新人类"那样互不理解。难道我就怀着这些秘密离开这个世界吗?于是我孤独。

我恐惧,是因为我怕这些千载难得的经验一旦泯灭,以千万人遭受难言的苦难为代价而换来的经验教训就难以发挥它的"社会效益"了。想再获得这样的教训恐怕是难之又难了。于是我恐惧。

在悲哀、孤独、恐惧之余,我还有一个牢固的信念。如果把这一场灾难的经过如实地写了出来,它将成为我们这个伟大民族的一面镜子。常在这一面镜子里照一照,会有无限的好处的。它会告诉我们,什么事情应当干,什么事情又不应当干,决没有任何坏处。

《牛棚杂忆》(1998 年)

无敌国外患者国恒亡。

这是一句颇常引用的古语。一般人很难理解透彻的。试想一个国家,不管是历史上的,还是现在的,外无敌国外患,边境一片平静,内则人民和睦,政治清明,民康物阜,不思忧患,这难道不是人间乐园吗?

　　然而，一部人类历史却证明了另外一个真理。人们嘴里常说的一些俗话，也证明了另外一种情况。常言道："人无远虑，必有近忧。"这一句简单明了的话，几乎每个人都有这种经验。至于一个国家，例子也可以举出一些来。唐明皇时代，经过了开元、天宝之治，天下安康，太仓里的米都多得烂掉。举国上下，忘乎所以。然而"渔阳鼙鼓动地来"，唐明皇仓皇逃蜀，杨贵妃自缢马嵬，几乎亡了国。安禄山是胡人，现在胡人已多半融入中华民族大家庭中，当时却只能算是敌国。唐明皇的朝廷上下缺少了敌国外患的忧患意识，结果是皇帝被囚废，人民遭了大殃。对我们来说，这实在是一面明镜，也充分证明了"无敌国外患者国恒亡"这个真理。

　　当前，我国人民，在改革开放以来，生产有了发展，生活有了提高；但是，根据我的观察和我自己的亲身体验，忧患意识却大大地衰退，衰退到快要消失的地步。有的人争名于朝，争利于市，好像是真正天下太平，可以塞高了枕头，酣然大睡了。

　　从国际上来看，原来的两个超级大国只剩下了一个，它已忘乎所以，以国际警察自命，到处挥舞大棒，干涉别人的内政。但是，一些人，包括我自己在内，下意识里认为，大棒反正不敢挥舞到我们头上来，我们一点忧患意识也用不着有了，心安理得地大唱卡拉 OK，大吃麦当劳。环顾世界，怡然自得。

　　然而，正在这千钧一发的关头上，宛如石破天惊一般，以美国为首的北约，竟敢冒天下之大不韪，用导弹轰炸了我们的驻南使馆，造成了人员伤亡，房舍破坏。这本是一件极坏的事情；然而，坏事变成了好事，一声炸弹响，震醒了我们这些酣睡的人们，震清了我们的脑袋瓜，使我们憬然省悟，世界原来并不和平，敌国外患依然存在。这一声炸弹震醒了。我们的忧患意识，使我们举国上下奋发图强，同仇敌忾，团结更加强加固，这大大有利于我们国家的进步与建设。

　　现在回到本文的标题上，我们真不得不从内心深处感激我们的古人。他们充满了辩证思维，显示了无比的智慧。我想，我们全体炎黄子孙都会为此而感到无上的骄傲的。

《无敌国外患者国恒亡》（1999 年 5 月 13 日）

根据词典的解释：国学者，一国固有之学问也。每一个国家都有自己固有的学问：但不一定都用"国学"二字。中国用此二字约始于本世纪之初。

全体中华民族都同意，要弘扬我们民族的优秀文化，目的绝不是自吹自擂，而是为了全世界文化的发展和全世界人民的利益。

弘扬文化必须研究国学，这本是天经地义的事情，不意竟有无知妄人说什么：研究国学是为了反对马克思主义。这真是石破天惊，匪夷所思。

到了 21 世纪，我希望，而且也相信，我们的国学研究将会取得更辉煌的成就，将会有助于建设有中国特色的社会主义社会。方法必须谨严创新，态度必须实事求是。我更特别希望，再不会有那样的妄人出现。

《21 世纪国学研究瞻望》（1999 年 10 月 20 日）

我发言的题目是《一个真正的中国人，一个真正的中国知识分子》，分为两个问题，"一个真正的中国人"讲陈先生的爱国主义，因为近几年国内外对陈先生的著作写了很多文章，今天我们召开研讨会，我初看了一下论文的题目，也是非常有深度的，可是我感到有一点不大够，我们中国评论一个人是"道德文章"，道德摆在前面，文章摆在后面，这标准看起来很简单，实际上并不简单。据我知道，在国际上评论一个人时把道德摆在前面并不是太多。我们中国历史上的严嵩，大家知道是一个坏人，可字写得非常好。传说北京的六必居，还有山海关"天下第一关"都是严嵩写的，没有署名，因为他人坏、道德不行，艺术再好也不行，这是咱们中国的标准。今天我着重讲一下我最近对寅恪先生道德方面的一些想法，不一定都正确。

第一个讲爱国主义。关于爱国主义，过去我写过文章，我听说有一位台湾的学者认同我所说的陈先生是爱国主义者，我感到很高兴。爱国主义这个问题我考虑过好多年，什么叫爱国主义？爱国主义有几种、几类？是不是一讲爱国主义都是好的？在此我把考虑的结果向大家汇报一下。

爱国须有"国"，没有"国"就没有爱国主义，这是很简单的。有了国家以后就出现了爱国主义。在中国，出现了许多爱国者，比欧洲、美国都多：岳飞、文天祥、史可法等。在欧洲历史上找一个著名的爱国者比较难。我记得小学时学世界历史，有法国爱国者 Jeanne d'Arc（贞德），好像在欧洲历史上再找一个岳飞、文天祥式的爱国者很难，什么原因呢？并不是欧洲人不爱国，也不是说中国人生下来就是爱国的，那是唯心主义。我们讲存在决定意识，因此可以说，是我们的环境决定我们爱国：什么环境呢？在座的都是历史学家，都知道我们中国几千年的历史有一个特点，北方一直有少数民族的活动。先秦，北方就有少数民族威胁中原；先秦之后秦始皇雄才大略，面对北方的威胁派出大将蒙恬去征伐匈奴；到了西汉的开国之君刘邦时，也曾被匈奴包围过；武帝时派出卫青、霍去病征伐匈奴，取得胜利，对于丝绸之路的畅通等有重大意义。六朝时期更没法说了，北方的少数民族或者叫兄弟民族到中原来，隋朝很短。唐代是一个伟大的朝代，唐代的开国之君李渊曾对突厥秘密称臣，不敢宣布，不敢明确讲这个问题。到了宋代，北方辽、金取代了突厥，宋真宗"澶渊之盟"大家都是知道的，不需我讲了，宋徽宗、宋钦宗都被捉到了北方。之后就是南宋，整个宋代由于北方少数民族的威胁，产生了大爱国主义者岳飞、文天祥。元代是蒙古贵族当政，也不必说了。明代又是一个大朝代，明代也受到北方少数民族的威胁，明英宗也有土木堡之围。明代之后清朝又是满族贵族当政。

中国两千多年以来的历史一直有外敌或内敌（下面还将讲这个问题）威胁，如果没有外敌的话，我们也产生不出岳飞、文天祥，也出不了爱国诗人陆游及更早牧羊北海的苏武。中华民族近两千年的历史一直受外敌，后来是西方来或南来的欧洲，或东方来的敌人的威胁。所以，现在中国五十六个民族，过去不这么算，始终都有外敌。外敌存在是一种历史存在，由于有这么一个历史存在，决定了中国五十六个民族爱我们的祖国。

欧洲的历史与这不一样，很不一样。虽然难于从欧洲史上找出爱国主义者，但是欧洲人都爱国，这是毫无问题的，他们都爱自己的国家。我说中国人、中华民族爱国是存在决定意识，这是第一个问题。

《一个真正的中国人，一个真正的中国知识分子》（1999 年）

第二个问题，爱国主义是不是好的？大家一看，爱国主义能是坏东西吗？我反复考虑这个问题，觉得没那么简单。我在上次纪念论文集的序言中讲了一个看法，认为爱国主义有广义、狭义之分。狭义的爱国主义指敌我矛盾时的表现，如苏武、岳飞、文天祥、史可法；还有一种爱国主义不一定针对敌人，像杜甫"致君尧舜上，再使风俗淳"，"君"嘛当然代表国家，在当时爱君就是爱国家，杜甫是爱国的诗人。所以，爱国主义有狭义、广义这么两种。最近我又研究这一问题，现在有这么一种不十分确切的看法，爱国主义可分为正义的爱国主义与非正义的爱国主义。正义的爱国主义是什么呢？一个民族、一个国家受外敌压迫、欺凌、屠杀，这时候的爱国主义我认为是正义的爱国主义，应该反抗，敌人来了我们自然会反抗。还有一种非正义的爱国主义，压迫别人的民族，欺凌别人的民族，他们也喊爱国主义，这种爱国主义能不能算正义的？国家名我不必讲，我一说大家都知道是哪个国家，杀了人家，欺侮人家，那么你爱国爱什么国，这个国是干吗的？所以我将爱国主义分为两类，即正义的爱国主义与非正义的爱国主义，爱国主义不都是好的。

　　我这个想法惹出一场轩然大波。北京有一个大学校长，看了我这个想法，非常不满，给我写了一封信，说：季羡林你那个想法在我校引起了激烈的争论，认为你说的不对，什么原因呢？你讲的当时的敌人现在都是我们五十六个民族之一，照你这么一讲不是违反民族政策吗？帽子扣得太大了。后来我一想，这事儿麻烦了，那个大学校长亲自给我写信！我就回了一封信，我说贵校一部分教授对我的看法有意见，我非常欢迎，但我得解释我的看法，一是不能把古代史现代化，二是你们那里的教授认为，过去的民族战争，如与匈奴打仗是内战，岳飞与金打仗是内战，都是内战，不能说是爱国。我说，按照这种讲法，中国历史上没有一个爱国者，都是内战牺牲者。若这样，首先应该把西湖的岳庙拆掉，把文天祥的祠堂拆掉，这才属于符合民族政策，这里需加上引号。

　　关于内战，我说我给你举一个例子，元朝同宋朝打仗能说是民族战争吗？今天的蒙古人民共和国承认是内战吗？别的国家没法说的，如匈奴现在我们已经搞不清楚了。鲁迅先生几次讲过，当时元朝征服中国时，已经征服俄罗斯了，所以不能讲是内战。我说，你做校长的，真正执行民族政策应该讲道理，不能歪曲，我还听说有人这样理解岳飞的《满江红》，岳飞的《满江红》中有一句"壮志饥餐胡虏肉，笑谈渴饮匈奴血"，他们理解为你们那么厉害，要吃我们的肉，喝我们的血。岳飞的《满江红》是真是假，还值得研究，一般认为是假。但我知道，邓广铭教授认为是真的。不管怎么样，我们不搞那些考证。虽然这话说得太厉害了，内战嘛，怎么能吃肉喝血。我给他们回信说，你做校长的要给大家解释，说明白，讲道理，不能带情绪。我们五十六个民族基本上是安定团结的，没问题的。安定团结并不等于说用哪一个民族的想法支配别的民族，这样不利于安定团结。后来他没有给我回信，也许他们认为我的说法有道理。

　　《一个真正的中国人，一个真正的中国知识分子》（1999 年）

大家都知道，我说陈先生是三世爱国，三代人。第一代人陈宝箴出生于1831年，1860年到北京会试，那时候英法联军火烧圆明园，陈宝箴先生在北京城里看见西方烟火冲天，痛哭流涕。1895年陈宝箴先生任湖南巡抚，主张新政，请梁启超做时务学堂总教习。陈宝箴先生的儿子陈三立是当时的大诗人，陈三立就是陈散原，也是爱国的，后来年老生病，陈先生迎至北京奉养。1937年陈三立先生生病，后来卢沟桥事变，陈三立老人拒绝吃饭，拒绝服药。前面两代人都爱国，陈先生自己对中国充满了热爱，有人问为什么1949年陈先生到南方来，关键问题在上次开会之前就有点争论。有一位台湾学者说陈先生对国民党有幻想，要到台湾去。广州一位青年学者说不是这样。实际上可以讲，陈先生到了台湾也是爱国，因为台湾属于中国，没有出国，这是诡辩。事实上，陈先生到了广东不再走了，他对蒋介石早已失望。40年代中央研究院院士开会，蒋介石接见，陈先生回来写了一首诗："看花愁近最高楼"，他对蒋介石印象如此。

大家一般都认为陈先生是钻进象牙塔里做学问的，实际上，在座的与陈先生接触过的还有不少，我也与陈先生接触了几年，陈先生非常关心政治，非常关心国家前途，所以说到了广东后不再走了。陈先生后来呢，这就与我所讲的第二个问题有关了。

陈先生对共产主义是什么态度，现在一些人认为他反对共产主义，实际上不是这样的，大家看一看浦江清《清华园日记》，他用英文写了几个字，说陈先生赞成Communism（共产主义），但反对Russian Communism，即陈先生赞成共产主义，但反对俄罗斯式的共产主义。浦江清写日记，当时不敢写"共产"两个字，用了英语。说陈先生反对共产主义是不符事实的。那么，为什么他又不到北京去，这就涉及我讲的第二个问题。第一个问题我讲了陈先生是一个真正的中国人，重点在"真正"，三代爱国还不"真正"吗？这第二个问题讲陈先生是一个真正的中国知识分子。

《一个真正的中国人，一个真正的中国知识分子》（1999年）

　　我自己作为一个中国的知识分子，也做了有八十年了，有一点体会。中国这个国家呢，从历史上讲始终处于别人的压迫之下，当时是敌人现在可能不是了，不过也没法算，你说他们现在跑到哪里去了，谁知道。世界上哪有血统完全纯粹的人！没有。我们身上流的都是混血，广州还好一点，广东胡血少。我说陈先生为什么不到北京去？大家都知道，周总理、陈毅、郭沫若他们都希望陈先生到北方去，还派了一位陈先生的弟子来动员，陈先生没有去，提出的条件大家都知道，我也就不复述了。到了1994年，作为一个中国的知识分子，我写过一篇文章：《一个老知识分子的心声》，我说中国的知识分子由于历史条件决定有两个特点，第一个爱国，刚才我已讲过了；第二个骨头硬，硬骨头，骨头硬并不容易。毛泽东赞扬鲁迅，说鲁迅的骨头最硬，这是中国知识分子的优良传统。

　　三国时祢衡骂曹操。章太炎骂袁世凯，大家都知道，章太炎挂着大勋章，赤脚，到新华门前骂袁世凯，他那时就不想活着回来。袁世凯这个人很狡猾，未敢怎么样。中国知识分子的这种硬骨头，这种精神，据我了解，欧洲好像也不大提倡。我在欧洲待了多年，有一点发言权，不过也不是百分之百的正确。所以，爱国是中国知识分子几千年来的一个传统，硬骨头又是一个传统。

　　陈先生不到北京，是不是表示他的骨头硬，若然，这下就出问题了：你应不应该啊？你针对谁啊？你对我们中华人民共和国骨头硬？我们50年代的党员提倡做驯服的工具，不允许硬，难道不对吗？所以，中国的问题很复杂。

　　我举两个例子，都是我的老师，一个是金岳霖先生，清华园时期我跟他上过课；一个是汤用彤先生，到北大后我听过他的课，我当时是系主任。这是北方的两位，还可以举出其他很多先生，南方的就是陈寅恪先生。

　　金岳霖先生是伟大的学者，伟大的哲学家，他平常非常随便，后来他在政协待了很多年，我与金岳霖先生同时待了十几年，开会时常在一起，同在一组，说说话，非常随便。有一次开会，金岳霖先生非常严肃地作自我批评，绝不是开玩笑的，什么原因呢？原来他买了一张古画，不知是唐伯虎的还是祝枝山的，不清楚，他说这不应该，现在革命了，买画是不对的，玩物丧志，我这个知识分子应该做深刻的自我批评，深挖灵魂中的资产阶级思想，不是开玩笑，真的！当时我也有点不明白，因为我的脑袋也是驯服的工具，我也有点吃惊，我想金先生怎么这样呢，这样表现呢？

汤用彤先生也是伟大学者，后来年纪大了，坐着轮椅，我有时候见着他，他和别人说话，总讲共产党救了我，我感谢党对我的改造、培养；他说，现在我病了，党又关怀我，所以我感谢党的改造、培养、关怀，他也是非常真诚的。金岳霖、汤用彤先生不会讲假话的，那么对照一下，陈先生怎么样呢？我不说了。我想到了孟子说的几句话：

富贵不能淫，贫贱不能移，威武不能屈，此之谓大丈夫。

陈先生真够得上一个"大丈夫"。

现在有个问题搞不清楚，什么问题呢？究竟是陈先生正确呢，还是金岳霖、汤用彤先生和一大批先生正确呢？我提出来，大家可以研究研究，现在比较清楚了。改革开放以后，知识分子脑筋中的紧箍咒少了，感觉舒服了，可是50年代的这么两个例子，大家评论一下。像我这样的例子，我也不会讲假话，我也不肯讲假话，不过我认为我与金岳霖先生一派，与汤用彤先生一派，这一点无可怀疑。到了1958年大跃进，说一亩地产十万斤，当时苏联报纸就讲一亩地产十万斤的话，粮食要堆一米厚，加起麦秆来更高，于理不通的。"人有多大胆，地有多大产"，完全是荒谬的，当时我却非常真诚，像我这样的人当时被哄了一大批。我非常真诚，我并不后悔，因为一个人认识自己非常困难，认识社会也不容易。

我常常讲，我这个人不是"不知不觉"，更不是"先知先觉"，而是"后知后觉"，我对什么事情的认识，总比别人晚一步。今天我就把我最近想的与知识分子有关的问题提出来，让大家考虑考虑，我没有答案。我的行动证明我是金岳霖先生一派、汤用彤先生一派，这一派今天正确不正确，我也不说，请大家考虑。

　　　　　　《一个真正的中国人，一个真正的中国知识分子》（1999 年）

　　我 1946 年回到北大任教，至今有 53 年是在北大度过的。在北大 53 年间，我走过的并不是一条阳光大道。有光风霁月，也有阴霾漫天；有"山重水复疑无路"，也有"柳暗花明又一村"。一个人只有一次生命，我不相信什么轮回转生。在我这仅有的可贵的一生中，从"春风得意马蹄疾"的少不更事的青年，一直到"高堂明镜悲白发"的耄耋之年，我从未离开过北大。追忆我的一生，"虽九死其犹未悔"，怡悦之感，油然而生。

　　前几年，北大曾召开过几次座谈会，探讨的问题是：北大的传统到底是什么？参加者很踊跃，发言也颇热烈。大家的意见不尽一致。我个人始终认为，北大的优良传统是根深蒂固的爱国主义。

　　而中国从历史一直到现在的爱国主义则无疑是正义的爱国主义。我们虽是泱泱大国，实际上从先秦时代起，中国的"边患"就连绵未断。一直到今天，我们也不能说，我们毫无"边患"了，可以高枕无忧了。

　　历史事实是，绝大多数时间，我们是处在被侵略的状态中。在这样的情况下，我们中国在历史上涌现的伟大的爱国者之多，为世界上任何国家所不及。汉代的苏武，宋代的岳飞和文天祥，明代的戚继光，清代的林则徐等等，至今仍为全国人民所崇拜，至于戴有"爱国诗人"桂冠的则不计其数。唯物主义者主张存在决定意识，我们祖国几千年的历史这个存在决定了我们的爱国主义。

　　　　　　　　　　《历尽沧桑话爱国》，《漫谈人生》（2000 年 1 月）

在古代，几乎在所有国家中，传承文化的责任都落在知识分子的肩上。在欧洲中世纪，传承者多半是身着黑色长袍的神父，传承的地方是在教堂中。在印度古代，文化传承者是婆罗门，他们高居四姓之首。东方一些佛教国家，古代文化的传承者是穿披黄色袈裟的佛教僧侣，传承地点是在僧庙里。中国古代文化的传承者是"士"。传承的地方是太学、国子监和官办以及私人创办的书院。在世界各国文化传承者中，中国的士有其鲜明的特点。早在先秦，《论语》中就说过："士不可以不弘毅，任重而道远。"士们俨然以天下为己任，天下安危系于一身。在几千年的历史上，中国知识分子的这个传统一直没变，后来发展成为"天下兴亡，匹夫有责"。后来又继续发展，一直到了现在，始终未变。

不管历代注疏家怎样解释"弘毅"，怎样解释，"任重道远"，我个人认为，中国知识分子所传承的文化中，其精髓有两个鲜明的特点：一个是爱国主义；一个就是讲骨气、讲气节，换句话说也就是在帝王将相的非正义的面前不低头，另一方面，在外敌的斧钺面前不低头，"威武不能屈"。苏武和文天祥等等一大批优秀人物就是例证。这样一来，这两个特点实又有非常密切的联系了，其关键还是爱国主义。

《历尽沧桑话爱国》，《漫谈人生》（2000 年 1 月）

七十六年前，当北大庆祝二十五周年校庆的时候，李大钊同志在《本校成立第二十五年感念》一文中说："我以极诚挚的意思，祝本校学术上的发展。只有学术上的发展，值得作大学的纪念。只有学术上的建树，值得'北京大学万万岁'的欢呼。"

在北大纪念二十七周年校庆的时候，鲁迅先生在《我观北大》一文中说："第一，北大常为新的，改进的运动的先锋，要使中国向着好的，往上的道路走……第二，北大是常与黑暗势力抗战的，即使只有自己……仅据我所感得的说，则北大究竟还是活着的，而且还在生长的。

凡活的而且在生长者，总有着希望的前途。"

这些都是七十多年前的话，在这一段时间内，无论是世界，还是我们的国家，都经历了天翻地覆的变化。可是，我们都可以看到，今天的北大仍然活着，而且还在生长。我们依然重视学术研究，而且取得了辉煌的成绩。

多少年来我形成了一个看法，我认为，中国的知识分子——古代所谓"士"——同其他国家是不相同的。两千年来，中国知识分子形成了一个优良的传统：关心国家大事，用今天的话来说就是爱国主义。从不同朝代的学生运动来看，矛头指向的对象是不一样的，但其为爱国则一也。中国近代当代的知识分子继承了这个传统，而北大则尤为突出。

北大进入了新世纪、新千年将会怎样呢？我认为，仍然将会继承这个爱国的优良传统，这一点决用不着怀疑。但是，我却有一个进一步的希望。我们今天的知识分子，不管是年轻的还是年老的，在这个地球已经变成了鸡犬之声相闻的地球村时，我们的眼光必须放远。我们不应当只满足于关心国家大事，而应当更关心世界大事。

目前，我们的世界大事是什么呢？我们的世界形势是怎样呢？大家都能看到，依然是强凌弱，富欺贫，大千板荡，烽烟四起，发达国家依然是骄纵跋扈，不可一世。发展中国家有的依然是食不果腹。可是，在另一方面，正如二百多年前恩格斯在《自然辩证法》中所说的那样："我们不能过分陶醉于我们对自然界的胜利，对于每一次这样的胜利，自然界都报复了我们。"报复的表现已经十分清楚：生态失衡，物种灭绝，人口爆炸，淡水匮乏，污染严重，臭氧出洞，如此等等，不一而足。其中任何一个问题不解决，都会影响人类生存的前途。这一点世界上已经有人注意到，但是远远不够。

到了下一个世纪，我们北大人一方面要继承爱国主义传统，加强学术研究，增强国家的力量。另一方面又要记住恩格斯的话，努力实行张载的"民胞物与"的精神。最后，我赠大家四句话：热爱祖国，热爱学术，热爱人类，热爱自然。

北大将会永远活着，永远生长。

《欢送北大进入新世纪新千年》（2000 年 12 月 7 日）

但是，在中国则不然。前几年，我曾写过一篇文章《一个老知识分子的心声》。其中我谈到，几千年来，中国的知识分子养成了两个突出的特点，一个是爱国主义，一个是讲骨气，二者有联系，又有区别。存在决定意识，这两个特点也是中国历史存在所决定的。中国从先秦起，每一个朝代都有"边患"，也就是外敌的侵略和骚扰。这些外敌今天可能已融入中华民族大家庭中；但在当年却是敌人，屠杀我人民，强占我土地。这种长达几千年的外敌压境的情况，就决定了中华传统的爱国主义。像岳飞、文天祥、林则徐等等家喻户晓的爱国人物，没有外敌的国家是不会产生的。

至于讲骨气，则与此有联系，又有区别。在外寇的斧钺前面，决不贪生怕死，这也是爱国主义的一种表现。在别的地方，中国人也讲骨气。宁愿饿死也不吃嗟来之食，几千年来在中国传为美谈。

眼前，我们国家社会正处在转型时期，由于众多的原因造成了我们仍然是一个穷国，人们，当然包括知识分子在内，工资极低，同国外比较起来，简直让人感到寒碜和脸红。我认为，这只能是一个暂时的过渡现象，将来一定会改变的。我们眼前的日子确实过得非常紧，可并没有看到哪一个知识分子真正挨饿的。而且按照中国古老的传统，越是在困难中越应该显出我们的骨气。"岁寒然后知松柏之后凋也。"这句话道出了中国知识分子的心声。

然而，可悲的是，这一个在世界民族之林中也能称得上独特的值得称扬的优良传统，今天已被许多中国青年人忘掉了，忘得无影无踪了。为了生活得好一点，多捞一些美元，竟忍气吞声心甘情愿地住在一个中

国人被视为不知是几等（反正连二等也够不上）公民的国家里，天天吃
着嗟来之食，我真想问一声：美国的黄油面包你咽得下去吗？自己国家
的事办不好，有骨气的人都应当咬一咬牙，排除万难，把自己的事办
好，焉得厚着脸皮赖在人家的国家里不走！

　　请大家千万不要误会，我并不是笼统地反对加入外国国籍。有的中
国人，虽然入了美国籍；但身在异域，心悬中华，想方设法，帮助祖国
办好教育，搞好科研，希望祖国真正富强起来。这样的人，在别的国家
是极少见的。有的西方国家的人，一旦异化为美国人，就弃自己原来的
祖国若敝屣，这同他们缺少真正的爱国主义这一件事实是密切相连的。

　　但是，话又说了回来，我对那些极少数身处异域，心悬中华的人，
虽然有点尊敬；但是，我的尊敬是有限度的。在我的心理天平上，这种
人同学成回国宁愿一箪食一瓢饮的人，分量是有相当大的悬殊的。

《汉语和外语》，《季羡林散文全编（五）》（2000 年 12 月）

　　记得当年在大学读书时，适值九一八事变发生，日军入寇东北。当
中国军队实行不抵抗主义，南京政府同时又派大员赴日内瓦国联（相当
于今天的联合国）控诉，要求国联伸张正义。当时我还属于隔膜党，义
愤填膺，等待着国际伸出正义之手。结果当然是落了空。我颇恨恨不已
了一阵子。

　　在这里，关键是什么叫"义"？什么叫"正义"？韩文公说："行而
宜之之谓义。"可是"宜之"的标准是因个人而异的，因民族而异的，
因国家而异的，因立场不同而异的。不懂这个道理，就是"隔膜"。

　　懂这个道理，也并不容易。我在德国住了十年，没有看到有人在大
街上吵架，也很少看到小孩子打架。有一天，我看到了，就在我窗外马
路对面的人行道上，两个男孩在打架，一个大的约十三四岁，一个小的
只有约七八岁，个子相差一截，力量悬殊明显。不知为什么，两个人竟
干起架来。不到一个回合，小的被打倒在地，哭了几声，立即又爬起来

继续交手，当然又被打倒在地。如此被打倒了几次，小孩边哭边打，并不服输，日耳曼民族的特性，昭然可见。此时周围已经聚拢了一些围观者。我总期望，有一个人会像在中国一样，主持正义，说一句："你这么大了，怎么能欺负小的呢！"但是没有。最后还是对门住的一位老太太从窗子里对准两个小孩泼出了一盆冷水，两个小孩各自哈哈大笑，战斗才告结束。

这件小事给了我一个重要的教训：在西方国家眼中，谁的拳头大，正义就在谁手里。我从此脱离了隔膜党。

今天，我们的国家和人民都变得更加聪明了，与隔膜的距离越来越远了。我们努力建设我们的国家，使人民的生活水平越来越提高。对外我们决不侵略别的国家，但也决不允许别的国家侵略我们。我们也讲主持正义；但是，这个正义与隔膜是不搭界的。

《隔膜》(2001 年 2 月 27 日)

最近清华大学和北京同方文化发展有限公司共同推出了大型电视专题片《我愿以身许国》暨《科学家的故事》，我参加了首映式。这两部片子的意义何在呢？

我归纳为两点：爱国与奉献。以爱国主义的情操来推动奉献精神；以奉献的实际行动来表达爱国主义的情操。二者紧密相连，否则爱国主义只是一句空话，而奉献则成为无源之水，无本之木。

爱国主义是中华民族的优秀传统，历数千年而未衰。原因是中国历代都有外敌窥伺，屠我人民，占吾土地，从而激起了我们民族的爱国义愤，奋起抵抗，前赴后继，保存了我们国家的领土完整，维护了我们人民的生命安全，一直到了今天。

到了今天，我们国家虽然仍然处于发展中国家行列中，但是早已换了人间，我们在众多方面取得了令人瞩目的成绩，在全世界普遍的经济不景气的气氛中，我们却一枝独秀。我们国家在世界民族之林中的地位日益崇高。没有我国的参加，世界上任何重大问题都是解决不了的。在这样的情况下还有必要大声疾呼地提倡爱国主义吗？

我的意见是：有必要，而且比以前更迫切。我们目前的处境是，从一个弱国逐渐变为一个强国。我们是一个有十三亿人口的大国。这种转变会引起周边一些国家的不安。虽然我们国家的历届领导人都昭告天下：我们决不会侵略别的国家，但是我们也决不会听任别的国家侵略我们。这样的话，他们是听不进去的。特别是那一个狂舞大棒，以世界警察自居，肆意干涉别国内政的大国，更是视我为眼中钉。在这样的情况下，我认为，我们"国歌"中的一句话："中华民族到了最危急的时候"，还有其现实的意义。

因此，我们眼前发扬爱国主义精神，不但不能削弱，而且更应加强。我们还要把爱国与奉献紧密结合起来。如果没有两弹一星的元勋们的无私奉献精神和行动，如果我们今天仍然没有两弹一星，我们的日子怎样过呀！那一个大国能像现在这样比较克制吗？说不定踏上我国土地的不仅是 20 世纪三四十年代打着膏药旗的侵略者，还会有打着另外一种旗帜的侵略者。

想到这里，我们不能不缅怀二十三位两弹一星的元勋们以及他们的助手们的丰功伟绩。他们长期从家中"失踪"，隐姓埋名，躲到沙漠深处，战严寒，斗酷暑，忍受风沙的袭击，奋发图强，终于制造出来了两弹一星，成了中国人民的新的万里长城。他们把爱国与奉献紧密地结合起来。他们是我们学习的楷模。我是不是过分夸大了两弹一星的作用呢？绝不是。以那个大国为首的力图阻碍我们前进的国家，都是唯武器论者。他们怕的只是你手中的真家伙。希望我们全国人民认真学习两弹一星的元勋们，也把爱国与奉献紧密结合起来。我们将成为世界大国是历史的必然，是谁也阻挡不住的。

《爱国与奉献》(2002 年 5 月 2 日)

我既不是哲学家，也不是思想家，但好胡思乱想。俗话说：愚者千虑，必有一得。我希望，这一句话能在我身上兑现。简短直说，我想从国籍这个角度上来探讨爱国主义。按现在的国际惯例，每个人都必须有一个国籍。听说有人有双国籍，情况不明，这里不谈。国际法大概允许无国籍。二战期间，我滞留德国。中国南京汪伪政府派去了大使。我是绝对不能与汉奸沾边的，我同张维到德国警察局去宣布自己无国籍。

爱国的国字，如果孤立起来看，是一个模糊名词。哪里的国？谁的国？都不清楚。但是，一旦同国籍联系在一起，就十分清楚了。国就是这个国籍的国。再讲爱国的话，指的就是爱你这个国籍的国。

如果一个国家热爱和平，决不想侵略、剥削、压迫、屠杀别的国家，愿意同别的国家和平共处。这样的国家是值得爱的，非爱不行的。这样的爱国主义就是我上面所说的正义的爱国主义。反之，如果一个国家，特别是它的领导人，专心致志地侵略别的国家，征服别的国家，最终统一全球，天上天下，唯我独尊。这样的国家是绝对不能爱的，爱它就成了统治者的帮凶。爱国主义与国际主义是相通的，是互有联系的。保卫世界和平是两者共同的愿望。

《再谈爱国主义》（2002 年 12 月 27 日）

大约在十几二十年前，我曾讲过一个预言：21 世纪将是中国的世纪。

我没有研究过新兴科学预言学，我也不会算卦占卜，我不是季铁嘴、季半仙，但也并非全无根据。我根据只是一点类似地缘政治学的世界历史地理常识。

我发现，在这个地球村中，每一个时代都有自己的政治经济文化中心，有的在东方，有的在西方，存在的时间长短不一，影响的程度也深浅不一。而这个中心不是一成不变的，而是有规律地变动着。拿最近几百年的世界史来看，就可以看出下面的规律：17、18 世纪，它是在欧洲大陆法、德等国，19 世纪在英国，20 世纪在美国，21 世纪按规律应该在中国。所以我说：21 世纪将是中国人民的世纪。这绝不是无知妄言，也不出于狭隘的爱国主义，而是规律使然。可在当时，颇有一些什么什么之士嗤之以鼻。我并不在乎，是嗤之以鼻，还是嗤之以屁股，那是他们的事，与我无干。

值得庆幸的事是，我在十几二十年前提出来的预言完全说对了。中华民族所固有的大气磅礴的创造力，被种种内在的和外在的力量堵塞了几百年；现在，一旦乘机迸发，有如翻江倒海，势不可挡。例子多得不胜枚举。我只举一个看似虽小而意义实大的例子："中国制造"（made in china）的商品现在流传全世界，包括美国在内，这在以前无论如何也是难以想象的。中国报刊以"中国和平崛起，世界拍案惊奇"等类的词句来表达这种感情。

中国人不喜欢"老王卖瓜，自卖自夸"。认为这是没有出息的事。我现在从外国请一位贵宾来，帮着夸上几句。英国前外交大臣杰弗里·豪曾说过几句话："过去二十五年，中国发生了巨大变化，它不仅确立了自己是国际社会一个稳定且负责任的成员的地位，它的政治制度及人民的聪明才智和能量已经产生了举世瞩目的经济成就，绝大多数人的生存条件和日常生活大大改善。"这一位英国绅士肯说几句真话，值得我们钦佩。我引用他的话来抹掉自己的自卖自夸之嫌。

《一个预言的实现》（2004 年 2 月 13 日）

九　佛教的中国化，部派的形成与传承

我们现在既然知道了"浮屠"的来源是印度古代俗语，而"佛"的来源是吐火罗文，对这问题也可以有一个新看法了。我们现在可以大胆地猜想：《四十二章经》有两个译本。第一个译本，就是汉译本，是直接译自印度古代俗语。里面凡是称"佛"，都言"浮屠"。襄楷所引的就是这个译本。但这里有一个问题。中国历史书里，关于佛教入华的记载虽然有不少抵牾的地方，但是《理惑论》里的"于大月氏写佛经四十二章"的记载却大概是很可靠的。既然这部《四十二章经》是在大月氏写的，而且后来从大月氏传到中国来的佛经原文都不是印度梵文或俗语，为什么这书的原文独独会是印度俗语呢？据我的推测，这部书从印度传到大月氏，他们还没来得及译成自己的语言，就给中国使者写了来。100 多年以后，从印度来的佛经都已经译成了本国的语言，那些高僧们才把这些译本转译成中文。第二个译本就是支谦的译本，也就是现存的。这译本据猜想应该是译自某一种中亚语言。至于究竟是哪一种，现在还不能说。无论如何，这个译文的原文同第一个译本不同；所以在第一个译本里称"浮屠"，第二个译本里称"佛"，不一定就是改易的。

根据上面的论述，对于"佛"与"浮屠"这两个词，我们可以作以下的推测："浮屠"这名称从印度译过来以后，大概就为一般人所采用。当时中国史家记载多半都用"浮屠"。其后西域高僧到中国来译经，才把"佛"这个名词带进来。范蔚宗搜集的史料内所以没有"佛"字，就因为这些史料都是外书。"佛"这名词在那时候还只限于由吐火罗文译过来的经典中。以后才渐渐传播开来，为一般佛徒，或与佛教接近的学者所采用。最后终于因为它本身有优越的条件，战胜了"浮屠"，并取而代之。

《浮屠与佛》（1947 年 10 月 9 日）

这五个中文异本在"语言政策"方面都表达了同一个思想：梵文绝对不允许用，但是方言俗语的利用是完全可以的。根据这一点来看巴利文《小品》里那个故事最后佛所说的那一句话，它的含义就非常清楚，毫无可以怀疑的余地了。那一句多少年来争论未决的话我们只能译为：

我允许你们，比丘呀，用（你们）自己的语言来学习佛所说的话。

这个结论看起来平淡无奇，但是它实际上却解决了一个佛教史上比较重要的问题，语言问题。我们上面已经说到过，佛教初兴起的时候，是对婆罗门教的一种反抗。因此它在被压迫的人民大众中间找到了不少的信徒。这些人流品很杂，语言不同，出身各种姓，来自各地区。如果决定利用梵文，或者利用摩揭陀语来作学习媒介，就一定会有不少困难，就一定会影响佛教在人民大众中的传播。因此，原始佛教采取了放任的语言政策，一方面它不允许利用婆罗门教的语言梵文；另一方面，也不把佛所利用的语言摩揭陀语神圣化，使它升为经堂语而定于一尊。它允许比丘们利用自己的方言俗语来学习、宣传佛教教义。这对于接近群众，深入群众有很大的好处。据我看，佛教初起时之所以能在人民群众中有那样大的力量，能传播得那样快，是与它的语言政策分不开的；

另一方面，后来佛经异本很多，语言很杂，不像婆罗门教那样能基本上保持圣典的统一和纯洁，这也是与放任的语言政策分不开的。

《原始佛教的语言问题》(1956 年 12 月 17 日)

现在再来探讨佛教的起源，许多问题就可以迎刃而解了。

佛陀最根本的教义是所谓十二因缘、四圣谛、八正道。十二因缘的基础是苦，苦的根源是无明（不了解，不认识）。四圣谛：苦、集、灭、道，也以苦为中心。而八正道：正见、正思、正语、正业、正命、正精进、正念、正定，是为了从苦中解脱而修行的方法。总之，他认为生老病死，一切皆苦，存在本身就是痛苦。他也相信业报，相信轮回。他的最高目标就是铲除无明，了解或认识存在的因果关系，从而跳出轮回，达到涅槃。

这一些想法都涂着浓厚的悲观主义的色彩。有的人说，世界上没有一个宗教不是悲观主义的；但是，像佛教这样彻底的悲观，还是绝无仅有的。我认为，这种说法是很有见地的。

佛教这种悲观主义是从哪里来的呢？

根据我们上面的分析，佛教继承的不是婆罗门教的传统，而是沙门的传统。而且，从佛教产生的地区和环境来看，也只能是这样，而不可能是别的样子。

《原始佛教的历史起源问题》(1965 年 3 月)

我们先从地区的或民族的观点上来看一看这个问题。

释迦牟尼生在今天的尼泊尔境内。他的宗教活动大部分是在摩揭陀国。摩揭陀国处在印度东方，是雅利安人得到比较晚的地方。在《阿闼婆吠陀》里，摩揭陀和鸯伽都被认为是极远极远的地方的象征。西方的婆罗门很少来到这里。这里的人是受人轻视的，一向与婆罗底耶人相提并论。婆罗底耶人说的是一种雅利安土话，不信婆罗门教。他们是否是

183

雅利安人，不得而知，反正是十分被人看不起的。摩揭陀人同他们并提，可见他们被鄙视的程度。鄙视的原因很明显：这里是印度土著居民聚居的地方，是僻处在婆罗门文化圈之外的边远地区。在雅利安人心目中，这里是没有开化的区域。释迦牟尼宣传宗教的主要对象就是这些被人轻视、"没有开化的"人民。

至于释迦牟尼降生于其中的释迦族究竟是什么民族，人们的意见是有分歧的。有的人主张，他们不是雅利安人。我们不在这个问题上纠缠。但是，有一点是明确的，从他们所处的地区来看，从当时雅利安征服者分布的情况来看，从他们的一些特殊的风俗习惯来看，从他们的政治组织的形式来看，他们不像是外来的雅利安人，而像是原来的居民。释迦族的政治组织是"共和国"，行政首领罗阇是选举产生的。这样的"共和国"同新兴的君主国是有矛盾的。摩揭陀国王未生怨王曾侵略过"共和国"的离车，侨萨罗国王毗突吒婆曾侵略过"共和国"的释迦。我看，这不完全是一般的侵略。其中有没有民族矛盾的成分呢？这是耐人寻味的。

如果我们不从民族矛盾的角度上来解释这个问题，有一件很重要的事情我们就无法解释。根据佛教传说，释迦牟尼在出家前是一个太子（这件事本身就有夸大渲染的成分），处于深宫之中，长于妃嫔歌妓之手，享尽了人间的荣华富贵，根本没有遇到一点不愉快的事情。恩格斯说："宗教是由身感宗教需要并了解群众宗教需要的人们所建立的。"像这样一个太子会有什么宗教需要呢？他又会怎样了解群众的宗教需要呢？这样一个人决不会悲观到要出家的程度。事实决不会是这样子的。他自己必然受到了一些痛苦，至少是在精神上受到。他感到日子也不那么好过，人间也不那么值得留恋。于是悲观了，出家了。这痛苦是从哪儿来的呢？他了解群众的宗教需要根源又在哪里呢？最合理的解释就是民族压迫。他的悲观主义表达了人民群众的比较普遍的情绪。于是，他的学说一出，立刻就得到了信徒，从几个人到几百人，为以后的发展打下了基础。他的宗教从一个部落宗教经过不断的改造，逐渐变成了几个王朝的国教，进而成为有世界影响的大宗教。

《原始佛教的历史起源问题》(1965 年 3 月)

　　但是，佛教也并不是真对一切种姓一视同仁。它当然首先就会反对婆罗门。在婆罗门教的经典里，四姓的顺序是：婆罗门、刹帝利、吠舍、首陀罗，而在佛教的经典里则是：刹帝利、婆罗门、吠舍、首陀罗。释迦牟尼自称是刹帝利。释迦族原来不大可能有什么种姓制度，这只是受了婆罗门教的影响而模拟出来的。他们自称是刹帝利，据我看，这也是冒牌货。不管怎样，既然自称为刹帝利，就必须为刹帝利辩护，竭力抬高它的地位。《长阿含经阿摩昼经》就是一个例子。新兴的国王（其中也有一些是冒牌的）也努力抬高刹帝利的地位，于是一拍即合，他们也就信奉起、支持起佛教来了。

　　我看，佛教最可靠的基础是吠舍。上面已经谈到，吠舍不断产生阶级分化。农民、牧人、商人都属于这个种姓。佛教主张"非杀"，其中包括不杀耕牛，这当然代表了农民的利益。在佛教兴起的时候，由于对外贸易和国内贸易的发展，由于大城市的兴起，城市大商人的地位越来越高。梅伽斯提尼斯说，印度有七个种姓，第四个就是商人。在政府官员中，有人分工专管贸易。可见商人在当时地位之重要。释迦牟尼同这些商人有着很好的关系。首先信佛教的就是两个商人，这绝不是偶然的。佛经中所说的长者就是商业行帮的首领。这些人在佛经里是受到尊敬的人物。他们对于支持佛教是特别卖力气的。须达多长者购买童子胜的花园赠送佛陀，出亿万金钱布满园中，就是一个很好的例子。还有一件事情，也要在这里谈一下。佛陀是主张禁欲的。但是大城市中一些妓女却对他很感兴趣。有名的庵婆罗女就赠送过他一座花园。这些事情都说明，佛教在一定程度上符合了大城市中新兴的阶级或阶层的利益。

《原始佛教的历史起源问题》(1965 年 3 月)

如果同意我上面作的那一些分析，不但不会出现这样的现象，而且还有助于了解佛教在印度和印度以外盛衰的原因。佛教扎根在被压迫的原始居民中间，提出了一切皆苦的学说，符合了一部分人的想法（当然也就麻醉了他们）。它相信轮回业报，从而反对了种姓制度。它基本上是无区别地对待一切种姓的，它不像婆罗门那样排斥异己，不把社会分割得七零八碎。它反对婆罗门杀牲祭祀，投合了农民的愿望。佛教徒虽然不从事体力劳动，靠布施为生，但是他们不许占有任何财物，房子、牛羊、土地等都不许占有，不许做生意，不许触摸金银；因此同人民的矛盾不大。佛教主张使用人民大众的语言，这就比婆罗门使用梵文大大地有利于接近人民、宣传教义。它反对苦行，在这一点上，又比其他沙门教派占了上风。由于这一些原因，它在印度由小而大，终于成了大王朝的国教。输出印度以后，由于它无区别地对待一切民族，因而在一些亚洲国家流行起来，一直流行到今天。马克思认为宗教是颠倒了的现实的理论。佛教当然也是这样，等到没有可能没有必要再颠倒现实的时候，佛教生存的基础也就会逐渐消逝。

《原始佛教的历史起源问题》（1965 年 3 月）

佛教传入中国以后，作为一个外来的宗教，首要的任务就是要努力挣扎立定脚跟。要想立定脚跟，必须依附于一个在中国已经流行的、有了基础的宗教学说。必要时，甚至不惜做出一些伪装，以求得蒙混过关。在中国人方面，首先信仰这个外来的宗教的并不是普通的老百姓，而是一些上层的统治阶级的人物。他们对一个外来的、完全陌生的宗教也不能立刻了解，他们也总是拿自己固有的宗教观念去比附。这在世界上其他宗教外传时也是常常遇到的现象。

当佛教传入中国时，正是谶纬之学盛行的时候。当时一些皇室贵族，包括个别皇帝在内，比如东汉光武帝和明帝，都相信谶纬之学。在一般人心目中，佛教也纯为一种祭祀，它的学说就是鬼神报应。他们认为佛教也是一种道术，是九十六种道术之一，称之为佛道或释道。佛道并提是当时固定的流行的提法。《后汉书·光武十王传·楚王英传》说："楚王诵黄老之微言，尚浮屠之仁祠。"襄楷上书说（《后汉书》卷六十下）："闻宫中立黄老浮屠之祠。"许多人，包括汉桓帝在内，并祭佛老二氏。佛教就在这样的伪装之下，在中国社会生了根。王充《论衡》对于当时的学术、信仰、风习等都痛加贬斥，然而无一语及佛教。可见当时佛教并不怎样流行，在思想界里并不占什么地位。

为了求得生存，初期的译经大师，如安世高、康僧会之流，都乞灵于咒法神通之力，以求得震动人主和人民的视听。一直到晋代的佛图澄（公元310年至洛阳）还借此为弘教手段。不管这些和尚自己是否相信这一套神通咒法，反正他们不能不这样做。《高僧传》卷九《佛图澄传》中多次提到佛图澄的神异，说得活灵活现，神乎其神。"（石勒）召澄问曰：'佛道有何灵验？'澄知勒不达深理，正可以道术为征。因而言曰：'至道虽远，亦可以近事为证。'即取应器盛水烧香咒之，须臾生青莲花，光色曜目。勒由此信服。"从这一个小例子中可见一斑。

从三国开始一直到魏晋，佛教又附属于玄学。玄学是儒家封建伦理思想的另一种表现形式，它在当时是为门阀士族地主阶级服务的。佛教依附上玄学，不但有能力存在下去，而且还能得到发展。玄学讲什么《周易》、《老》、《庄》，讲什么道。有人就用这个道同佛教的般若波罗蜜多相比附，牵强附会当然难免。然而佛教教义却因而得到承认与发展。

从佛教本身的教义的输入和发展来看，最初传到中国来的是小乘教说一切有部和禅定。这同佛教在印度本土发展的历史是相适应的。在印度是先有小乘，到了公元前3世纪阿育王时代，才开始有大乘思想的萌芽。又到了公元后1世纪，中观派的理论，所谓空宗（创始者为龙树）才开始产生。佛教小乘有些部派多少还有一点唯物主义的因素。大乘佛教则完全继承了奥义书的唯心主义，只不过是使这种唯心主义更细致化、更系统化而已。最早的《四十二章经》是否是印度佛经的译本，还是个问题。汉桓帝建和二年（公元 148 年）到中国来译经的安世高译出了三十余部经，主要是说一切有部的毗昙学和禅观的理论。

同安世高同时来洛阳译经的，以支娄迦谶为最有名。他译的经多半属于大乘中观派，所谓空宗的经典。比如《道行般若经》就属于这一宗。同时稍晚一点支谦译的《大明度经》就是同一部经。朱士行西行求法，求的也是大品般若，结果在大乘盛行的于阗得到梵文《放光般若经》。这就说明，在公元 2 世纪的时候，印度佛教大乘的中观派理论已经传入中国。但是，这种学说并没有立刻引起注意，当然更谈不到广泛流行。时隔一百五十多年，直到魏晋以后南北朝时期，才开始引起注意。原因在哪里呢？这同我们谈到的佛教自附于玄学，是分不开的。当时的佛教理论家并没有完全忠实地按照印度空宗的理论去理解它，而是杂糅了魏晋玄学唯心主义的观点，也讲什么"以无为本"，与老庄相混淆。

晋代的高僧道安（公元 313—385 年），虽然曾说过："先旧格义，于理多违"，实际上却并没能脱出"格义"的框框。他的弟子很多都读儒书或老庄之书。《高僧传》卷五《释昙徽传》说："释昙徽，河内人。年十二投道安出家。安尚其神采，且令读书。二三年中，学兼经史，十六方许剃发。"同上书卷五《释道立传》说："少出家事安公为师，善《放光经》。又以庄、老、三玄微应佛理，颇亦属意焉。"同上书卷五《释昙戒传》说："居贫务学，游心坟典。"同上书卷六《慧远传》说："故少为诸生，博综六经，尤善庄、老。"又说，"远乃引庄子义为连类，于是惑者晓然。是后安公特听慧远不废俗书。"同上书卷六《慧持传》说："释慧持者，慧远之弟也。冲默有远量。年十四学读书，一日所得，当他一句。善文史，巧才制。"因为利用儒书和老庄牵强附会来宣传佛教更容易为人们所接受，所以他就听弟子"不废俗书"。道安还劝苻坚迎鸠摩罗什，为大乘开基，他又集诸梵僧译阿毗昙，为小乘结束。

在这个时期，由于中国还是统一的，所以佛教还没有形成南北两大

派。到了南北朝时期，南北分裂，各自独立，佛教也因之而形成两大
派：南方重理论，偏于思辨，不重禅法，所谓"弘重义门，至于禅法，
盖蔑如也。"就是指的这个现象。盛行的佛学是《般若》、《三论》、《成
论》，基本上都是大乘空宗的学说。北方重修持、禅定，倾向于苦行，
盛行禅法与净土的信仰，偏重戒律，并杂以阴阳方术，汉代佛法的残余
似乎流行于此，汉代儒家经学的传统也似乎比较有力；在这里学风比较
朴实，继承了北方宗教传统的衣钵。这是政治上南北对立在宗教上的反
映。但是南北也有互相交流的一面，禅法与义学的界限并不是绝对的。
隋唐之际，许多大师都主张"定慧双开"、"禅义兼弘"，可见其中消息。
总的来说，这实际上是魏晋玄学的延续，不脱三玄的规范，并配合玄
学，为门阀士族的特权辩护。

《玄奘与〈大唐西域记〉》(1980 年 4 月 27 日)

同佛教在中国形成了南北两大派差不多同时，印度佛教大乘瑜伽行
者派所谓有宗也开始形成。这比起大乘的形成来要晚很多。比起中观派
所谓空宗的形成来，也晚不少。传说这一派的创始者是弥勒（Maitreya-
natha，约公元 350—430 年）。这个人的存在是值得怀疑的，有的学者
说实有其人，有的学者则说纯属虚构。肯定是历史人物的是无著（约公
元 395—470 年）和世亲（约公元 400—480 年）。尽管这二人的生卒年
月也还不清楚，但生在 4—5 世纪是没有问题的。这里特别值得提出的
是，在无著和世亲以后，这一派出了几个著名的逻辑（因明）学者，比
如陈那（6 世纪）和法称（7 世纪）。讲因明，必须讲因果关系，因果关
系就包含着一些辩证法的因素。释迦牟尼首倡的十二因缘，属于这一
类。大乘初期的创始者是反对或歪曲因缘论的。比如龙树，他不敢公然
反对十二因缘，却歪曲说，十二因缘就正证明了一切事物皆非真实。有
宗的这些因明学者都有勇气承认 Pramāna（旧译作"量"或"形量"，
认识工具），承认 Pratyak sa 和 Anumdna 的正确性。法称公然说："人

类所有的成功的活动都必须以正确的知识为前提。正确的知识有两种：一种是知觉，一种是推理。"他们的学说对印度直接经验 Anumana 哲学产生了很大的影响。因为瑜伽派比中观派的建立要晚二三百年，所以传到中国来的时候也相应地晚了。在中国，传译介绍有宗法相唯识之学的，在南方有陈代（公元 557—589 年）真谛，他译有《摄大乘论》等经典，有人就说，真谛建立了摄论宗。此外，真谛还译了一些有关因明的论著。在北方有菩提流支、勒那摩提，活动时期较真谛略早，所译有《十地经论》等，有人又说他们创立了地论宗。仔细研究起来，在当时还只能有学派，不可能有宗派，称之为宗，是有点勉强的。

到此为止，印度佛教的大小乘，大乘中的空宗、有宗，随着印度佛教的发展，都介绍到中国来了。印度这些宗派之间的矛盾也与之俱来。有人说，在中国这种矛盾不激烈。这是不符合实际情况的。宗教与宗教之间的斗争是激烈的，但是一个宗教内部斗争往往比对外矛盾还要激烈，这是中外宗教史上常见的现象。中国也不能例外。首先遇到的是小乘和大乘的斗争。梁《高僧传》卷四《朱士行传》说："（士行）既至于阗，果得梵书正本凡九十章，遣弟子不如檀、此言法饶，送经梵本还归洛阳。未发之顷，于阗诸小乘学众遂以白王云：'汉地沙门，欲以婆罗门书，惑乱正典。王为地主，若不禁之，将断大法。聋盲汉地，王之咎也。'王即不听赍经。士行深怀痛心，乃求烧经为证。王即许焉。于是积薪殿前，以火焚之。士行临火誓曰：'若大法应流汉地，经当不然。如其无护命也如何。'言已投经火中，火即为灭。"很显然，这一段神话是站在大乘立场上说出来的。僧祐《出三藏记集》卷五《小乘迷学竺法度造异仪记》，记载了竺法度"执学小乘，云无十方佛，唯礼释迦而已。大乘经典，不听读诵。"僧祐是站在大乘立场上的，故称之为"小乘迷学"。

大小乘有矛盾，大乘空、有也有矛盾。最著名的、最有代表性的例子就是罗什与觉贤的矛盾。觉贤，梵名佛驮跋多罗，或佛驮跋陀，亦作佛大跋陀罗、佛度跋陀罗。他生于天竺，以禅律驰名。他游学罽宾。受业于大禅师佛陀斯那。罽宾一向是小乘萨婆多部（说一切有部）的流行地。梁《高僧传》卷二《佛陀跋陀罗传》说："常与同学僧伽达多共游罽宾。"他在那里受到萨婆多部的影响是很自然的。《出三藏记集》中之萨婆多部目录说："长安城内齐公寺萨婆多部佛大跋陀罗。"可见他原隶说一切有部。秦沙门智严到了罽宾，请他同来中国。同罗什见了面。罗什宣扬的是大乘空宗，而觉贤服膺的是大乘有宗。罗什的禅法，也与觉贤不同。《出三藏记集》卷九《华严经记》说："请天竺禅师佛度跋陀罗手执梵文，译胡为晋。沙门释法业亲从笔受。"《华严经》属于大乘有宗。可见觉贤信仰之所在。觉贤是介绍世亲有宗入中国的最早的和尚之一。《出三藏记集》卷二讲到《大方广佛华严经》等十部经的翻译时说："晋安帝时，天竺禅师佛驮跋陀（罗）至江东，及宋初于庐山及京都译出。"同卷讲到《大般泥洹》等十一部经的翻译时说："法显以隆安三年游西域，于中天竺师子国得胡本，归京都，住道场寺。就天竺禅师佛驮跋陀（罗）共译出。"

觉贤既然与罗什有这样的矛盾，必不能融洽共处。梁《高僧传》本传说："闻鸠摩罗什在长安，即往从之。什大欣悦，共论法相，振发玄微，多所悟益。"但是接着就说："因谓什曰：'君所释不出人意。而至高名何耶？'什曰：'吾年老故尔，何必能称美谈。'"参阅《出三藏记集》卷十四《佛大跋陀传》这话说得很尴尬。两人论空，意见相左。结果"遂致流言，大被谤读，将有不测之祸。"可见问题之严重了。这不是两人之间个人的问题，最根本的原因是二人的信仰空、有的矛盾。由于信仰而致杀身者，中外历史不乏先例。觉贤受迫害也就不足为怪了。

《玄奘与〈大唐西域记〉》（1980 年 4 月 27 日）

尽管大、小有矛盾，空、有有矛盾。但只能说是学派之争，还不能说是宗派之争。到了隋唐，南北统一了。一方面，佛教有了融合统一的可能性。此时不少人主张"定慧双开"、"禅义兼弘"，就是这种趋势的朕兆。但是，佛教在中国毕竟已经过了幼年期，可以说是已经成熟了。对于佛教教理方面的一些问题，看法越来越分歧，成见越来越深。久而久之，就形成了不少的宗派。到了此时，只有到了此时，我们才能谈佛教的宗派。

宗派的滥觞好像是在北方，而盛于南方。最初萌芽的宗派几乎都属于空宗。只有流传时间极短暂的摄论宗、地论宗属于有宗。这是同印度佛教思想的发展相一致的。空宗传入中国的时候，有宗还没有出现，当然更谈不到传入中国了。

谈到宗派的形成，我上面已经谈到，在南北朝时期大体上只能有学派，还不能有宗派，很多中外的佛学研究者说中国有十宗或八宗，而且从南北朝时期已开始。这是不大符合实际情况的。梁启超《中国佛法兴衰沿革说略》中提到的宗有：大乘摄论宗、小乘俱舍宗、十地宗、三论宗、法华宗、涅槃宗、天台宗、法相宗（唯识宗、慈恩宗）、华严宗、净土宗、律宗、密宗、禅宗，有人还添上地论宗、摄论宗。在这些宗派中，各宗都有自己的教规。律宗不能成为宗，净土宗没有自己的专有理论，也不能算宗；成实、俱舍都只能算是学派，不是宗派；三论宗后被天台、禅宗所吸收，不能独立成宗。能够成为宗派的只有天台宗、华严宗、法相宗和禅宗。天台源于北齐、南陈，创于隋，流行于江浙、湖北一带，倾向于统一综合，南方义学和北方禅定都去学习，企图通过禅定来证悟般若。华严宗兴起于陈隋之间，形成于武则天时，根据地在终南山和五台山。法相宗创始者为玄奘、窥基。禅宗源于北魏菩提达摩，盛于唐，先流行于庾岭、广东、湖南、江西，然后遍及全国，流行时间最长，实际上已成为一个呵佛骂祖的宗派，已成为佛教的对立面，简直已经不是佛教了。

自南北朝以来，大量的佛经翻译过来了，印度佛教主要的经典几乎都有了汉译本，有的经典汉译本不止有一个，而是有许多个，中外僧徒翻来覆去地翻译。佛教宗派一个个地形成，佛教本身也在统治者扶持之下，流行起来了。这时在佛教教义方面，矛盾和分歧突出出来了。大乘、小乘有矛盾，大乘中空宗、有宗又有矛盾。为了调和和弥补理论上的分歧，加强内部的团结，各宗派都建立了判教的体系。换句话说，各宗派都根据自己的观点、理论，把佛教各宗的理论加以批判、整理和估价。判教源于何时，现在还说不清，最早的有慧观法师，他曾区分顿、渐、不定三教。判教之说大概起源于北凉昙无谶，盛行于北方，与宗派的形成关系很大。

在这时候，各宗派讨论批判的理论问题很多，其中最突出的就是关于佛性的问题。什么叫佛性问题呢？就是人能不能够成佛的问题。在我们看来，这个问题同西欧中世纪基督教神学家讨论一个针尖上能够站多少天使同样地荒诞不经，滑稽可笑。然而，在佛教徒看来，这却是一个天大的问题。为了麻痹善男信女，扩大自己的地盘，巩固自己手中的经济，必须提出这个问题，而且必须给以回答。

在印度佛教史上，虽然提法不同，这个问题也是有过的。怎样成佛？何时成佛？同在中国佛教史上一样，有许多说法。一般说起来，小乘要求比较高，也就是说，他们卖天国入门券，讨价高，出手比较悭吝。他们主张，必须累世修行，积累功德，然后才能成佛。后汉安世高所译的佛经大概都是这种主张。这样做当然比较艰苦，令人望而却步。这表现了守旧派为了维护人世间的不平等的封建等级制所进行的努力。又有人主张逐渐修行，到了一定阶段，来一个飞跃，然后再修行，即可成佛。道安就是这样主张。这比第一种说法容易一点，然而也还有不少的麻烦。这对于维护封建特权来说，是有好处的；然而对麻痹信徒来说，却有其不利的一方面。天国入门券如果太贵，有些人就望望然而去之了。到了鸠摩罗什的大弟子竺道生身上发生了一个巨大的变化。慧皎《高僧传》卷七《竺道生传》说：

于是校阅真俗，研思因果，乃立善不受报，顿悟成佛。又著《二谛论》、《佛性常有论》、《法身无色论》、《佛无净土论》、《应有缘论》等，笼罩旧说，妙有渊旨。而守文之徒，多生嫌嫉，与夺之声，纷然竞起。又六卷《泥洹》（东晋义熙十三年［公元417年］译出——引者）先至京师。生剖析经理，洞入幽微，乃说"一阐提人皆得成佛"。于时《大本》未传，孤明先发，独见忤众。于是旧学以为邪说，讥愤滋甚。遂显大众，摈而遣之……后《涅槃大本》至于南京，果称阐提悉有佛性，与前所说，合若符契。（参阅《出三藏记集》卷十七，内容几乎完全一样）

北凉昙无谶译《大般涅槃经》四十卷本，卷二二《光明遍照高贵德王菩萨品》中说："犯四重罪，谤方等经，作五逆罪，及一阐提悉有佛性。"这说法与竺道生的说法完全相同。这真是石破天惊，佛坛佳话。中印相距万里，而想法竟如是之相似。可见买廉价的天国入门券也是有规律可循的。麻痹信众，维护阶级利益，竺汉相同，这也大概可以算是阶级斗争的规律吧。南朝阶级斗争激烈，贫富悬殊，于是先秦两汉已经提出来的一个问题又提出来了：人生有贵贱，人性是否也有贵贱呢？《涅槃经》解答了这个问题，可以说正是时候，佛教从般若学转到了涅槃是佛教发展的一个关键阶段。般若和涅槃都属于空宗，但在佛性问题上，涅槃可以说是抢先了一步。

其实这种想法在个别小乘经中，在大乘的《法华经》、《维摩诘经》已有所流露。《法华经·授学无学人记品》第九说："悉皆与授记，未来当成佛。"《常不轻菩萨品》第二十说："我不敢轻于汝等，汝等皆当作佛。"《法华经》还讲到龙女成佛的故事。到了《涅槃经》只是说得更具体、更切实而已。但是这种学说在南北朝时，庶族地主还没能在政治上占重要地位，因而还没能得到广泛的承认。到了唐代，唐王朝统治者有意打击门阀士族，他们逐渐失势，庶族地主阶级靠科举往上爬，反映在佛教教义方面，顿悟成佛就大大流行起来，禅宗把这个学说发扬光大。渊源于北齐、南陈，创于隋，盛于唐的天台宗的祖师爷之一的湛然（公元 711—782 年）提出了"无情有性"的学说，把成佛的可能与范围更扩大了，意思是连没有情的东西，像草木砖石都有佛性，都能成佛，进入极乐世界，人类能成佛当然更不在话下了。

《玄奘与〈大唐西域记〉》（1980 年 4 月 27 日）

　　玄奘创立的法相宗怎样呢？

　　前面谈到的各个宗派都是属大乘空宗的。创于唐初的法相宗是属于有宗的。玄奘和窥基所想继承的是印度无著和世亲等有宗大师的衣钵。这一派主张现实世界的一切事物都是众多感觉经验的集合体，都是"识"的变现。这有点像欧洲唯心主义经验论者贝克莱（公元 1684—1753 年）的学说。列宁在《唯物主义和经验批判主义》一书中首先批判的也就是这一种学说。为了开辟通向最高境界、真如世界（变相的天国）的道路，法相宗提出了"三性"、"三无性"的学说。这一派完完全全接受印度瑜伽行者派的关于八识的学说，说什么第八识阿赖耶识中包含着有漏种子和无漏种子，有漏种子通过善行的熏习可以转化为无漏种子，只有断尽了有漏种子才能成佛，而只有佛才能断尽有漏种子。我们姑且不谈这里面无法解决的矛盾，只是这种成佛的途径就非常艰辛而且毫无把握。同禅宗和其他宗派提出的"放下屠刀，立地成佛"、"一阐提人皆有佛性"、"无情有性"等等学说比较起来，其难易的程度有如天壤，人们舍此而就彼，不是很自然的吗？还有一点是法相宗同其他各宗不同的地方：法相宗是教条主义，几乎是全盘接受印度有宗的那一套学说，它利用相对主义翻来覆去地论证现实世界虚妄不实，但却认为"识"是存在的，它几乎没有什么创造与修正，没有或者很少配合当时阶级斗争的形势，适应经济基础的需要。而其他各宗都或多或少地中国化了，也就是说，密切配合阶级斗争为统治者服务。这些宗派，特别是禅宗，之所以能长久流行于中国，而法相宗只流行了几十年，创立人一死，宗派也就立刻消逝，其原因也就在这里。我们可以得出一个结论：一个宗派流行时间的长短是与它们中国化的程度成正比的。谁的天国入门券卖得便宜，谁就能赢得群众，就能得到统治者的支持。反之，就不能。这种情况，在印度佛教史上，同样可以发现，其中是有规律可循的。在中国，同在印度一样，还可以发现一个规律，就是：天国入门券，越卖越便宜。法相宗的入门券卖得贵了一点，所以买的人就少。它以后的华严宗和禅宗，就便宜得多。华严宗宣扬，进入佛国不必努力苦修，不必等到遥远的将来，只要在眼前改变一下对现实世界的看法，立刻就可以成佛。禅宗的"放下屠刀，立地成佛"是最有名的，也是最简便便宜的。禅宗流行的时间特别长，地域特别广，难道是偶然的吗？

有人主张玄奘企图沟通中观与瑜伽两派，他在印度著《会宗论》就是为了达到这个目的。梁启超说："会通瑜伽般若两宗，实奘师毕生大愿。"我看，这个说法恐怕不够确实、全面。玄奘实际上是在空宗（般若）的基础上建立自己的佛学体系的。他并不把般若与瑜伽等量齐观。至于说，玄奘思想中有辩证法因素，那倒是符合实际情况的。这个问题下面再谈。

在印度佛教史上，大乘有宗产生得最晚。它最有资格总结整个的佛教史。它也确实这样做了。在有宗一部重要的经典、玄奘亲自翻译的《解深密经·无自性相品》中，它以三时判别佛教各宗的高下：

> 尔时胜义生菩萨复白佛言："世尊！初于一时，在婆罗痆斯仙人堕处施鹿林中，惟为发趣声闻乘者，以四谛相转正法轮，虽是甚奇甚为希有，一切世间诸天人等先无有能如法转者；而于彼时所转法轮，有上有容是未了义，是诸诤论安足处所。世尊！在昔第二时中，惟为发趣修大乘者，依一切法皆无自性，无生无灭，本来寂静，自性涅槃，以隐秘相转正法轮，

虽更甚奇甚为希有，而于彼时所转法轮，亦是有上有所容受，犹未了义。是诸诤论安足处所。世尊！于今第三时中，普为发趣一切乘者，依一切法皆无自性，无生无灭，本来寂静，自性涅槃，无自性性，以显了相转正法轮，第一甚奇，最为希有。于今，世尊所转法轮，无上无容，是真了义，非诸诤论安足处所。"

意思就是说，第一时是小乘说有教，第二时是大乘空宗，这两时都不行。只有第三时有宗，才是最高的真理，最正确，"第一甚奇，最为希有。"

这种说法，我觉得很有意思，好像也符合印度佛教的发展实际情况。我在这里再借用黑格尔的三段式的说法：正题（小乘的有）——反题（大乘的空）——合题（大乘的有）。如果借辩证法的术语，也就是否定之否定。佛教传入中国后，其发展阶段，几乎完全与印度本土佛教的发展相适应。玄奘可以说是代表佛教教义的最高的发展。在他以后，虽然佛教还颇为流行，但已有强弩之末的趋势，在中国、在印度都是这样。从这个观点上来看玄奘在佛教史上的地位，在佛教教义中的地位，可以说是既得鱼又得筌的。至于法相宗究竟是一个什么样的宗派，可参阅任继愈：《汉唐佛教思想论集》，《法相宗哲学思想略论》，这里就不再谈了。

《玄奘与〈大唐西域记〉》（1980 年 4 月 27 日）

唐朝儒生反对佛教，态度比较一致，理论比较肤浅。最著名的辟佛者是韩愈，他就是肤浅的典型。从他的名著《原道》来看，他大概并不大通佛理。他只是从保护民族文化，坚持中国的学术传统，就是所谓道统，维护儒家格物、致知、诚意、正心、修身、齐家、治国、平天下那一套修养经来反对佛教。佛家只讲个人修行，不关心国家大事。这一点使儒者韩愈很不满。一个人一出家就不再从事生产。统治阶级的剥削和经济利益就会受到损害。这一点更使韩愈不满。他因此就辟佛。他是以唯心主义来反对唯心主义的。他的辟佛实与哲学体系无关。柳宗元和刘禹锡情况差不多。他们基本上都是唯物主义者，但是都尊崇佛教。柳宗元说："自幼好佛，求其道积三十年。"（《送巽上人序》）可见其爱佛之深。刘禹锡也把儒、佛并提，毫无辟佛之意。他又认为儒家"罕言性命"，适合于治世；佛家讲心性，大悲救诸苦，是有神论，适合于乱世。总之，他们俩以唯物主义者而崇信佛教教义，可见也与理论体系无关。看来，他们不过是想在彼岸世界（涅槃）寻求精神安慰而已。

唐代的儒佛关系，当然不限于上面讲的这些情况，也不限于韩愈、柳宗元和刘禹锡几个人。在佛教传入中国以后，在整个的中国思想史上，儒、佛的关系都占有一定的地位，其间的关系也是很错综复杂的。因为与我们现在讲的关系不大，我们也就不再细谈。

《玄奘与〈大唐西域记〉》(1980 年 4 月 27 日)

在资本主义社会以前的（包括资本主义社会本身）中外的统治者几乎都想利用宗教，为巩固自己的统治服务。而宗教为了巩固自己的地位，也都介入政治。马克思的名言："宗教是人民的鸦片烟"，就是为此而发的。但是，各国各时代的统治者利用宗教，又有其不同的策略与措施。

唐朝最高统治者李家出身北周贵族，利用隋末天下大乱的时机，在太原起兵，终于打败群雄，篡夺了农民革命的胜利果实，登上了皇帝宝座。唐初的统治者（主要是太宗），总结经验，觉得必须对老百姓（主要是农民），在政治、经济方面让点步，才能保持并巩固自己的统治。唐太宗对大臣们说："甲兵武备，诚不可阙。然炀帝甲兵岂不足耶？卒亡天下。若公等尽力使百姓安义，此乃朕之甲兵也。"

在政治经济方面让点步，但在思想领域内则必须加强控制，才能达到巩固统治的目的。在这里，首先碰到的是宗教问题。唐承北朝之制，专设管理宗教的机构。另一方面，从隋代起，一直到唐高宗、武则天，在拥立问题上，宗教都或多或少地介入了。人主看宗教对自己有用的程度而决定取舍和抑扬。所谓有用，包括六个方面：一，哪个宗教拥立了自己？二，哪一个宗教对眼前或将来的统治有用？三，哪一个宗教能为自己的门楣增光？对调整品级结构，抑制名门大族，抬高庶族地位，确定族望与官品相结合的等级结构有用？四，哪一个宗教有利于扩大版图？五，哪一个宗教有利于长生不老？六，如果是一个女皇，哪一个宗教能抬高妇女的地位？最后这一个看来是个小问题，但可也是统治者关心的问题。根据这一些考虑，可能还有其他考虑，隋唐统治者就对儒、道、佛三家有压有提，有抑有扬，随时变化，随地变化，随人变化，呈现出错综复杂的景象。

儒家一方面宣扬"死生有命，富贵在天"的宿命论，另一方面又讲一套君君、臣臣、父父、子子的伦常道德，最利于稳定社会秩序，使大家各安其分，不敢妄生非分想，因而也就最利于封建统治。所以孔子的地位越来越高。在唐初，周公的地位还在孔子之上。但是不久周公就下了台，孔子一人独占儒席，而且官封到大成至圣文宣王这个吓人的高度。

道家，传说是老子李耳所创。唐代统治者姓李，为了给自己门楣涂上色彩，就想在古代名人中找一个祖宗，找来找去，找到李耳，便自称为李耳之后。

至于佛教，它讲的那一套道理是舶来品，首先处在不利的地位。它又讲什么出家人不拜君父，直接违反中国上千年的封建道德。这个问题在印度，特别是在中国，一直争论不休，对佛教的发展不利。但是，我们上面已经谈到，佛教传入中国以后，适应中国的国情，从小乘到大乘，一直发展到禅宗，佛国入门券越卖越便宜，麻醉性越来越大，它反复宣扬当前的痛苦算不了什么，佛国就在眼前，这对封建统治者是有利的。佛教还讲什么涅槃佛性，成佛作祖，乐园净土，这对一些统治者也是有吸引力的。所以佛教有时候也能得到统治者的欢心。道教的长生不老起到同样的作用。此外，唐代有不少主张治世用儒教，乱世用佛教。《全唐文》卷七八八，十三上李节：《钱潭州疏言禅师诣太原求藏经诗序》说："夫俗既病矣，人既愁矣，不有释氏使安其分，勇者将奋而思斗，知者将静而思谋，则阡陌之人，皆纷纷而群起矣。"

《玄奘与〈大唐西域记〉》（1980 年 4 月 27 日）

此外，和尚、道士，儒生更不必说，很多人热心干预政治，在拥立问题上进行赌博。佛徒和道士助隋反周，女尼智仙有了大功。所以在隋代，佛教地位最高，道教也保有地位，儒家地位最低。到了隋末唐初，佛徒景晖和道士王远知都密助李渊。这当然会影响李渊对他们的态度。后来法琳拥建成，道士王远知拥太宗，法琳几乎被太宗杀掉，厚着脸皮说谎，说什么太宗是现世菩萨，才勉强蒙混过去。太宗晚年，道士拥立高宗。再晚一点，和尚拥立武则天。以后的事我们在这里不谈了。总之，初唐几个皇帝都曾为继承宝座而奋斗过。佛、道两家都曾从中插手，因而在一定的程度上影响了统治者对他们的态度。

专就唐朝的统治者而言，名义上虽然是北周贵族，但并不被看作是名门士族。从三国魏文帝起立九品中正之法，形成了把持政权的世族制度。此制直至隋唐，沿行不辍。唐太宗想造成以唐宗室和大臣为主体的新士族集团，打击传统的门阀士族，以便于长期统治。他命令高士廉等撰《氏族志》，把全国世家士族定为自上上至下下共九等。贞观十二年（公元 638 年）书成，列崔干为上上。太宗大怒，斥责了高士廉等人，硬是命令他们重修，才改定以皇族为上上，外戚为上中，崔干列为上下，这件事情才算了结。

此外，李唐统治者的血统也不是没有问题的，李唐统治者从父系来讲，实际上是李初古拔的后裔，并不是汉族。从母系来讲，什么独孤氏，什么窦氏，什么长孙氏，都不是汉族。所以李唐的血统，在当时看来并不高贵。这一点他们自己心里应当是非常清楚的。

另外还有对外关系方面的考虑。最初只不过是保护边疆的稳定，后来又有了扩大版图的企图。中国自古代起，北方就不断有汉族以外的民族的侵扰。在汉代是匈奴，此后鲜卑曾兴盛过一阵。到了唐初，就换成了突厥。唐高祖起兵太原，准备争夺天下，先向东突厥始毕可汗称臣，以绝后顾之忧。始毕可汗死，弟处罗可汗、颉利可汗相继为主。连年入侵，深入唐境，掳掠烧杀，连长安也遭到严重威胁。唐王朝被迫讲和，甚至想迁都避突厥之锋。由于太宗反对，才没有实现。以后，太宗又多次与东突厥打交道。公元 629 年，太宗乘东突厥内部不和之机，命李靖等出兵，大破东突厥，俘颉利可汗。从此唐朝声威播及西域。公元 630 年，四方君长奉太宗为天可汗。东突厥虽然平静下去，但西域并不平静。除了东突厥以外，还有西突厥和一些别的民族，比如铁勒诸部都对唐朝的统治有所威胁。唐王朝的最高统治者不能不加以注意。

上面谈到宗教干预政治在拥立问题上起了作用，谈到士族等级的问题，谈到李唐的民族问题，谈到唐朝西域边疆之患。这些问题表面上都与宗教信仰无关，实际上却有某种联系。这与我们上面谈到的初唐统治者考虑的六个方面是一致的。他们对儒、道、佛三家的态度在一定程度上受这些考虑的影响。我们下面谈这个问题时，就与这些考虑有千丝万缕的关系。

《玄奘与〈大唐西域记〉》(1980 年 4 月 27 日)

玄奘离开中国到印度求法的时候，佛教在中国的传播至少有了六七百年的历史，很多重要的佛典已经译成汉文，有的甚至有不止一个译本。翻译组织已经形成了一个比较固定的体系。佛教教义也已有了很大的发展，中国僧侣已经能够自己创造新的宗派，形成了中国化的佛教。

禅宗甚至可以说几乎完全是中国的创造，它实际上已经走向佛教的反面。佛教寺院已经有了自己独立的经济。大和尚成了僧侣地主，同世俗地主有矛盾，同时又剥削压迫僧伽中的劳动者。统治者对宗教的态度是崇尚道教，有时三教并用，佛教并不特别受到重视。

在印度方面，封建社会达到了相当高度的发展。佛教已经分解成为小乘和大乘，小乘的许多宗派渐趋合并，大乘空、有两宗都已出现。外道势力非常强大，佛教已呈现出由盛至衰的情况。中印两国的交通空前频繁，文化交流达到空前的高潮。

在玄奘活动的时期，中印两国的情况大体上就是这样。

综观玄奘的一生，无论是在佛经翻译方面，还是在佛教教义的发展方面，他都做出了划时代的贡献，他在这两方面都成了一个转折点。

《玄奘与〈大唐西域记〉》（1980 年 4 月 27 日）

对玄奘的评价也应该采取实事求是的态度。从中国方面来看，玄奘在中国佛教史上是一个继往开来承先启后的关键性的人物，他是一个虔诚的宗教家，同时又是一个很有能力的政治活动家。他同唐王朝统治者的关系是一个互相利用又有点互相尊重的关系。由于他的关系，佛教，特别是大乘佛教，得到了一定的发展。但是由于寺院有了独立的经济，寺院的头子都成了僧侣地主阶级，因此就不可避免地要同世俗的地主阶级，特别是地主阶级的总头子的唐朝皇帝发生矛盾。所谓"会昌法难"就是这样产生出来的。玄奘，不管他有多大能力，也无法避免这样的悲剧。佛教的衰微是不以他的意志为转移的。

至于他个人，一方面，他是一个虔诚的佛教徒、有道的高僧。另一方面，他又周旋于皇帝大臣之间，歌功德颂，有时难免有点庸俗，而且对印度僧人那提排挤打击，颇有一些"派性"。《续高僧传》卷四，《那提传》说："那提三藏，乃龙树之门人也。所解无相与奘颇返。"这说明他信仰空宗，同玄奘不是一派。他携带了大小乘经律五百余夹，合一千五百余部，永徽六年（公元 655 年）到了京师，住在慈恩寺中，"时玄奘法师当涂翻译，声华腾蔚，无有克彰，掩抑萧条，般若是难。既不蒙引，返充给使。显庆元年敕往昆仑诸国，采取异药。既至南海，诸王归敬，为别立寺度人授法。弘化之广，又倍于前。以昔被敕往，理须返命。慈恩梵本，拟重寻研。龙朔三年（公元 633 年）还返旧寺，所赍诸经，并为奘将北出，意欲翻度，莫有依凭。"这里的玄奘简直像是一个地头蛇，一个把头。看来那提是一个很有学问很有道行的高僧。否则南方诸国的国王也不会这样敬重地。然而只因与玄奘所宗不同，便受到他的排挤、抑压。而且自己带来的佛经也被玄奘夺走。真有点有苦难言，最后只能怏怏离开中国，死在瘴气之中。连《续高僧传》的作者也大为慨叹："夫以抱麟之叹，代有斯踪，知人难哉！"

《玄奘与〈大唐西域记〉》（1980 年 4 月 27 日）

　　研究印度历史的学者，不管他是哪一国人，不管他代表哪一种观点，他们都给予《大唐西域记》以极高的评价。上面几个例子充分可以证明，在上百年的研究印度史的实践中，《大唐西域记》已经表现出了自己的价值。再引更多的例子完全没有必要了。

　　对于玄奘的研究，对于《大唐西域记》的研究，尽管在中国和全世界范围内已经进行了很多年，也已取得了很大的成绩；但是我总感觉到，好像方才开始。要想用科学的观点实事求是地研究印度史，研究中印文化关系史，首先必须占有资料，像《大唐西域记》这样的资料堪称其中瑰宝。正如我上面已经说到的那样，书中有许多问题还没有解决。我上面这些不成熟的意见，只能看作是初步尝试。引玉抛砖，敢请以我为始；发扬光大，尚有待于来者。

《玄奘与〈大唐西域记〉》（1980 年 4 月 27 日）

　　释迦牟尼时代，正是印度古代思想最活跃的时期，有点像中国的春秋战国时期，各种学说，风起云涌，百家争鸣，莫衷一是。从各方面来看，都可以说是印度历史上一个转折点。当时在思想界有两大对抗的潮流：一是婆罗门，主张吠陀天启，祭祀万能，婆罗门至上。这是保守派。一派是沙门，反对婆罗门那一套，是革新派。释迦牟尼属于沙门系统，属于革新派。恩格斯说，他的学说中有一些辩证法的因素。有人说，他的主要敌人不是婆罗门，而是外道六师，这看法很有见地。他究竟宣传了些什么学说，今天还无法证实，只能根据现存的佛经加以概括的论述。

有人主张，释迦牟尼在涅槃前不久，对自己的学说做了一个撮要，这就是：四念处、四意断、四神足、四禅、五根、五力、七觉意、贤圣八道。所有佛教宗派，包括大乘在内，都无异说。这似乎就是释迦牟尼自己归纳的基本教义。这说法有没有根据呢？应该说是有的。《长阿含经》卷二《游行经》说：

> 告诸比丘："汝等当知，我以此法自身作证，成最正觉，谓四念处、四意断、四神足、四禅、五根、五力、七觉意、贤圣八道。汝等宜当于此法中，和同敬顺。勿生讼诤。"

但是这种根据是靠不住的。这所谓"三十七品"在佛典中已经成为一个刻板的老一套。不管什么地方，一提到佛的教义，就是这一套。例子太多，无法引用。看来这是佛教和尚长期形成的一套说法。释迦牟尼在生前不可能对自己的学说做这样系统的阐述，这样的系统化显然是后人做的。

《论释迦牟尼》（1981 年 9 月）

估计如来佛的根本教义，不会出他在成佛时思考过的一些问题之外，后来他在第一次说法时又讲到过，这就是四圣谛和十二因缘。十二因缘已经讲过，四圣谛是指苦、集、灭、道。意思就是说，人世无常，一切皆苦，造成苦的原因就是烦恼及业，必须从烦恼及业中解脱出来，达到涅槃境界。达到涅槃的道路就是所谓八正道。

原始佛教最基本的教义可能就是这些，后来逐渐发展、深化、系统化，越说越玄，越说越烦琐，以致达到"佛学号称难治"的程度。

《论释迦牟尼》（1981 年 9 月）

根据晚于释迦牟尼的佛经的记载，他说法很有一些特点，他善于用比喻，而且比喻很多出于农牧。这些记载不一定完全可靠，可能有一部分是出于和尚代代相传的回忆，至少可以反映早期佛教徒的情况，这种例证比比皆是。我现在从汉译佛经中选出几个例子来：

> 犹如耕田薄地之中，下种虽多，收实甚小。
>
> 譬如农夫，宿有二业：一田业高燥肥沃，二田业下湿瘠薄。
>
> 若好田苗，其守田者心不放逸，栏牛不食，设复入田。尽驱令出。
>
> 过去世时，摩揭提国有牧牛人，不愚不痴者，有方便慧。
>
> 若复牧牛人成就十一法者，能拥护其牛，终不失时。有所饶益。
>
> 如田家子，善治其地，除去秽恶，以好谷子著良田中，于中获子，无有限量。亦如彼田家子，不修治地，亦不除去秽恶而下谷子，所收盖不足言。

这些比喻的例子都说明释迦牟尼本人和他早期的信徒是同劳动大众有密切的联系的。他们了解人民的生活，用人民的一些喜闻乐见的、从他们生活中选取来的比喻来阐述比较难懂的佛教教义。佛教发展之所以能这样迅速，影响之所以这样大，与这种说法方式可能有些关系。此外释迦牟尼不承认梵文的神圣性，主张和尚使用自己的方言来宣传教义。

《论释迦牟尼》（1981 年 9 月）

释迦牟尼主张改革，但有很大局限性。他想革新，但又不彻底。比如他反对婆罗门所竭力主张的祭祀，他反对种姓制度。他曾打比喻说：在入海以前，长江大河各有自己的名字，一流入大海，就混同起来，表示佛教僧伽内部没有种姓之别。但不彻底，他好像只想为刹帝利向婆罗门争首席地位。过去六佛没有一个出身吠舍、首陀罗，可以为证。

在他一生中，他都同当时很有力量的商人有密切联系。在一定程度上，他也关心农民，主要是吠舍。他反对杀牲（牛），这有利于农业，而农业又主要是吠舍的职业。婆罗门当农民的在《本生经》中也可以找到。另一方面又结交国王，国王奴隶主反对奴隶逃跑，他就禁止奴隶入教，这可以说是迎合国王。在这里，他提供了一个在他以后的中外佛教徒（别的宗教徒也差不多）都遵循的榜样。《梁高僧传》卷五《道安传》记载高僧道安的话说："不依国主，则法事难立。"讲的就是这个道理。他同淫女也打交道，在这些方面表现出不少的世故，表现出圆熟的交际手段。总之，释迦牟尼是一个性格比较复杂，有不少矛盾的人物。但他之所以成功，佛教之所以成为一个世界宗教，一方面说明它满足了一部分人民的宗教需要，同时同他这个教主有一套手段，也是分不开的。

《论释迦牟尼》（1981 年 9 月）

我接触到佛教研究，已经有五十年的历史了。1935 年，我到了德国哥廷根，开始学习梵文、巴利文和吐火罗文，算是我研究佛教的滥觞。从那以后，在长达半个世纪的漫长的年代里，不管我的研究对象"杂"到什么程度，我对佛教研究始终锲而不舍，我在这方面的兴趣也始终没有降低。

"你研究佛教是不是想当和尚呀？"有人曾半开玩笑地问过我。我从来没有信过任何宗教，对佛教也不例外。而且我还有一条经验：对世界上的任何宗教，只要认真地用科学方法加以探讨，则会发现它的教义与仪规都有一个历史发展过程，都有其产生根源，都是人制造成的，都是破绽百出、自相矛盾的，有的简直是非常可笑的。因此，研究越深入，则信仰越淡薄。如果一个研究者竟然相信一种宗教，这件事情本身就说明，他的研究不实事求是，不够深入，自欺欺人。佛教当然也是如此。

那么为什么还要研究佛教呢？要想圆满地回答这个问题，应该先解决对佛教评价的问题。马克思主义对宗教的评价是众所周知的，从本质上来看，也是正确的。①佛教这个宗教当然也包括在里面。但是我感觉到，我们过去对佛教在中国所产生的影响的评价多少有点简单化、片面化的倾向。个别著名的史学家几乎是用谩骂的口吻来谈论佛教。这不是一个好的学风。谩骂不等于战斗，也不等于革命性强，这个真理早为大家所承认，可惜并不为这位史学家所接受。平心而论，佛教既然是一个宗教，宗教的消极方面必然会有。这一点是不能否认的。如果我们说佛教简直浑身是宝，完美无缺，那也不是实事求是的态度。

但是佛教在中国产生的仅仅是消极的影响吗？这就需要我们平心静气仔细分析。从整个世界自古至今文化发展的情况来看，一个文化，不管在某一时期内发展得多么辉煌灿烂，如果故步自封，抱残守缺，又没有外来的新成分注入，结果必然会销声匿迹，成为夏天夜空中的流星。打一个未必很恰当的比方，一种植物，必须随时嫁接，方能永葆青春，放任不管，时间一久，就会退化。中华民族创造了极其卓越的文化，至今仍然没有失去活力，历时之久，为世界各民族所仅见。原因当然是很多的，重要原因之一，我认为，就是随时吸收外来的新成分，随时"拿来"，决不僵化。佛教作为一个外来的宗教，传入中国以后，抛开消极

---

① 参阅赵复三：《究竟怎样认识宗教的本质》，载《中国社会科学》1986 年第三期。

的方面不讲，积极的方面是无论如何也否定不了的。它几乎影响了中华文化的各个方面，给它增添了新的活力，促其发展，助其成长。这是公认的事实，用不着再细加阐述。

《我和佛教研究》(1986 年 6 月 24 日)

　　我们过去在评价佛教方面，不是没有问题的。一些史学家、哲学史家等等，除了谩骂者以外，评价也往往失之偏颇，不够全面。他们说，佛教是唯心主义，同唯心主义作斗争的过程，就是中国唯物主义发展的过程。用一个通俗的说法就是，佛教只是一个"反面教员"。我们过去习惯于这一套貌似辩证的说法，今天我们谁也不再满足于这样的认识了。我们必须对佛教重新估价。一百年以前，恩格斯已经指出来过，佛教有辩证思想。我们过去有一些论者，言必称马恩，其实往往是仅取所需的狭隘的实用主义。任何社会现象都是极其复杂的，佛教这个上层建筑更是如此。优点和缺点有时纠缠在一起，很难立即做出定性分析。我们一定要摒除一切先入之见，细致地、客观地、平心静气地对佛教对中国文化的影响进行分析，然后再做出结论。只有这样的结论才真有说服力，因为它符合客观事实。

　　现在大家都承认，不研究佛教对中国文化的影响，就无法写出真正的中国文化史、中国哲学史甚至中国历史。佛教在中国的发展是一个非常有意义的研究课题。公元前传入中国以后，经历了试探、适应、发展、改变、渗透、融合许许多多阶段，最终成为中国文化、中国思想的一部分。至于在中国发展起来的禅宗，最终发展到呵佛骂祖的程度，几乎成为佛教的对立面，也是人类思想史上的一个有趣的现象，值得深入研究的。佛教在中国产生了许多宗派，有的流布时间长，有的短。几乎要跟佛教"对着干"的禅宗流传的时间反而最长，也是一个值得深思的现象。

《我和佛教研究》(1986 年 6 月 24 日)

　　我还想在这里谈一谈整个宗教发展的问题。冯定同志在世时，我有一次同他谈到宗教前途问题。我提出了一个问题：是宗教先消灭呢，还是国家、阶级先消灭？最终我们两人的意见完全一致：国家、阶级先消灭，宗教后消灭。换句话说，即使人类进入大同之域共产主义社会，在一定的时期内，宗教或者类似宗教的想法，还会以某种形式存在着。这看起来似乎类似怪论，我却至今深信不疑。我记得，马克思讲过一句话，大意是：宗教是有宗教需要的人们所创造的。"宗教需要"有多种含义：真正的需要、虚幻的需要，甚至麻醉的需要，都属于"需要"的范畴，其性质大相径庭，其为需要则一也。否认这一点，不是一个唯物主义者。

　　那么，我们是不是就不要宣传唯物主义、宣传无神论了呢？不，不，决不。我们信仰马克思主义，我们是唯物主义者。宣传、坚持唯物主义是我们的天职，这一点决不能动摇。我们决不能宣传有神论，为宗教张目。但是，唯其因为我们是唯物主义者，我们就必须承认客观实际，一个是历史的客观实际，一个是眼前的客观实际。在历史上确实有宗教消灭的现象，消灭的原因异常复杂。总起来看，小的宗教，比如会道门一类，是容易消灭的。成为燎原之势的大宗教则几乎无法消灭。即使消灭，也必然有其他替代品。举一个具体的例子，佛教原产生于印度和尼泊尔，现在在印度它实际上几乎不存在了。现在的一些佛教组织是人为地创办起来的。为什么产生这个现象呢？印度史家、思想史家有各种各样的解释，什么伊斯兰的侵入呀，什么印度教的复活呀。但是根据马克思的意见，我们只能说，真正原因在于印度人民已经不再需要它，他们已经有了代用品。佛教在印度的消逝绝不是由于什么人，什么组织大力宣传，大力打击的结果。在人类历史上，靠行政命令的办法消灭宗教，即使不是绝无仅有，也是十分罕见。

　　再看一看眼前的客观实际。世界上第一个社会主义国家苏联，建国至今快七十年了。对无神论的宣传可谓不遗余力，对宗教的批评也可谓雷厉风行。然而结果怎样呢？我们现在从许多刊物上都可以读到，在苏联，宗教并没有被消灭，而且还有一些抬头之势。"一边倒"的时代早已一去不复返了。我们决不认为苏联什么都好，但是苏联的经验和教训，确实是值得我们借鉴的。

总之，我认为，对任何宗教，佛教当然也包括在内，我们一方面决不能去提倡，另一方面，我们也用不着故意去"消灭"。唯一的原因就是，这样做，毫无用处。如果有什么地方宗教势力抬头了，我们一不张皇失措，二不忧心忡忡。张皇无用，忧心白搭。宗教是在人类社会发展到某一阶段产生出来的，它也会在人类社会发展到某一个阶段时消灭。操之过急，徒费气力。我们的职责是对人民进行唯物主义、无神论教育。至于宗教是否因之而逐渐消灭，我们可以不必过分地去考虑。

宗教会不会成为社会发展、生产力发展的障碍呢？会的，但并非决定性的。研究宗教史，我们会发现一个很有趣的现象：宗教会适应社会的发展、生产力的发展而随时改造自己，改变自己。在欧洲，路德的宗教改革是一个例证。在亚洲，佛教小乘改为大乘，大小二乘在个别国家，比如说在日本，改为和尚能结婚，能成家立业，也是一个例证。在日本，佛教不可谓不流行，但是生产力也不可谓不发达，其间的矛盾并不太突出。我刚从日本回来，在日本，佛教寺院和所谓神社，到处可见，只在京都一处，就有一千七百多所。中国所谓"南朝四百八十寺"，同日本比起来，简直是小巫见大巫了。我参观的几所寺庙占地都非常大。寺里绿树参天，净无纤尘，景色奇秀，幽静宜人，同外面的花花世界，形成鲜明的对照。人一走进去，恍如进入另一世界。日本人口众多，土地面积狭小，竟然留出这样多的土地供寺院使用，其中必有缘故吧。我个人认为，这是一个非常有趣、非常有意义的现象，值得我们深入研究。我们是否可以这样说：佛教在日本，不管是以什么形式存在，一方面能满足人们对宗教的需要，另一方面又不妨碍生产力的发展，所以才能在社会上仍然保持活力呢！我感觉到，我的这些议论颇有点怪论的味道。但是，我确实是这样想的，我不愿意欺骗别人，所以就如实地写了出来，以求教于方家。

《我和佛教研究》（1986 年 6 月 24 日）

我个人研究佛教是从语言现象出发的。我对佛教教义，一无兴趣，二无认识。我一开始就是以一个语言研究者的身份研究佛教的。我想通过原始佛典的语言现象来探讨最初佛教的传布与发展，找出其中演变的规律。让我来谈佛教教义，有点野狐谈禅的味道。但是，人类思维有一个奇怪的现象：真正的内行视而不见的东西，一个外行反而一眼就能够看出。说自己对佛教完全是外行，那不是谦虚，而是虚伪，为我所不取。说自己对佛教教义也是内行，那就是狂妄，同样为我所不取。我懂一些佛教历史，也曾考虑过佛教在中国发展的问题。我总的感觉是，我们在这一方面的研究还非常落后。同日本比较起来，落后很远。我们现在应该急起直追，对佛教在中国历史上和文化史、哲学史上所起的作用，更要细致、具体、实事求是地加以分析，以期能做出比较正确的论断。这一件工作，不管多么艰巨，是迟早非做不行的，而且早比迟要好，否则我们就无法写什么中国哲学史、中国思想史、中国文化史，再细分起来，更无法写中国绘画史、中国语言史、中国音韵学史、中国建筑史、中国音乐史、中国舞蹈史，等等。总之，弄不清印度文化、印度佛教，就弄不清我们自己的家底。而且印度佛教在中国的影响决不仅限于汉族，其他兄弟民族特别是藏族和蒙族，都受到深刻的影响。在这方面，我们的研究更为落后，这种现象决不能让它继续下去了。

《我和佛教研究》（1986 年 6 月 24 日）

近几年来，国内掀起了一个讨论文化问题的高潮。这是容易理解的。因为我们正在从事两个文明的建设，不讨论文化问题，对工作开展不利。

相对来说，宗教问题讨论得比较少。其中原因就不大容易说得清楚。人们可能认为，宗教问题已经解决了，没有再讨论的必要了，而且宗教与文化井水不犯河水，讨论文化时没有必要兼顾宗教。

但是，事实上，事情并不就如此简单、明了。我个人认为，宗教问题还远远没有解决。宗教与文化的关系问题还没有认真进行探讨。

恩格斯说过："创立宗教的人，他们必须本身感到宗教上的需要，并能体贴群众的宗教需要，而烦琐哲学家照例不是如此。"所谓群众的需要有多种多样。有真正的需要，有虚幻的需要，有麻醉的需要，有安慰的需要，尽管形式不同，其为需要则一也。宗教能满足麻醉的需要，这个一清二楚，用不着多加解释。但是，如果一提宗教，就一声："鸦片烟！"想一棍子打死，那是把极端复杂的问题过分简单化了。只要人民需要还在，一棍子打不死，几百几千棍子也是打不死的。

宗教也不是对时时事事都是鸦片烟。它有阻碍科学文化发展的一面，例如欧洲中世纪的天主教，疯狂迫害进步的科学家。但是像印度佛教传入中国，除了麻醉作用之外，也不能否认，还有促进中国哲学思想发展的一面。如果世界上从来也没有一个什么佛教，则一部中国思想史将会是另外一个样子。这件事情昭如日月，想否定它，那不是实事求是的态度。

《中国文化与宗教》序（1987 年 10 月 11 日）

佛教传入中国，到了东晋法显时代，已经约有三百年的历史了。流传的内容主要有两大体系，一个是以支谶、支谦为代表的大乘空宗般若学；一个是以安世高为代表的小乘禅学。小乘和大乘都传进来了。从时间先后来看，传法最盛的时代大体上有三个：支谦、竺法护时，所译多般若方等；道安时，所译多有部经论；鸠摩罗什时，大乘之学极为昌明。佛法已深入中国文化了。

一个外来的宗教，传入一个文化传统迥异的国家，不可避免地要发生冲撞，佛教不能例外。经过相当长时间的试探、伪装、适应，逐渐为中国人所接受，最后达到了融合的阶段。到了东晋，应该说这个阶段已经到达了。

从政治形势来看，此时中华大地已经分为南北两区。西晋亡于建兴四年（316 年），次年晋元帝即位，是东晋的开始。北方的统治者都是少数民族，大都扶植佛教，后赵、前秦、后秦、北凉，崇佛更为突出。在南方，则是所谓"衣冠南渡"，北方的达官贵人、文人学士，为了躲避异族压迫，纷纷南逃。这些人，包括一些国王在内，也都崇信佛教，佛教得到了很大的发展。总之，南北两方都对佛教垂青。佛教可以说是在中国已经牢牢地立定了脚跟。

从佛教内部来看，也有几点值得特别提出的。首先是僧寺日益增多。根据唐法琳《辩正论》的记载，东晋一百零四年，共建寺一千七百六十八所。这个数字是否可靠，不得而知。[①] 其次僧伽已经有了一定的规模，僧尼数目与日俱增。再次，名僧辈出，出了一些很有影响的高僧。最后，从印度和西域来的和尚也多了起来。还有一点必须在这里提一下：许多高僧的活动范围和影响，并不限于北方或者南方，而是跨越地区，跨越政治分界。

佛教虽然已经有了坚牢的基础，但是究其实际却是送进来的成分多，而取进来的成分少。中国僧人或者居士前此往西域求法者，颇亦有人。但是他们多半只到了西域而止。在法显前真正亲临天竺者，实如凤毛麟角。在这样的情况下，到了晋末宋初，就掀起了一个西行求法的运动。中国僧人西行求法者，或意在搜寻经典，或旨在从天竺高僧受学，或欲睹圣迹，作亡身之誓，或想寻求名师来华。[②]

① 见任继愈主编《中国佛教史》第二卷，第 574—580 页。
② 见汤用彤《汉魏两晋南北朝佛教史》，第二部分，第十二章。

在搜寻经典中，一般说来，也不是漫无边际地乱搜一气，而是有目的，有重点。最突出的重点就是搜求印度本土的佛教戒律。只要了解了当时中国佛教发展的阶段，就会认为，这样做有其必然性。

我在上面已经谈到，僧尼人数日增，僧伽已经形成，这就产生了一个寺院管理问题。人数少了，只需约法三章，就能使僧伽生活正常运行。人数一多，就需要比较详备的条例。

只有了解了上述的背景，我们才能真正了解法显赴天竺求法的目的以及这一次求法的重要意义。

《法显》(1989 年 5 月 16 日)

上面简略地叙述了法显一生的活动情况。在这个结语里我想谈两个问题：第一个是法显在中国佛教史上的地位；第二个是《法显传》在世界上产生的影响。

上面已经谈过，佛教从印度传入中国，到了法显时代，达到了一个关键时刻，一个转折点，从过去的基本上是送进来的阶段向拿进来的阶段转变。晋末宋初的西行求法运动，就是在这样的情况下兴起来的。

根据汤用彤先生的《汉魏两晋南北朝佛教史》，页 378—380 的统计，西行求法活动自朱士行而后。以晋末宋初为最盛。这时期最知名的求法者有以下一些人：

康法朗和其他四人，见《高僧传》，卷四……

在所有这一些西行求法者中，法显无疑是最突出的一个。这里所谓"突出"，归纳起来约略表现在以下几个方面：

（一）法显旅行所到之地最多，最远

在法显以前，在汉代，中国已经有了一些著名的旅行家，比如张骞和甘英，这是众所周知的。他们到的地方很远，很远；但是法显到的地方，他们却没有到过。这一点《高僧传·法显传》和唐智弄《开元释教

录》卷三都指出："皆汉时张骞、甘父所不至也。"这对于中国人民对外开阔视野，认识外国，当然会有极大的帮助。其重要意义是显而易见的。

（二）法显真正到了印度

既然西行寻求正法，其最终目的地当然是正法所在的印度。然而，奇怪的是，在法显之前，真正到了印度的中国求法僧人几乎没有。汤用彤先生说："故海陆并遵，广游西土，留学天竺，携经而反者，恐以法显为第一人。"① 这件事情本身意义就很重要。法显以后，到了印度的中国求法僧人逐渐多起来了。

（三）法显携归翻译的戒律起了作用

法显到印度去的目的是寻求戒律。他经过了千辛万苦，确实寻到了，其中最重要是《摩诃僧祇律》四十卷。归国后，他同佛陀跋陀罗共同译出。汤用彤先生认为这是法显求法所以重要的原因之一。② 这对于中国当时的僧伽来说，宛如及时的春雨，对佛教的发展，起了促进作用。也许现在还会有人认为，促进佛教发展是法显的过，而不是功。在当年教条主义垄断，形而上学猖獗的时候，这种论调我们早听腻味了。到了今天，绝大多数有识之士不会再这样想，这是我的信念。

（四）法显对大乘教义发展和顿悟学说的兴起起了作用

经过多年的思考与验证，我认为，世界宗教的发展是有共同规律

---

① 见《汉魏两晋南北朝佛教史》，第 380 页。
② 见《汉魏两晋南北朝佛教史》，第 381 页。

的。这个规律可以用如下的方式来表述：用越来越少的努力（劳动）得到越来越大的宗教满足。人类中有不少人是有宗教需要的。这并不完全来自阶级压迫，很大一部分是来自人并不能完全掌握自己的命运这个事实。只轻轻地说一句：宗教是人民的鸦片烟，什么问题也不解决。一般人的解决办法是创造和相信这一种或那一种宗教。在宗教的最初发展阶段上，满足宗教需要必须费很大的力量，付出很多的劳动。这样一来，不可避免地就会同生产力的发展发生矛盾，而生产力的发展又是维持社会存在的必不可少的前提。在这里，宗教就施展出自己固有的本能适应性。在不影响满足宗教需要的情况下，竭力适应生产力的发展。

这个规律适用于所有的世界性的宗教。专就印度佛教而论，由小乘向大乘的过渡就是这个规律的具体表现。在中国两晋南北朝时期，顿悟学说的兴起，其背后也是这个规律。小乘讲渐悟，讲个人努力，也并不答应每个人都能成佛，换一个术语来说，就是每个人不都有佛性。想成佛，完全依靠个人努力。如果每个人都努力去成佛，生产力必然受到破坏，社会就不能存在。这是绝对不行的。大乘在中国提倡顿悟成佛，讲虔诚信仰，只需虔心供养，口宣佛号，则放下屠刀，立地成佛，何等轻松惬意！这样既能满足宗教需要，又不影响生产力的发展。佛教凭借了这种适应性，终于得到了发展。

但是提倡顿悟学说是并不容易的。首倡者为竺道生。在他之前，可能已有种思想的萌芽。集大成者是竺道生。他那"一阐提皆有佛性"是非常著名的论断。"一阐提"是梵文 icchandka 的音译，意思是"十恶不赦的恶人"。连这种人都有佛性，其余的人就不必说了。法显在这里也起了作用。他从印度带回来并且翻译了的《六卷泥洹》中就隐含着"一切众生悉成平等如来法身"的思想。

竺道生受到了法显《六卷泥洹》的影响。此说一出，守旧的和尚群起而攻之，他们都认为道生之说为异端邪说。不久，昙无谶译出了《大般涅槃经》，其中果有此说①，于是众僧咸服。

以上从四个方面论列了法显在中国佛教史的突出地位。

《法显》（1989 年 5 月 16 日）

法显的功绩主要在于取经和翻译。他携归和翻译的经历代经录都有著录，请参阅《祐录》卷二，以及其他经录，这里不再胪列。但是他写的《法显传》对于世界的影响却远远超过了他的翻译对于中国的影响。《法显传》在历代著录中有很多不同的名称，比如《佛游天竺记》、《释法显行传》、《历游天竺记》、《佛国记》、《历游天竺记传》、《释法显游天竺记》、《佛游天竺本记》、《释法明游天竺记》、《法明游天竺记》、《历游天竺记传》、《法显记》等等。②

《法显传》在国际上的影响，首先表现在它的外文译本之多上。根据章巽的统计（见同上书，页 30），共有英译本三，译者为 Samuel Beal（1869 年）、灿姆（1886 年）和 H. A. Giles（1923 年）；日译本二，译者为足立喜六：《考证法显传》（1935 年）、《法显传——中亚、印度、南海纪行的研究》（1940 年）和长泽和俊（1970 年）。既然有了这样多的译本，那就必然有相应多的影响。

我在这里专谈一谈《法显传》对印度的影响。众所周知，印度古代缺少真正的史籍，这一点马克思曾指出来过。因此，研究印度古代历史，必须乞灵于外国的一些著作，其中尤以中国古代典籍最为重要，而在这些典籍中，古代僧人的游记更为突出。僧人游记数量极多，而繁简不同，时代先后不同。《法显传》是最古的和最全的之一，一向被认为与唐玄奘的《大唐西域记》和义净的《大唐西域求法高僧传》、《南海寄归内法传》鼎足而立。研究印度古代史的学者，包括印度学者在内，都

---

① 见《大正新修大藏经》12，393b。

② 请参阅章巽前引书，第 5—7 页。名称固繁，版本亦多，请参阅章巽同上书，第 13—24 页。

视之为瑰宝。有一位著名的印度史学家曾写信说："如果没有法显、玄奘和马欢的著作，重建印度历史是不可能的。"

《法显》(1989 年 5 月 16 日)

改变是在修习方式方面。小乘是"自了汉"，想解脱必须出家。出家人既不能生产物质产品，也不能生产人。长此以往，社会将无法继续存在，人类也将灭亡。大乘逐渐改变这个弊端。想解脱——涅槃或者成佛，不必用上那样大的力量。你只需膜拜，或口诵佛号等等，就能达到目的。小乘功德要靠自己去积累，甚至累世积累；大乘功德可以转让(transfer of merit)。这样一来，一方面能满足宗教需要，一方面又与物质生产不矛盾。此时居士也改变了过去的情况。他们自己除了出钱支持僧伽外，自己也想成佛，也来说法，维摩诘是一个最典型的例子，他与小乘时期的给孤独长者形成鲜明的对照。这就是所谓"居士佛教"，是大乘的一大特点。这样不但物质生产的问题解决了，连人的生产的问题也解决了，居士可以在家结婚。

我从这样的论证中得出了一个宗教发展的规律：用尽可能越来越小的努力或者劳动达到尽可能越来越大的宗教需要的满足。这个规律不但适用于佛教，也适用于其他宗教。

《中国佛教史上的〈六祖坛经〉》(1989 年 8 月 3 日)

我在上面故意没有谈佛教的顿悟与渐悟，因为我今天要讲的主要内容是《六祖坛经》，而顿悟与渐悟是《六祖坛经》的关键问题，我想把这两个问题结合起来谈。我谈这两个问题的准绳仍然是我在上面提出来的宗教发展规律。

顿悟与渐悟的问题，印度佛教小乘不可能有。大乘有了一点萌芽：但并没有系统化，也没有提顿悟与渐悟的对立。因此，我们可以说，印度没有这样的问题。这个问题是佛教传入中国以后才提出而且发展了的。

　　顿悟与渐悟的问题同中国的禅宗有密切的联系。中国禅宗的历史实际上非常简单，一点也不复杂。但是中国佛教徒接受了印度和尚那一套烦琐复杂的思维方式和论证方法，把禅宗起源问题搞得头绪纷繁。中国禅宗自谓教外别传。当年灵鹫山会上，如来拈花，迦叶微笑，即是传法。迦叶遂为禅宗初祖。至第二十七祖般若多罗付法予菩提达磨。达磨来华，是为中国禅宗初祖。① 这些故事捏造居多，没有多少历史价值。

　　根据任继愈《汉唐佛教思想论集》②，佛教的目的在成佛，在南北朝时期，对于成佛有各种不同的说法。"有人以为成佛要累世修行，积累功德，这是小乘佛教一般的主张，像安世高以来的小乘禅法就是这样主张的；有人主张可以逐渐修行，到了一定阶段，即可得到飞跃，然后再继续修行，即可成佛，像支道林、道安等就是这样主张的；又有一派主张只要顿悟，真正充分体会佛说的道理，即可以成佛，像竺道生等就是这样主张的。"竺道生是否就是顿悟说的创始人呢？看样子还不是。在他之前，此说已有所萌芽。这个问题颇为复杂，我在这里不去讨论。请参阅汤用彤：《汉魏两晋南北朝佛教史》，第十六章：竺道生。

　　从此以后，顿悟说又继续发展下去。道生生存和活动跨四、五两个世纪。约在三百年以后，到了禅宗六祖慧能（638—713 年），中国的禅宗和顿悟学说达到了一个转折点。有人主张，慧能以前，只有禅学，并无禅宗，禅宗和顿门都是由慧能创始的。③ 无论如何，大扇顿风，张皇禅理，在中国佛教史上，慧能是关键人物。他的弟子法海集记《六祖坛经》，开头就说"南宗顿教最上大乘摩诃般若波罗蜜经六祖惠能大师于韶州大梵寺施法坛经"。全书宣扬的无非是"顿悟见性，一念悟时，众生是佛，从自心中顿见真如本性"④。

---

① 见汤用彤：《隋唐佛教史稿》，中华书局1982年版，第186页。
② 人民出版社1981年版，第40—41页。
③ 见郭朋：《坛经校释》，中华书局1986年版，序言，第1页。
④ 汤用彤语，见《隋唐佛教史略》，第189页。

怎样来解释顿悟与渐悟的利弊优劣呢？我仍然想从我自己提出的宗教修行与生产力发展之间的矛盾这个观点来解释。从这个观点上来看，顿悟较之渐悟大大有利，要渐悟，就得有时间，还要耗费精力，这当然会同物质生产发生矛盾，影响生产力的发展。顿悟用的时间少，甚至可以不用时间和精力。只要一旦顿悟，洞见真如本性，即可立地成佛。人人皆有佛性，连十恶不赦的恶人一阐提也都有佛性，甚至其他生物都有佛性。这样一来，满足宗教信仰的需要与发展生产力之间的矛盾就一扫而光了。

我强调发展生产力与宗教信仰之间的矛盾，不是没有根据的。中国历史上几次大规模的排佛活动，都与经济也就是生产力有关。专就唐代而论，韩愈的几篇著名的排佛文章，如《原道》、《论佛骨表》等，讲的都是这个道理。文章是大家都熟悉的，不再征引。我在这里引几篇其他人的文章。唐德宗时杨炎奏称："凡富人多丁，率为官为僧。"孙樵《复佛寺奏》："若群髡者所饱必稻粱，所衣必锦谷，居则邃宇，出则肥马，是则中户不十，不足以活一髡。武皇帝元年，籍天下群髡凡十七万夫，以十家给一髡，是编民百七十万困于群髡矣。"辛替否《谏兴佛寺奏》："十分天下之财而佛有七八。"连不能说是排佛的柳宗元在《送如海弟子浩初序》中也说："退之所罪者其迹也。曰髡而缁，无夫妇父子，不为耕农蚕桑，若是，虽吾亦不乐也。"类似的论调还多得很，不一一征引。这里说得再清楚不过了，排佛主要原因是出于经济，而非宗教。僧人不耕不织，影响了生产力的发展，因而不排不行。这就是问题关键之所在。

在所有的佛教宗派中，了解这个道理的似乎只有禅宗一家，禅宗是提倡劳动的。他们想改变靠寺院庄园收入维持生活的办法。最著名的例子是唐代禅宗名僧怀海（749—814年）制定的"百丈清规"，其中规定，禅宗僧徒靠劳作度日，"一日不作。一日不食"。在中国各佛教宗派中，禅宗寿命最长。过去的论者多从学理方面加以解释。不能说毫无道理，但是据我的看法，最重要的原因还要到宗教需要与生产力发展之间的关系中去找，禅宗的做法顺应了宗教发展的规律，所以寿命独长。我认为，这个解释是实事求是的，符合实际情况的。

在世界上所有的国家中，解决宗教需要与生产力发展之间的矛盾最成功的国家是日本。他们把佛的一些清规戒律加以改造，以适应社会生产力的发展，结果既满足了宗教需要，又促进了生产力的发展，成为世界上的科技大国。日本著名学者中村元博士说："在日本，佛教的世俗性或社会性是十分显著的。"（见《日本佛教的特点》，《中日第二次佛教学术会议论文》，1987 年 10 月）日本佛教之所以能够存在而且发展，原因正在于这种世俗性或社会性。

我的题目是讲"六祖坛经"，表面上看上去我基本上没大讲《六祖坛经》，其实我在整篇文章中所阐述的无一不与《坛经》有关。根据我的阐述，《六祖坛经》在中国佛教史上的地位和重要性不言自明了。

最后我还想提出一个与顿渐有关的问题，供大家思考讨论。陈寅恪先生在《武曌与佛教》这篇论文中（见《金明馆丛稿》二编），引谢灵运《辨宗论》的一个看法：华人主顿，夷人主渐。谢灵运的解释是："华民易于见理，难于受教，故闭其累学，而开其一极。夷人易于受教，难于见理，故闭其顿了，而开其渐悟。"我觉得，这是一个很有趣的问题，它牵涉民族心理学与宗教心理学，值得探讨，谨提出来供大家思考。

《中国佛教史上的〈六祖坛经〉》（1989 年 8 月 3 日）

印度佛教兴起于公元前 6—5 世纪，佛祖释迦牟尼生存时代约与中国的孔子相同。最初佛教规模比较小，以后逐渐扩大，而且向国外传播，也传到了中国。

佛教传入中国，是东方文化史上，甚至世界文化史上的一件大事。其意义无论怎样评价，也是不会过高的。佛教不但影响了中国文化的发展，而且由中国传入朝鲜和日本，也影响了那里的文化发展，以及社会风俗习惯。佛教至今还是东方千百万人所崇信的宗教。如果没有佛教的输入，东方以及东南亚南亚国家今天的文化是什么样子，社会风俗习惯是什么样子，简直无法想象。

《中印文化交流史》（1991 年）

在佛教传入中国这个问题上，最习见的说法是汉明帝（58—76 年）永平求法。这个说法最早见于《牟子理惑论》等书。《理惑论》说：

> 昔孝明皇帝梦见神人，身有日光，飞在殿前，欣然悦之。明日，博问群臣：此为何神？有通人傅毅曰："臣闻天竺有得道者，号之曰'佛'，飞行虚谷，身有日光，殆将其神也。"于是上悟，遣使者张骞、羽林郎中秦景、博士弟子王遵等十二人。于大月支写佛经四十二章，藏在兰台石室第十四间。时于洛阳城西雍门外起佛寺。（下略）

所谓"永平求法"，大体上就是这个样子。《理惑论》里没有提到摄摩腾、竺法兰的名字，也没有"白马寺"这个名字。这几个名字都是较晚在别的书中出现的。研究中国佛教史的学者们大都认为，这个说法，尽管流传甚广，却是靠不住的。佛教传入中国从种种迹象来看，肯定早于汉明帝。

但是，这个说法就一点历史事实都没有吗？根据我自己最近几十年来的研究与考虑，我觉得，其中确有一点十分有价值的内容或者暗示。我是专门研究所谓"混合梵语"或"佛教梵语"的，对古代中亚（中国的新疆是其中一部分）的民族语言，比如吐火罗语 A 和 B，也稍有所涉猎。在探讨佛教梵语本身语言特点之外，时常涉及印度佛教在国内传布的问题。在这方面，在我的比较多的论文中，有两篇与这个问题有关，一篇是 1947 年写的《浮屠与佛》，一篇是 1989 年写的《再论浮屠与佛》。文长不具引。我只将我的推论方式和研究结论在这里简要地介绍一下。

在这里，关键是"浮屠"与"佛"这两个词儿。"浮屠"是梵文Buddha 的音译，对此学者们毫无意见分歧。至于"佛"，则问题颇多。流行的意见是"佛"是 Buddha 另一个音译"佛陀"的缩写。但是，这个意见是有问题的。汤用彤先生指出"汉代称佛为浮屠"，这应该怎样来解释呢？为了方便起见，我把梵文 Buddha 这个字在不同语言中的表现形式列表如下：

大夏文	bodo, boddo, boudo
吐火罗文	pät, pud, pūd
拜火教经典的中古波斯文（巴利维文）	bwt
摩尼教安息文	bwt/but/
摩尼教粟特文	bwty, pwtyy
佛教粟特文	pwt
回鹘文	but，bur
达利文	bot

上面这个表中的字可以明显地分为两组：大夏文为一组；其余的中亚古代民族语言为一组。第一组大夏文的 bodo，boddo，boudo 与汉文音译的"浮屠"完全对应；而其余的则又同汉文音译的"佛"完全对应。可见"佛"字绝不是"佛陀"的缩写，而是另有来源。从梵文 Buddha 这个字的汉文音译来看，佛教从印度向中国传布，共有两条途径：

（1）印度→大夏（大月氏）→中国

Buddha→Bodo，Boddo→浮屠

（2）印度→中亚新疆小国→中国

Buddha→But 等→佛

《理惑论》中说，中国派人到大月氏去写佛经四十二章，当时的大月氏这个游牧民族正居住在大夏。《理惑论》这一句话是符合历史事实的，汉代之所以称佛为"浮屠"，也完全可以得到满意的解释。总之，印度佛教不是直接传入中国的，途径有两条，时间有先后。最早的是通过大夏，以后是通过中亚某些古代民族，吐火罗人最有可能。

我这个看法，颇得到一些同行们的赞赏。

总之，佛教就这样传进了中国。佛教既然属于精神文明的范畴，它同物质文明不同，必然受到我在上面导言中提到的异族文化相遇时出现的规律的制约。它初入中国时，必然会有一个撞击的过程或者阶段。不过，我在这里必须指出，中华民族是一个对宗教比较宽容的国家，不管是本土的宗教，还是外来的宗教，都一视同仁，无分轩轾。中国历史上并没有像其他一些国家那样有十分剧烈的宗教战争。欧洲的十字军东征是一个最突出的例子。我这样说丝毫也没有评价的意义，我不是说哪一个宗教好，哪一个宗教坏，我只不过是指出一个历史事实而已。在这样的情况下，印度的佛教传入中国，同本国的宗教或者文化，特别是伦理道德方面，是有撞击的，但是不激烈，不明显；表面上来看，似乎一下子就和平共处了。

一点不撞击也是违反规律的。仔细研究一下佛教初入中国的情况，明显的表面的撞击没有发现，但是从佛教所抱的态度和它所倡导的伦理来看，撞击的痕迹隐约可见。从前汉开始一直到后汉，鬼神方术的信仰在社会上极为流行，这些与佛教教义是根本相违的。也许佛教在这方面碰过一些小钉子，也许是为了避免碰钉子，自己来一个先发制人的手段，先韬晦一下，遂以方术自隐，结果是顺利地通过了最难过的第一关。

《中印文化交流史》(1991 年)

我们讲"文化交流"，其中"交"字是关键。既然说"交"，就不会是向一个方向流，形成了所谓 one-way traffic，而是相向地流，这才是真正的"交流"。一方的新东西、新思想、新科技等等流向另一方。另一方的新东西、新思想、新科技等等也流向这一方。有时候，流过来的东西，经过这一方的改造、加工、发展、提高，又流了回去。如此循环往复，无休无止，一步比一步提高，从而促进了人类文化的发展，以及人类社会的进步。这种流出去又流回来的现象，我称之为"倒流"。

这种现象在科学技术方面特别明显而常见。但是在意识形态方面，则比较隐晦。至于在意识形态中最微妙的那一部分——宗教中，由于宗教的排他性特别强，则几乎是难以见到，甚至可以说是根本不见。

有之，自中印之间的佛教"倒流"始。这在印度佛教史上，在中印文化交流史上，甚至在世界宗教史上，是一个非常有趣的现象，一个非常值得深思的现象。为什么会在佛教中出现这种现象呢？这现象是否在其他宗教中也出现呢？如果不出现，那么原因何在呢？这样一些问题，对研究佛教史，对研究中印文化交流史，对研究世界宗教史，都有深刻的意义。但是，就我浏览所及，还没有哪一部佛教史或有关的书籍，认真地谈到这个问题。我认为，这不能不说是一件憾事。我现在试着对这个佛教倒流的现象作一些阐述，最后提出我的解释。

佛教是从印度传到中国来的。中国人接受了这一个外来的宗教以后，并不是墨守成规、原封不动地把它保留了下来，而是加以改造和提高，加以发扬光大，在传播流通过程中，形成了许多宗派。总起来看，在律的方面——僧伽组织方面的改变，比起在教义方面的改变与发展，要少一些，要不太引人注目一些。在佛教义理方面，中国高僧在几百年上千年的钻研与学习中，有了很多新的发展，有的又"倒流"回印度，形成了我所说的"佛教的倒流"。中国佛教典籍中对于这种现象有一些记载。

《佛教的倒流》（1991 年 12 月 21 日）

　　我想提出三个问题：第一，为什么只有佛教才有"倒流"现象？第二，为什么只有佛教大乘才有"倒流"现象？第三，为什么只有中国人才能把佛教"倒流"回印度？这三个问题互有联系，我归纳在一起加以回答。

　　佛教是世界三大宗教之一。我现在就拿其他二大宗教，即耶稣教（包含天主教）和伊斯兰教来同佛教对比。那一些较小的宗教，我在这里就不谈了。我决不想，也不敢来评估三大宗教，它们各有其特点和优点。我也决不涉及宗教教义，这是我能力以外的事情。我只讲与"倒流"有关的问题。

　　据我涉猎所及，耶稣教和伊斯兰教不存在"倒流"的问题，至少没有佛教这样明显，这样深广。原因何在呢？耶稣教和伊斯兰教从一开始就各有一部圣经宝典。耶稣教的是《旧约》和《新约》；伊斯兰教的是《古兰经》。这两个宗教的信徒们，大概认为天下真理均在其中矣。只要勤学熟读，深入领会，用不着再探讨其他真理了，至少在社会和人生方面，是这个样子。我记得，耶稣教有查经班；牧师和阿訇们讲道，也多半是从《圣经》或《古兰经》中选出一段话，结合当前的需要，加以发挥，总是劝人做好事，不干坏事。从这一点上来看，宗教还是有一些好处的。

　　佛教有些不同。和尚讲经，也总是劝善惩恶，这一点同其他两大宗教是相同的。不同之处在于，释迦牟尼本人并不承认自己是神。他活着的时候，以及死后相当长的时间内，僧徒也没有把他当作神来膜拜。他被神化为如来佛，与外来影响有关。到了大乘时期，这现象才逐渐明朗化。根据这些情况，我觉得，佛教似乎是一个唯理的宗教，讲求义理的宗教，不要求信徒盲目崇拜的宗教，不禁锢信徒们的思想的宗教。大乘唯理的倾向更加明显。它对宇宙万事万物，对人类社会，对人们的内心活动，都深入钻研，挖掘得之深、之广，达到了惊人的水平。它十分强调智慧，标举"缘起"的理论，认为一切都是无常的，一切都是变动

的。因此恩格斯认为佛教有辩证的思维。它的理论当然会有矛盾，会有
牵强附会之处，这是不可避免的。但是，总起来看，它的教义中颇多哲
学因素。古代印度有一个传统，宗教与哲学紧密地结合在一起。大乘佛
教继承而且发扬了这个传统。大乘还提倡逻辑学，所谓因明学者就是。
在里大乘唯理的色彩也表现得很突出。这样的情况就促使佛教产生了大
量的经典。经、律、论，样样齐全。有的部派还有自己的经典。结果在
两千多年的发展中，佛教的经典就多到了超过汗牛充栋的程度。而且佛
教同另外两个世界大宗教不同，始终也没有确定哪一部经典是圣经宝
典，唯我独尊。所有的经典都并肩存在、庞然杂陈。这些经典通常称为
"大藏经"。有梵文、巴利文、汉文、藏文、满文、蒙文、傣文等等不同
的文本，量有多大，谁也说不清。

　　有的学者说，佛教是无神论。有的人就义形于色地挺身起来反对：
哪里会有无神的宗教呢？如果我们客观地深刻地观察一下，就可以发
现，说佛教是无神论，在某种意义上是正确的。我们不妨粗略地把佛教
分为两个层次：高和低。低层次的佛教烧香拜佛，修庙塑像，信徒们相
信轮回报应，积德修福，只要念几声："南无佛，南无法，南无观世音
菩萨"，或者单纯一声："阿弥陀佛！"就算完成了任务，不必深通佛教
义理，宗教需要也能得到满足。但是，这并不是佛教的全貌，只是低层
次的佛教。高层次的佛教信徒，虽也难免晨钟暮鼓，烧香礼拜；但是他
们的重点是钻研佛教义理，就像一个哲学家钻研哲学。钻研的结果，由
于理解面不同，理解者的修养水平、气质、爱好也不同，久而久之，就
形成了许多宗派。小乘时期，宗派已经不少。大小乘分裂以后，宗派日
益繁多。流传衍变，以至今日。现在世界上已经不知道究竟有多少佛教
宗派了。

　　总之，我认为，佛教有宏大的思想宝库，又允许信徒们在这一座宝
库内探讨义理。有探讨义理的自由，才能谈到发展。有了发展，才会有
"倒流"现象。这是再明白不过的。同小乘比较起来，大乘的思想宝库

更丰富，更复杂，更富于矛盾。唯其更富于矛盾，给信徒们或非信徒们准备的探讨义理的基础，才更雄厚，对义理发展的可能也就更大。中国佛教的"倒流"现象限于大乘，其原因就在这里。

至于为什么只有中国高僧才能发展佛教义理，才能"倒流"回印度去，这要从中国人民的精神素质着眼才能解答。在四五千年的文化史上，中国人民表现出极高的智慧和极大的创造能力。这是人人皆知的历史事实，无待赘述。中国人善于思考，又勤于思考。中国人的基本思维方式是综合的，有别于西方人的分析。他们探讨理论，往往从实际需要出发，不像西方人那样从抽象的理论出发。连极端抽象的数学，中国古代数学史也表现出来了这个特点。《含光传·系》认为印度人"念性"，而中国人"解性"，实在是深中肯綮。这一点我在上面仔细分析过了，这里不再重复。梁启超对中国人智力方面特点的观察，我看也值得我们重视。他在《中国佛法兴衰沿革说略》那一篇文章中谈到中国人的"独悟"问题。他举的例子中有一个是晋代高僧道生。道生孤明先发，立善不受报和顿悟义，他认为一阐提人皆有佛性，因而受到旧学僧党的责难。后来《大般涅槃经》从印度传来中国，里面果然提到一阐提人皆有佛性，与道生之说若合符契。梁启超认为"大乘教理多由独悟"。他由此想到中国人富于研究心，中国人有"创作之能"。他这些意见同《含光传·系》里的意见，几乎完全相同，足征这是符合客观实际的。

这就是独有中国高僧能发展印度佛教义理，"倒流"回印度去的原因。

　　　　　　　　　　　　　《佛教的倒流》（1991 年 12 月 21 日）

湛如持上海龙华古刹之公函来舍下，为《华林拾珍》索序。过蒙垂青，感愧有加。羡林治佛教史有年矣。但自谓缺少慧根，对佛教真谛所悟极寡。而于喧腾众口之佛教俗谛所谓慈悲为怀者，则于我心有戚戚焉。窃以为，居今之世，科技虽极度发达，而纵观全球，实有令人不寒而栗者。战火频仍，世局板荡，人心浇漓，道德日下。此皆无法掩盖之事实。加之，人类对大自然诛求无餍，征服不已。天虽无言，而能报复惩罚，众多自然灾害，随之而生，凡此皆彰彰在人耳目。人类实已面临险境，近数年来，全球各国政府憬然醒悟，环保之声洋洋乎盈耳矣。羡林向不信西方基督教徒末日裁判之说。然而，根据上陈诸端，所谓人类末日岂全为耸人听闻之说乎？济之之方，其道多端，而对广大群众而言，则佛家慈悲为怀之俗谛，以及中国传统思想之精髓所谓天人合一之说，倘设法加以发扬，必能事半功倍。宋代大儒张载所谓"民，吾同胞；物，吾与也"，实有与佛家慈悲为怀之说相通之处，羡林尝谓此乃东方文化之精华，允宜大力提倡者也。抑犹有进者，遥想 1758 年前龙华古刹初建时之所以取名龙华者，盖与弥勒世尊有关。弥勒，巴利文为 Mettlya，梵文为 Maitreya，吐火罗文为 Metnaka。"弥勒"一词，显系后者之译音。三字词源皆与梵文 Maitri 有关，义云"慈悲"、以故法显、玄奘诸大师，皆意译为"慈氏"。在佛教教义中，弥勒世尊为未来佛，其菩提树为龙华（Nagarera）。由此可见，龙华为弥勒世尊之象征，而弥勒之基本含义为大慈大悲，表面上为佛家之俗谛，而实为其根本谛也。一千七百余年以来，沧海桑田，朝代屡变，而龙华古刹谨守此根本谛，忠贞不贰。际兹新千年伊始之机缘，龙华寺又谋求"上求佛道，下化众生"，羡林不敏，以为此乃应时之良药，知时之好雨，《华林拾珍》之出版，实为滥觞之举，吾意其必能祛时弊，正人心也。故乐而为之序。

《华林拾珍》序（2001 年 7 月 2 日）

十 关于读书与治学

德国学术，不管是社会科学，还是自然科学，成绩斐然，名家学者灿如列星，在国际上一向享有盛名，受到各国学者的热烈赞扬。原因何在呢？原因当然会是很多的。各人也可能有自己不同的看法。据我自己的管见，最重要的原因就是举世异口同声说的"德国的彻底性"（Deutsche Grtundlichkeit）。德国学者无论研究什么问题，首先就是努力掌握与这个题目有关的文献，包括古代的和近代的，包括德国的和外国的。德国学者都广通声气，同世界各国的同行几乎都有联系，因此，全世界研究动态，他们基本上能掌握。对自己要研究的问题的各种学说，都有成竹在心。在这个基础上，或者与此同时就大量搜集资料，不厌其详，不惧其远，只要能搜集到的，全都搜集。这两件工作做完以后，才努力分析资料，然后做出恰如其分的结论。这样的结论，即使不可能就是最后的结论，但就当前而言，已经是比较可靠的了。

《胡隽吟译〈学术论文集〉》序（1980 年 10 月 29 日）

搜集资料并不容易。但是，我们也决不能就满足于搜集资料。搜集资料，不管多么重要，还不能就说是比较文学研究的全部。我们还要进一步加强理论修养，所谓加强理论修养，无非是多一点唯物主义、多一点辩证法。也许有人认为这是老生常谈。老生常谈就没有意义了吗？人必须吃饭，这是地地道道的老生常谈；但是谁不承认这也是地地道道的真理呢？没有唯物主义，没有辩证法，比较文学的研究决不能走出新路子，开创新局面。即使能哗众取宠于一时，必将失败于永久。

《中印文学关系源流》序（1985 年 5 月 5 日）

谈到研究工作，我个人认为，微观和宏观两个方面都要加以注意。在微观方面，我希望能多出一些专门从事于一个问题或一个方面研究工作的学者，把所有的数据（我强调的是"所有的"数据）都搜集起来，认真细致地加以分析研究。不要急于求成，而要锲而不舍地干它几年、十几年甚至几十年，这样必有所成。但还要把眼光放远。在宏观方面，要从中国、印度、希腊、伊斯兰四大文化的交流和汇流的高度来考察个人手边的小问题。这样的话，我们的视野扩大了，我们的心胸开阔了，成果必然迥乎不同。我们之所以再三强调把我国西藏的古藏文和梵文贝叶经的研究纳入我们的研究范围之内，其根由就在这里。

《敦煌吐鲁番学术讨论会论文专辑》序（1985 年 11 月 14 日）

寅恪先生继承了清代朴学考证的传统，但并没有为考证所囿。考证学者往往不谈义理，换一句现代的话来说，就是不大喜欢探索规律。但是，寅恪先生却最注意探索规律，并不就事论事。他关于隋唐史的研究成果可以为证。他间或也发一些推崇宋学的议论，原因大概就在这里。今世论者往往鄙薄考证之学。实际上，研究历史首先要弄清史实，考证不过是弄清史实的手段，既不必夸大其词，加以推崇；也不必大张挞伐，意在贬低。我们历史学界在过去相当长的时间内，高唱"以论带史"，却往往是"以论代史"，其甚者甚至置史实于不顾，而空谈教条，这样的教训还少吗？提倡一点考证，可以济我们历史研究之穷，不是一件坏事。寅恪先生利用考证达到弄清史实的目的，一直到今天还是值得我们学习的。

《纪念陈寅恪先生百年诞辰学术论文集》序（1988 年 12 月 5 日）

古今中外赞美读书的名人和文章，多得不可胜数。张元济先生有一句简单朴素的话："天下第一好事，还是读书。""天下"而又"第一"，可见他对读书重要性的认识。

为什么读书是一件"好事"呢？

也许有人认为，这问题提得幼稚而又突兀。这就等于问："为什么人要吃饭"一样，因为没有人反对吃饭，也没有人说读书不是一件好事。

但是，我却认为，凡事都必须问一个"为什么"，事出都有因，不应当马马虎虎，等闲视之。现在就谈一谈我个人的认识，谈一谈读书为什么是一件好事。

凡是事情古老的，我们常常总说"自从盘古开天地"。我现在还要从盘古开天地以前谈起，从人类脱离了兽界进入人界开始谈。人成了人以后，就开始积累人的智慧，这种智慧如滚雪球，越滚越大，也就是越积越多。禽兽似乎没有发现有这种本领，一只蠢猪一万年以前是这样蠢，到了今天仍然是这样蠢，没有增加什么智慧。人则不然，不但能随时增加智慧，而且根据我的观察，增加的速度越来越快，有如物体从高空下坠一般。到了今天，达到了知识爆炸的水平。最近一段时间以来，"克隆"使全世界的人都大吃一惊。有的人竟忧心忡忡，不知这种技术发展伊于胡底。信耶稣教的人担心将来一旦"克隆"出来了人，他们的上帝将向何处躲藏。

人类千百年以来保存智慧的手段不出两端：一是实物，比如长城等等；二是书籍，以后者为主。在发明文字以前，保存智慧靠记忆；文字发明了以后，则使用书籍。把脑海里记忆的东西搬出来，搬到纸上，就形成了书籍，书籍是贮存人类代代相传的智慧的宝库。后一代的人必须读书，才能继承和发扬前人的智慧。人类之所以能够进步，永远不停地向前迈进，靠的就是能读书又能写书的本领。我常常想，人类向前发展，有如接力赛跑，第一代人跑第一棒；第二代人接过棒来，跑第二棒，以至第三棒、第四棒，永远跑下去，永无穷尽，这样智慧的传承也永无穷尽。这样的传承靠的主要就是书，书是事关人类智慧传承的大事，这样一来，读书不是"天下第一好事"又是什么呢？

但是，话又说了回来，中国历代都有"读书无用论"的说法，读书的知识分子，古代通称之为"秀才"，常常成为取笑的对象，比如说什么"秀才造反，三年不成"，是取笑秀才的无能。这话不无道理。在古代——请注意，我说的是"在古代"，今天已经完全不同了——造反而成功者几乎都是不识字的痞子流氓，中国历史上两个马上皇帝，开国"英主"，刘邦和朱元璋，都属此类。诗人只有慨叹"可惜刘项不读书"。"秀才"最多也只有成为这一批地痞流氓的"帮忙"或者"帮闲"，帮不上的，就只好慨叹"儒冠多误身"了。

但是，话还要再说回来，中国悠久的优秀的传统文化的传承者，是这一批地痞流氓，还是"秀才"？答案皎如天日。这一批"读书无用论"的现身"说法"者的"高祖"、"太祖"之类，除了镇压人民剥削人民之外，只给后代留下了什么陵之类，供今天搞旅游的人赚钱而已。他们对我们国家竟无贡献可言。

总而言之，"天下第一好事，还是读书"。

《天下第一好事，还是读书》（1997 年 4 月 8 日）

学者们常说："真理愈辩愈明。"我也曾长期虔诚地相信这一句话。

但是，最近我忽然大彻大悟，觉得事情正好相反，真理是愈辩愈糊涂。

我在大学时曾专修过一门课"西洋哲学史"。后来又读过几本《中国哲学史》和《印度哲学史》。我逐渐发现，世界上没有哪两个或多个哲学家的学说完全是一模一样的。有如大自然中的树叶，没有哪几个是绝对一样的。有多少树叶就有多少样子。在人世间，有多少哲学就有多少学说。每个哲学家都认为自己掌握了真理。有多少哲学家就有多少真理。

专以中国哲学而论，几千年来，哲学家们不知创造了多少理论和术语。表面上看起来，所用的中国字都是一样的；然而哲学家们赋予这些字的涵义却不相同。比如韩愈的《原道》是脍炙人口、家喻户晓的。文章开头就说："博爱之谓仁，行而宜之之谓义，由是而之焉之谓道，足乎己无待于外之谓德。"韩愈大概认为，仁、义、道、德就代表了中国的"道"。他的解释简单明了，一看就懂。然而，倘一翻《中国哲学史》，则必能发现，诸家对这四个字的解释多如牛毛，各自自是而非他。

哲学家们辨（分辨）过没有呢？他们辩（辩论）过没有呢？他们既"辨"又"辩"。可是结果怎样呢？结果是让读者如堕入五里雾中，眼花缭乱，无所适从。我顺手举两个中国过去辨和辩的例子。一个是《庄子·秋水》："庄子与惠子游于豪梁之上。庄子曰'鲦鱼出游从容，是鱼乐也。'惠子曰：'子非鱼，安知鱼之乐？'庄子曰："子非我，安知我不知鱼之乐？"我觉得，惠施还可以答复："子非我，安知我不知子不知鱼之乐？"这样辩论下去，一万年也得不到结果。

还有一个辩论的例子是取自《儒林外史》："丈人说：'你赊了猪头肉的钱不还，也来问我要，终日吵闹这事，哪里来的晦气！'陈相甫的儿子道：'老爹，假如这猪头肉是你老人家自己吃了，你也要还钱？'丈人道：'胡说！我若吃了，我自然还。这都是你吃的！'陈和甫的儿子道：'设或我这钱已经还过老爹，老爹用了，而今也要还人？'丈人道：'放屁！你是该人的钱，怎是我用的钱，怎是我用你的？'陈和甫的儿子道：'万一猪不生这个头，难道他也来问我要钱？'"

以上两个辩论的例子，恐怕大家都是知道的。庄子和惠施都是诡辩家，《儒林外史》是讽刺小说。要说这两个对哲学辩论有普遍的代表性，那是言过其实。但是，倘若你细读中外哲学家"辨"和"辩"的文章，其背后确实潜藏着与上面两个例子类似的东西。这样的"辨"和"辩"能使真理愈辨愈明吗？戛戛乎难矣哉！

　　哲学家同诗人一样，都是在做诗。做不做由他们，信不信由你们。这就是我的结论。

　　　　　　　　　　　　　《真理愈辩愈明吗?》(1997年10月2日)

　　根据我个人的观察，一个学人往往集中一段时间，钻研一个问题，搜集极勤，写作极苦。但是，文章一旦写成，就把注意力转向另外一个题目，已经写成和发表的文章就不再注意，甚至逐渐遗忘了。我自己这个毛病比较少，我往往抓住一个题目，得出了结论，写成了文章；但我并不把它置诸脑后，而是念念不忘。我举几个例子。

　　我于1947年写过一篇论文《浮屠与佛》，用汉文和英文发表。但是限于当时的条件，其中包括外国研究水平和资料，文中有几个问题勉强得到解决，自己并不满意，耿耿于怀者垂40余年。一直到1989年，我得到了新材料，又写了一篇《再谈"浮屠"与"佛"》，解决了那一个悬而未决的问题，心中极喜。最令我欣慰的是，原来看似极大胆的假设竟然得到了证实，心中颇沾沾自喜，对自己的研究更增强了信心。觉得自己的"假设"确够"大胆"，而"求证"则极为"小心"。

　　第二个例子是关于佛典梵语中—am〉o和u的几篇文章。1944年我在德国哥廷根写过一篇论文，谈这个问题，引起了国际上一些学者的注意。有人，比如美国的F. Edgerton，在他的巨著《混合梵文文法》中多次提到这个音变现象。最初坚决反对，提出了许多假说，但又前后矛盾，不能自圆其说，最后，半推半就，被迫承认，却又不干净利落，窘态可掬；因此引起了我对此人的鄙视。回国以后，我连续写了几篇文章，对Edgerton加以反驳。但在我这方面，我始终没有忘记进一步寻找证据，进一步探索。这些情况我在上面的叙述中都已经谈到过。由于数据缺乏，一直到了1990年，上距1944年已经过了46年，我才又写了一篇比较重要的论文《新疆古代民族语言中语尾—am〉u的现象》。在这里，我用了大量的新资料，证明了我第一篇论文的结论完全正确，无懈可击。

例子还能举出一些来，但是，我觉得，这两个也就够了。我之所以不厌其烦地谈论这个问题，是因为我看到有一些学者，在某一个时期集中精力研究一个问题，成果一出，立即罢手。我不认为这是正确的做法。学术问题，有时候一时难以下结论，必须锲而不舍，终生以之，才可能得到越来越精确可靠的结论。有时候，甚至全世界都承认其为真理的学说，时过境迁，还有人提出异议。听说，国外已有学者对达尔文的"进化论"提出了不同的看法。我认为，这不是坏事，而是好事，真理的长河是永远流逝不停的。

《学海泛槎——季羡林自述》(1997 年 12 月)

我在德国十年学习期间，主要精力就用在学习梵文和巴利文上。Prof. waldschmidt 给我的博士论文题目是研究佛教梵语的，有人也称之为"混合梵文"或"偈陀语言"。这是一种基本上是梵文但又掺杂了不少古代方言的文字。在小乘向大乘过渡的期间，或者在我称之为"原始大乘佛教"的期间，许多佛典都是用这种文字写成的。有的佛典原来是用纯粹方言写成的。随着"梵文的复兴"以及一些别的原因，佛典文字方言成分逐渐减少，而梵文成分则逐渐增多，于是就形成了所谓"佛教梵语"。在这些方言中，东部方言摩揭陀语占有很大的比重。于是，有的学者就推测，最初可能是用古代东部半摩揭陀方言纂成了"原始佛典"（Urkanon）。有人激烈反对这种说法；但是，依我之见，这种假设是合情合理的，反对者的花言巧语是一点也没有用处的，是徒劳的。

我研究这种语言有我独特的特点，我不仅仅是为分析语法现象而分析，我有我的目的，我是尝试着通过语言现象来探寻一部经典的产生时代和地区。根据我个人的经验，这是行之有效的办法，而且是证据确凿的，别人想否定也是不可能的。印度古代有众多方言，既云方言，必然具有地域性，而且这地域性表现得十分明显；阿育王在印度许多地方树立的石碑和石柱，上面的铭文明确无误地指明了方言的地域性，是最有价值的参照资料。

先师陈寅恪先生以国学大师，特别是考证大师，蜚声国内外士林。但是，明眼人都能在陈师著作的字里行间窥探出其中蕴涵的义理。考证的目的在于求真求实，而真实又是历史研究的精髓。对史料不做考证求实的工作而妄加引用，或歪曲原意，或削足适履，不管有意还是无意，都是不道德的行为，为真正有良心的学者所深恶痛绝。寅恪先生的义理，内容极为丰富，笼统言之，不外中国文化的本质、中国文化的衍变、中国文化的传承、文化与民族的关系等等，总之是离不开中国文化的。以我愚钝，窃不自量力，也想在自己的语言形态变化的踏踏实实的考证中寓一点义理，义理就是我在上面讲的佛教历史的演变，以及部派的形成与传承等等。

我在 1940 年和 1941 年在德国哥廷根大学获得哲学博士学位。为什么我写成了两年呢？因为当时第二次世界大战正在激烈进行，我的导师 Prof. Waldschmidt 被征从军。因此，我的博士答辩共举行了两次：一在 1940 年，一在 1941 年，这是极为少见的现象。获得学位后，由于战事关系，我被迫留在哥廷根大学教书；同时仍然集中全力，在极端艰苦的条件下，从事佛经梵语的研究；发表过几篇我自认颇有分量的论文，我今天未必再能写得出来。第二次世界大战结束后，如果我继续留在哥廷根大学教书，或者赴英国剑桥大学去教书，那么，我的佛经梵语研究一定还会继续下去的，我自信在这方面还能有所发现，有所创造的。但是，人是无法真正掌握自己的命运的，我回到了祖国，来到了北京大学，一转眼就过了半个世纪。由于受到资料和信息的限制，我的佛经梵语研究无法继续下去，只好顺应时势改了行。我在科学研究方面是一个闲不住的人，我尝试了很多研究领域，成了一名"杂家"。

《学海泛槎——季羡林自述》（1997 年 12 月）

对研究人文社会科学的人来说，资料是最重要的。在旧时代，虽有一些类书之类的书籍，可供搜集资料之用，但作用毕竟有限。一些饱学之士主要靠背诵和记忆。后来有了索引（亦称引得），范围也颇小。到了今天，可以把古书输入电脑，这当然方便了。但是已经输入电脑的书，为数还不太多，以后会逐渐增加的。到了大批的古书都能输入电脑的时候，搜集资料，竭泽而渔，便易如反掌了。那时候的工作重点便由搜集转为解释，工作也不能说是很轻松的。

我这一生，始终从事人文社会科学的研究工作。我搜集资料始终还是靠老办法，笨办法，死办法。只有一次尝试利用电脑，但可以说是毫无所得，大概是那架电脑出了毛病。因此我只能用老办法，一直到我前几年集中精力写《糖史》时，还是靠自己一页一页地搜寻的办法。关于这一点，我在上面已经谈到过，这里不再重复了。

不管用什么办法，搜集资料决不能偷懒，决不能偷工减料，形象的说法就是要有竭泽而渔的魄力。在电脑普遍使用之前，真正做到百分之百的竭泽而渔，是根本不可能的。但是，我们至少也必须做到广征博引，巨细不遗，尽可能地把能搜集到的资料都搜集在一起。科学研究工作没有什么捷径，一靠勤奋，二靠个人的天赋，而前者尤为重要。我个人认为，学者的大忌是仅靠手边一点搜集到的资料，就茫然做出重大的结论。我生平有多次经验，或者毋宁说是教训，我对一个问题做出了结论，甚至颇沾沾自喜，认为是不刊之论。然而，多半是出于偶然的机会，又发现了新资料，证明我原来的结论是不全面的，或者甚至是错误的。因此，我时时提醒自己，千万不要重蹈覆辙。

总之，一句话：搜集资料越多越好。

《学海泛槎——季羡林自述》（1997 年 12 月）

考证并不是什么神秘的东西，把它捧到天上去，无此必要；把它贬得一文不值，也并非实事求是的态度。清代的那一些考据大师，穷毕生之力，从事考据，给我们带来了极大的好处；好多古书，原来我们读不懂，或者自认为读懂而实未懂，通过他们对音训词句的考据，我们能读懂了。这难道说不是极大的贡献吗？即使不是考据专家，凡是从事人文社会科学研究工作的学者，有时候会引征一些资料，对这些资料的真伪迟早都要进行一些必要的考证工作。这些几乎近于常识的事情，不言而喻。因此，我才说，考证不是什么神秘的东西，而且考证之学不但中国有，外国也是有的。科学研究工作贵在求真，而考据正是达到这个目的的手段，焉能分什么国内国外？

至于考证的工拙精粗，完全决定于你的学术修养和思想方法。少学欠术的人，属于马大哈一类的人，是搞不好考证工作的。死板僵硬，墨守成规，不敢越前人雷池一步的人，也是搞不好考证的。在这里，我又要引用胡适先生的两句话："大胆的假设，小心的求证"。假设，胆越大越好。哥白尼敢于假设地球能转动，胆可谓大矣。然而只凭大胆是不行的，必须还有小心的求证。求证，越小心越好。这里需要的是极广泛搜集资料的能力，穷极毫末分析资料的能力，坚韧不拔、锲而不舍的精神，然后得出的结论才能比较可靠。这里面还有一个学术道德或学术良心的问题。下一节再谈。

在考证方面，在现代中外学人中，我最佩服的有两位：一位是我在德国的太老师 Heinch Lüders，一位是我在中国的老师陈寅恪先生。他们两位确有共同的特点。他们能在一般人都能读到的普通的书中，发现别人看不到的问题，从极平常的一点切入，逐步深入，分析细致入微，如剥春笋，层层剥落，越剥越接近问题的核心，最后画龙点睛，一笔点出关键，也就是结论；简直如"石破天惊近秋雨"，匪夷所思，然而又铁证如山。此时我简直如沙漠得水，酷暑饮冰，凉沁心肺，毛发直竖，不由得你不五体投地。

上述两位先生都不是为考证而考证，他们的考证中都含有"义理"。我在这里使用"义理"二字，不是清人的所谓"义理"，而是通过考证得出规律性的东西，得出在考证之外的某一种结论。比如 Heinrich Lüders 通过考证得出了，古代印度佛教初起时，印度方言林立，其中东部有一种古代半摩揭陀语，有一部用这种方言纂成的所谓"原始佛典"（Urkanon），当然不可能是一部完整的大藏经，颇有点类似中国的《论语》。这本来是常识一类的事实。然而当今反对这个假说的人，一定把 Urkanon 理解为"完整的大藏经"，真正是不可思议。陈寅恪先生的考证文章，除了准确地考证史实之外，都有近似"义理"的内涵。他特别重视民族与文化的问题，这也是大家所熟悉的。我要郑重声明，我绝不是抹杀为考证而考证的功绩。钱大昕考出中国古无轻唇音，并没有什么"义理"在内；但却是不刊之论，这是没有人不承认的。类似的例子还可以举出不少来，足证为考证而考证也是有其用处的、不可轻视的。

但是，就我个人而言，我的许多考证的文章，却只是手段，而不是目的。比如，我考证出汉文的"佛"字是 put，but 的音译；根据这一个貌似微末的事实，我就提出了佛教如何传入中国的问题。我自认是平生得意之作。

《学海泛槎——季羡林自述》（1997 年 12 月）

"学术良心"，好像以前还没有人用过这样一个词，我就算是"始作俑者"吧。但是，如果"良心"就是儒家孟子一派所讲的"人之初，性本善"中的"性"的话，我是不信这样的"良心"的。人和其他生物一样，其"性"就是"食、色，性也"的"性"；其本质是一要生存，二要温饱，三要发展。人的一生就是同这种本能作斗争的一生。有的人胜利了，也就是说，既要自己活，也要让别人活，他就是一个合格的人。让别人活的程度越高，也就是为别人着想的程度越高，他的"好"或"善"也就越高。"宁要我负天下人，不要天下人负我"，是地道的坏人，可惜的是，这样的人在古今中外并不少见。有人要问：既然你不承认人性本善，你这种想法是从哪里来的呢？对于这个问题，我还没有十分满意的解释。《三字经》上的两句话"性相近，习相远"中的"习"字似乎能回答这个问题。一个人过了幼稚阶段，有意识地或无意识地会感到，人类必须互相依存，才都能活下去。如果一个人只想到自己，或都是绝对地想到自己，那么，社会就难以存在，结果谁也活不下去。

这话说得太远了，还是回头来谈"学术良心"或者学术道德。学术涵盖面极大，文、理、工、农、医，都是学术。人类社会不能无学术，无学术，则人类社会就不能前进，人类福利就不能提高；每个人都是想日子越过越好的，学术的作用就在于能帮助人达到这个目的。大家常说，学术是老老实实的东西，不能掺半点假。通过个人努力或者集体努力，老老实实地做学问，得出的结果必然是实事求是的。这样做，就算是有学术良心。剽窃别人的成果，或者为了沽名钓誉创造新学说或新学派而篡改研究真相，伪造研究数据。这是地地道道的学术骗子。在国际上和我们国内，这样的骗子亦非少见。这样的骗局绝不会隐瞒很久的，总有一天真相会大白于天下的。许多国家都有这样的先例。真相一旦暴露，不齿于士林，因而自杀者也是有过的。这种学术骗子，自古已有，可怕的是于今为烈。我们学坛和文坛上的剽窃大案，时有所闻，我们千万要引为鉴戒。

这样明目张胆的大骗当然是绝不允许的。还有些偷偷摸摸的小骗，也不能不引起我们的戒心。小骗局花样颇为繁多，举其荦荦大者，有以下诸种：在课堂上听老师讲课，在公开学术报告中听报告人讲演，平常阅读书刊杂志时读到别人的见解，认为有用或有趣，于是就自己写成文章，不提老师的或者讲演者的以及作者的名字，仿佛他自己就是首创者，用以欺世盗名，这种例子也不是稀见的。还有有人在谈话中告诉了他一个观点，他也据为己有。这都是没有学术良心或者学术道德的行为。

我可以无愧于心地说，上面这些大骗或者小骗，我都从来没有干过，以后也永远不会干。

我在这里补充几点梁启超在他所著的《清代学术概论》中谈到的清代正统派的学风的几个特色:"隐匿证据或曲解证据,皆认为不德。""凡采用旧说,必明引之,剿说认为大不德。"这同我在上面谈的学术道德(梁启超的"德")完全一致。可见清代学者对学术道德之重视程度。

此外,梁启超上书中还举了一点特色:"孤证不为定说。其无反证者姑存之。得有续证,则渐信之。遇有力之反证则弃之。"可以补充在这里,也可以补充在上一节中。

《学海泛槎——季羡林自述》(1997 年 12 月)

满招损,谦受益。这本来是中国一句老话,来源极古,《尚书大禹谟》中已经有了,以后历代引用不辍,一直到今天,还经常挂在人民嘴上。可见此话道出了一个真理,经过将近三千年的检验,益见其真实可靠。

这话适用于干一切工作的人,做学问何独不然? 可是,怎样来解释呢?

根据我自己的思考与分析,满(自满)只有一种:真。假自满者,未之有也。吹牛皮,说大话,那不是自满,而是骗人。谦(谦虚)却有两种,一真一假。假谦虚的例子,真可以说是俯拾即是。故作谦虚状者,比比皆是。中国人的"菲酌"、"拙作"之类的词,张嘴即出。什么"指正"、"斧正'、"哂正"之类的送人自己著作的谦词,谁都知道是假的;然而谁也必须这样写。这种谦词已经深入骨髓,不给任何人留下任何印象。日本人赠人礼品,自称"粗品"者,也属于这一类。这种虚伪的谦虚不会使任何人受益。西方人无论如何也是不能理解的。为什么拿"菲酌"而不拿盛宴来宴请客人? 为什么拿"粗品"而不拿精品送给别人? 对西方人简直是一个谜。

我们要的是真正的谦虚,做学问更是如此。如果一个学者,不管是年轻的,还是中年的、老年的,觉得自己的学问已经够大了,没有必要

243

再进行学习了，他就不会再有进步。事实上，不管你搞哪一门学问，决不会有搞得完全彻底一点问题也不留的。人即使能活上一千年，也是办不到的。因此，在做学问上谦虚，不但表示这个人有道德，也表示这个人是实事求是的。听说康有为说过，他年届三十，天下学问即已学光。仅此一端，就可以证明，康有为不懂什么叫学问。现在有人尊他为"国学大师"，我认为是可笑的。他至多只能算是一个革新家。

在当今中国的学坛上，自视甚高者，所在皆是；而真正虚怀若谷者，则绝无仅有。我不认为这是一个好现象。有不少年轻的学者，写过几篇论文，出过几册专著，就傲气凌人。这不利于他们的进步，也不利于中国学术前途的发展。

我自己怎样呢？我总觉得自己不行。我常常讲，我是样样通，样样松。我一生勤奋不辍，天天都在读书写文章，但一遇到一个必须深入或更深入钻研的问题，就觉得自己知识不够，有时候不得不临时抱佛脚。人们都承认，自知之明极难；有时候，我却觉得，自己的"自知之明"过了头，不是虚心，而是心虚了。因此，我从来没有觉得自满过。这当然可以说是一个好现象。但是，我又遇到了极大的矛盾：我觉得真正行的人也如凤毛麟角。我总觉得，好多学人不够勤奋，天天虚度光阴。我经常处在这种心理矛盾中。别人对我的赞誉，我非常感激；但是，我并没有被这些赞誉冲昏了头脑，我头脑是清楚的。我只劝大家，不要全信那一些对我赞誉的话，特别是那些顶高得惊人的帽子，我更是受之有愧。

《学海泛槎——季羡林自述》（1997 年 12 月）

真正的学术著作，约略言之，可以分为两大类：单篇的论文与成本的专著。后者的重要性不言自明。古今中外的许多大部头的专著，像中国汉代司马迁的《史记》、宋代司马光的《资治通鉴》等等，都是名垂千古、辉煌璀璨的巨著，是我们国家的瑰宝。这里不再详论。我要比较详细地谈一谈单篇论文的问题。单篇论文的核心是讲自己的看法、自己异于前人的新意，要发前人未发之覆。有这样的文章，学术才能一步步、一代代向前发展。如果写一部专著，其中可能有自己的新意，也可能没有。因为大多数的专著是综合的、全面的叙述。即使不是自己的新意，也必须写进去，否则就不算全面。论文则没有这种负担，它的目的不是全面，而是深入，而是有新意，它与专著的关系可以说是相辅相成的。

我在上面几次讲到"新意"，"新意"是从哪里来的呢？有的可能是从天上掉下来的，是出于"灵感"的，比如传说中牛顿因见苹果落地而悟出地心吸力。但我们必须注意，这种灵感不是任何人都能有的。牛顿一定是很早就考虑这类的问题，昼思夜想，一旦遇到相应的时机，便豁然顿悟。吾辈平凡的人，天天吃苹果，只觉得它香脆甜美，管它什么劳什子"地心吸力"干吗！在科学技术史上，类似的例子还可以举出不少来，现在先不去谈了。

在以前极"左"思想肆虐的时候，学术界曾大批"从杂志缝里找文章"的做法，因为这样就不能"代圣人立言"；必须心中先有一件先入为主的教条的东西要宣传，这样的文章才合乎程式。有"学术新意"是触犯"天条"的。这样的文章一时间滔滔者天下皆是也。但是，这样的文章印了出来，再当作垃圾卖给收破烂的（我觉得这也是一种"白色垃圾"），除了浪费纸张以外，丝毫无补于学术的进步。我现在立一新义：在大多数情况下，只有到杂志缝里才能找到新意。在大部头的专著中，在字里行间，也能找到新意的，旧日所谓"读书得间"，指的就是这种情况。因为，一般说来，杂志上发表的文章往往只谈一个问题、一个新问题，里面是有新意的。你读过以后，受到启发，举一反三，自己也产生了新意，然后写成文章，让别的学人也受到启发，再举一反三。如此往复循环，学术的进步就寓于其中了。

可惜——是我觉得可惜——眼前在国内学术界中，读杂志的风气，颇为不振。不但外国的杂志不读，连中国的杂志也不看。闭门造车，焉得出而合辙？别人的文章不读，别人的观点不知，别人已经发表过的意见不闻不问，只是一味地写去写去。这样怎么能推动学术前进呢？更可怕的是，这个问题几乎没有人提出。有人空喊"同国际学术接轨"。不读外国同行的新杂志和新著作，你能知道"轨"究竟在哪里吗？连"轨"在哪里都不知道，空喊"接轨"，不是天大的笑话吗？

《学海泛槎——季羡林自述》(1997 年 12 月)

端正对待不同意见（我在这里指的只是学术上不同的意见）的态度，是非常不容易办到的一件事。中国古话说："良药苦口利于病，忠言逆耳利于行。"可见此事自古已然。

我对于学术上不同的观点，最初也不够冷静。仔细检查自己内心的活动，不冷静的原因绝不是什么面子问题，而是觉得别人的思想方法有问题。

最近若干年来，自己在这方面有了进步。首先，我认为，普天之下的芸芸众生，思想方法就是不一样，五花八门，无奇不有，这是正常的现象，正如人与人的面孔也不能完完全全一模一样相同。要求别人的思想方法同自己一样，是一厢情愿、完全不可能的，也是完全不必要的。其次，不管多么离奇的想法，其中也可能有合理之处的。采取其合理之处，扬弃其不合理之处，是惟一正确的办法。至于有人无理攻击，也用不着真正的生气。我有一个怪论：一个人一生不可能没有朋友，也不可能没有非朋友。我在这里不用"敌人"这个词，而用"非朋友"，是因为非朋友不一定就是敌人。最后，我还认为，个人的意见不管一时觉得多么正确，其实这还是一个未知数。时过境迁，也许会发现它并不正确，或者不完全正确。到了此时，必须有勇气公开改正自己的错误意见。梁任公说："不惜以今日之我，攻昨日之我。"这是光明磊落的真正学者的态度。最近我编《东西文化议论集》时，首先自己亮相，把我对"天人合一"思想的"新解"（请注意"新解"中的"新"字）和盘托出，然后再把反对我的意见的文章，只要能搜集到的，都编入书中，让读者自己去鉴别分析。我对广大的读者是充分相信的，他们能够明辨是非。如果我采用与此相反的方式：打笔墨官司，则对方也必起而应战。最初，双方或者还能克制自己，说话讲礼貌，有分寸。但是笔战越久，理性越少，最后甚至互相谩骂，人身攻击。到了这个地步，谁还能不强词夺理，歪曲事实呢？这样就离开真理越来越远了。中国学术史上这样的例子颇为不少。我前些时候在上海《新民晚报》"夜光杯"副刊上写过一篇短文：《真理越辩越明吗?》。我的结论是：在有些时候，真理越辨（辩）越糊涂。是否真理，要靠实践，兼历史和时间的检验。可能有人认为我是在发怪论，我其实是有感而发的。

《学海泛槎——季羡林自述》（1997 年 12 月）

必须中西兼通，中外结合，地上文献与地下考古资料相结合。

这一节其实都是"多余的话"，可以不必写的。可我为什么又写了呢？因为，经过多年的观察，我发现，在中国学者群中，文献与考古相结合多数学者是做到了，但是，中外结合这一点则做得很不够。我在这里不用"中西"，而用"中外"，是包括日本在内的，并非笔误。

我个人认为，居今之世而言治学问，决不能坐井观天。今天已经不是乾嘉时代了。许多学术发达的外国，科学、技术，灿然烂然；人文社会科学方面，也已达到了相当高的水平。我们中国学者，包括专治中国国学的在内，对外国的研究动向和研究成果，决不能视若无睹。那样不利于我们自己学问的进步，也不利于国与国之间的学术文化交流。可是，令人十分遗憾的是，国内学术界确有昧于国外学术界情况的现象。年老的不必说，甚至连一些中年或青年学者，也有这种现象。我觉得，这种情况必须尽快改变。否则，有人慨叹中国一些学科在国际上没有声音。这不能怪别人，只能怪自己。说汉语的人虽然数目极大，可惜外国人不懂。我们的汉语还没有达到今天英语的水平。你无论怎样"振大汉之天声"，人家只是瞠目摇头。在许多国际学术的讨论会上，出席的一些中国学者，往往由于不通外语，首先在大会上不能自己用外语宣读论文，其次在会议间歇时或联欢会上，孑然孤立，窘态可掬。因此，我希望我们年轻的学者，不管你是哪一门，哪一科，尽快掌握外语。只有这样，中国的声音才能传向全球。

《学海泛槎——季羡林自述》（1997 年 12 月）

研究、创作与翻译并举。

这完全是对我自己的总结，因为这样干的人极少。

我这样做，完全是环境造成的。研究学问是我毕生兴趣之所在，我的几乎是全部的精力也都用在了这上面。但是，在济南高中读书时期，我受到了胡也频先生和董秋芳（冬芬）先生的影响和鼓励；到了清华大学以后，又受到了叶公超先生、沈从文先生和郑振铎先生的奖励，就写起文章来。我写过一两首诗，现在全已逸失。我不愿意写小说，因为我厌恶虚构的东西。因此，我只写散文，60 多年来没有断过。

《学海泛槎——季羡林自述》（1997 年 12 月）

中国古代学者能文者多，换句话说，学者同时又兼散文家者多，而今则颇少。这是一个极为明显的事实，由不得你不承认。可是，如果想追问其原因，则恐怕是言人人殊了。

过去中国有"诗言志"和"文以载道"的说法。抛开众多注释家的注释不谈，一般人对这两个说法的理解是，所谓"志"是自己内心的活动，多半与感情有关，"言志"就是抒发自己的感情，抒发形式则既可以用诗歌，也可以用散文，主要是叙事抒情的散文。所谓"唐宋八大家"者，皆可以归入此类。而"载道"则颇与此有别。"道"者，多为别人之"道"。古人所谓"代圣人立言"者，立的是圣人之道。自己即使有"道"，如与圣道有违，也是不能立、不敢立的。

这样就产生了矛盾。人总是有感情的，而感情又往往是要抒发的。即使是以传承道统自命的人，他们写文章首先当然是载道，但也不免要抒发感情。我只举几个例子，就足以说明问题了。唐代韩愈以继承孔子道统自命；但是，不但他写的诗是抒发感情的，连散文亦然。他那一篇有名的《原道》，顾名思义，就能知道，他"原"的是"道"。但是，谁能说其中感情成分不洋溢充沛呢？又如宋代的朱熹，公认是专以载道为己任的大儒。但是，他写的许多诗歌，淳朴简明，蕴含深厚，公认是优美的文学作品，千载传诵。连孔门都注重辞令修饰，讲甚么言之无文，行之不达。可见文与道有时候是极难以区分的。

清代桐城派的文人，把学问分为三类：义理、辞章、考据。他们的用意是一人而三任焉，这是他们的最高标准或理想。然而事实怎样呢？对桐城派的文章，也就是所谓"辞章"，学者毁誉参半。我在这里姑不细论。专谈他们的义理和考据，真能卓然成家者直如凤毛麟角。较之唐宋时代的韩愈、朱熹等等，虽不能说有天渊之别，其距离盖亦悬殊矣。

到了今天，学科门类愈益繁多，新知识濒于爆炸，文人学士不像从前的人那样有余裕来钻研中国古代典籍。他们很多人也忙于载道。载的当然不会像古代那样是孔孟之道，而只能是近代外国圣人和当今中国圣人之道，如临深履薄，唯恐跨越雷池一步，致遭重谴。可以想象，这样的文章是不会有文采的，也不敢有文采的。其他不以载道为专业的学者，写文章也往往不注意修辞，没有多少文采。有个别自命为作家的人，不甚读书，又偏爱在词藻上下"苦"功夫，结果是，写出来的文章流光溢彩，但不知所云，如八宝楼台，拆散开来，不成片段。有的辞句，由于生制硬造，佶屈聱牙，介于通与不通之间。

《著名学者散文精选》序（1998 年 2 月 24 日）

对我辈知识分子来说，除了生活的现实之外，还有一个学术研究的现实。我在这里重点讲人文社会科学，因为我自己是搞这一行的。

文史之学，中国和欧洲都已有很长的历史。因两处具体历史情况不同，所以发展过程不尽相同。但是总的研究对象和研究方法多有相通之处，对象大都是古典文献。就中国而论，由于字体屡变，先秦典籍的传抄工作，不能不受到影响。但是，读书必先识字，此《说文解字》之所以必作也。新材料的出现，多属偶然。地下材料，最初是"地不爱宝"，它自己把材料贡献出来的，有目的有意识的发掘工作是后来兴起的。盗墓者当然是例外。至于社会调查，古代不能说没有。采风就是调查形式之一。有计划有组织有目的的社会调查工作，也是晚起的，恐怕还是多少受了点西方的影响。

古代文史工作者用力最勤的是记诵之学。在科举时代，一个举子必须能背《四书》、《五经》，这是起码的条件。否则连秀才也当不上，遑论进士！扩而大之，要背诵十三经，有时还要连上注疏。至于传说有人能倒背十三经，对于我至今还是个谜，一本书能倒背吗？背了有什么用处呢？

社会不断前进，先出了一些类似后来索引的东西，系统的科学的索引，出现最晚，恐怕也是受西方的影响，有人称之为"引得"（index），显然是舶来品。

但是，不管有没有索引，索引详细不详细，我们研究一个题目，总要先积累资料。而积累资料，靠记诵也好，靠索引也好，都是十分麻烦，十分困难的。有时候穷年累月，滴水穿石，才能勉强凑足够写一篇论文的资料，有一些资料可能还是可遇而不可求的。写文章之难真是难于上青天。

然而，石破天惊，电脑出现了，许多古代典籍逐渐输入电脑了，不用一举手一投足之劳，只需发一命令，则所需的资料立即呈现在你的眼前，一无遗漏。岂不痛快也哉！

这就是眼前我们面对的学术现实。最重要最困难的搜集资料工作解决了，岂不是人人皆可以为大学者了吗？难道我们还不能把枕头垫得高高地"高枕无忧"了吗？

我说："且慢！且慢！我们的任务还并不轻松！"我们面临这一场大的转折，先要调整心态。对电脑赐给我们的资料，要加倍细致地予以分析使用。还有没有输入电脑的书，仍然需要我们去翻检。

《我们面对的现实》，《漫谈人生》（2000 年 1 月）

我想起了当今中国学术界常说的一句话：中国要与世界接轨。我个人认为，这句话既说得明白易懂而又含义深远。但是，这里有一个先决条件，就是，必须先弄清楚，世界学术的轨究竟何在？否则无从接起。世界学术千门万类，学术的轨也因之不能只有一条。每一门学科都有自己的轨。因此，我们谈到要与世界学术接轨不能笼统，必须具体，换句话说，每一门学科的研究者要想方设法去找自己这门学科的轨，也就是，了解这一门学科当前的研究情况，总的情况如何，研究成绩如何，解决了什么老问题，提出了什么新问题，总的走向如何，如此等等。在今天这样的信息爆炸的知识经济 时代，了解信息实为首要任务。如果闭门造车，盲目研究，出而必然不能合辙。以上这些意思，实已形同常识。

然而，根据我个人的观察与体会，这正是我们学术界的不足之处。这其中有客观原因。由于经费不足，连最必要的国外科学报刊和书籍，我们都订不起；不但大学图书馆这样，连国家图书馆也不例外。读不到本门学科的国外刊物，对研究情况懵然懂然，而奢谈接轨，岂非等于空话！

除了客观原因外，还有主观原因。有一些人，对了解情况不那么热心，不那么积极，认为了解与不了解关系不大，这样的人，我想，是绝不会太多的。但是，这种现象却是十分值得重视的。

除了国际上的信息以外，还有国内的信息。这种信息获得比较容易，但其重要性并不稍减。一般说起来，国内的同行们共同开会的机会多，容易互通信息。但也必须随时注意，细心谛听，万不能掉以轻心。

在大学里，教员是科学研究的主力军，而博士生导师是这一支主力军的排头兵。如果讲什么接轨的话，冲锋陷阵的就是博导。一个大学科研水平的提高，甚至我们国家科研水平的提高，绝大部分的责任就压在这一队排头兵肩上，真可谓任重而道远了。我希望北京大学现有的排头兵们，以及预备役的排头兵们，也就是终将成为博士生指导教师的教师们，大家同心协力，踔厉风发，完成好同世界接轨的任务，以提高北大学术水平，甚至中国的学术水平，为北大、为祖国争光！

《燕园师林》第四集序（2000 年 6 月 25 日）

由于藏经洞的发现，中国学坛上，以及世界学坛上出现了一门新学科：敦煌学。陈寅恪先生在《敦煌劫余录》序中说道，有人认为"敦煌者，吾国学术之伤心史也。"陈先生说："寅恪有以知其不然。"他列举了许多没有被外人盗走的敦煌卷子，说我们还大有可为，其说甚辩，颇能鼓舞人心。然而，事实却是，在建国前的半个世纪中，在建国后最初的三十年中，在我国，除了少数学者在敦煌研究方面有所贡献外，敦煌学几乎是一片荒漠。某国一敦煌学者曾大言："敦煌在中国，敦煌学在某国。"这是咎由自取，怪不得他人。

直至 20 世纪 80 年代初，改革开放之风吹绿神州大地，敦煌学，也同别的学科一样，从悠长的寒夜中苏醒过来。正在此时，中国敦煌吐鲁番学会又应时而成立，对鼓吹升平，起了一些作用。于是，一批中青敦煌学者，踔厉风发，脱颖而出，在不长的时间内出版了大量有较高学术水平的著作，蜚声中外。事实胜于雄辩，外国同行们不能不刮目相待了。此举实含有雪耻的意味，不仅为敦煌学做出了重大贡献，亦为祖国增光添彩，决不可等闲视之。

在北京召开的一次中国敦煌吐鲁番学会的大会上，我无意中提出了一个口号："敦煌在中国，敦煌学在世界。"得到了与会的中外学者的同声赞成。以后世界以及中国敦煌学蓬勃发展，证明了我那一个口号的准确性。这一次有众多中外专家学者参加的空前的盛会，也说明了我那一句话算是说到了点子上。

在这次大会上表扬了十位对敦煌学有贡献的学者，中外都有，我有幸滥竽其中，既感且愧。我对于敦煌学贡献不大。如果真有的话，也不过是拉拉队中的一个成员而已。我把这一个崇高的荣誉看作一个鼓励和鞭策。我虽已年届九旬，但身体尚称顽健，脑筋还难得糊涂，做拉拉队员，尚有资格。古人诗云："天意怜幽草，人间重晚晴。"我一定竭尽绵薄，为敦煌学的发展尽上自己所能尽到的责任。敦煌学在中国，在全世界一定会有无量光辉的前途。

《庆祝敦煌藏经洞发现一百周年大会贺信》（2000 年 6 月 30 日）

今年 11 月 2 日，我在"北大论坛"上作了一次发言，我在学术座谈会上，或者堂而皇之地称为"学术讲座"上发言，有人称之为作报告，一向没有讲稿，因之也就没有题目。这一次发言依然如故。录音整理者给它加上了一个题目："天人合一，文理互补"，实在是得其神髓，我非常满意。发言稿登在北大校刊上。立即引起了北京大学电子学系吴全德院士教授的注意，他枉驾寒舍，告诉我他完全赞成我的看法，并且送给了我他的新著《科学与艺术的交融——纳米科技与人类文明》（北京大学出版社，2001 年 7 月第 1 版）。我大喜过望。发表一种意见而能得到赞同，这也是知己的一种表现形式。我焉能不大喜呢？

我拿到了书，立即埋首读起来。但是，我是搞语言的，物理只有高中水平，电子则一窍不通。我读这一本融合文理的书，真是苦乐参半。读到讲物理学的部分，则若读天书，不知所云，味同嚼蜡，苦不堪言。读到讲艺术的部分，则豁然开朗，字字珠玑，其甘如饴，乐不可支。我一连读了几遍，觉得这真是一部好书，处处引人入胜，给人以无穷无尽的启悟，发人深思。它给科学与艺术架上了一座可靠的桥梁。

我现在引用几句吴先生引用的教育家和自然科学家的话，引用原话比自己解释更为可靠。蔡元培先生在《美术与科学的关系》一文中写道："科学虽然与美术不同，在各种科学上，都有可以应用美学眼光的地方。"鲁迅在《科学史教篇》中指出，仅片面地推崇科学，人生必大归于孤寂。他又指出，人类所当希冀要求者，不仅是牛顿，也应有莎士比亚；不仅要有波义耳，也要有拉斐尔那样的画家；既要有康德，也必须有贝多芬；既要有达尔文，也必须有卡莱尔似的著作家。凡此种种，"皆所以至人性于全，不使偏倚，因此见今日之文明者也。"（羡林按：请注意鲁迅使用的这一个"全"字）正如吴全德先生在书中几个地方讲到的那样，科学与艺术如鸟之双翼，车之两轮，缺一就是不"全"。

吴全德先生还引用了一些著名的科学家和哲学家的话。爱因斯坦说："真正投身于科学事业的人是对自然和谐与美的追求。"庞加莱曾写道：科学家研究自然是因为他从中得到快乐；他从中得到快乐是因为它美，是根源于自然各部分和谐秩序、纯理智能够把握住的内在美。德国数学家魏尔（H. Weyl）说："我的工作总是尽力把真和美统一起来，但当我必须在两者中挑一个时，我通常选择美。"德国科学史家菲舍尔认为，所有伟大的科学家都追求美的感受，他们懂得从美学中获得科学灵感，从而揭示自然界的真理。这几句话有极大的概括性。

吴全德先生在本书中还引用了大量的名人的言论和看法，我不再引用了。总之，一句话：科学与艺术之间有密切的关系或者联系，这一点是无可怀疑的了。

《科学与艺术的交融》读后感（2001 年 11 月 26 日）

当代中国艺术家和华裔科学家中也有人注意到科学与艺术的关系的，比如吴冠中教授、李政道教授、杨振宁教授等等。详情具见本书中，请读者自行参阅。我认为，对科学与艺术交融问题讲得最全面、最彻底、最有系统的，还是吴全德教授的这一本书。书中有很多很精彩的意见，比如强调艺术中"美"与"妙"的区别。他说："'美'的着眼点是一个有限的对象，就是要把一个有限的对象刻画得很完美。而'妙'的着眼点是整个人生，是整个自然造化。'造化'就是大自然。"下面一直讲到"境外之像"，"景外之像"，最终点到"意境"，是研究中国诗歌美术的一个人所共知的术语。这些话虽然是引自叶朗教授的著作，但是吴全德教授显然是完全赞成的。又如，吴先生讲到石画，这是造化形成的。中国有名的大理石也属于这个范畴。吴先生说："令人惊奇的是：天公在四亿五千万年前太古形成时怎能创造出中国风格的水墨画呢！"再如，吴先生在全书几个地方都强调了"开发右脑"。关于这个问题，吴先生在本书中有极长极细致的论述，我不能全部引用。核心问题是：根据科学家的研究，左脑是"理性脑"，右脑是"感情脑"。也有人称左脑为"自身脑"，右脑为"祖先脑"。吴先生认为，建国后的"应试教育"，一边倒地开发左脑，其结果是，学习者缺少创意，缺乏整体意识，偏执于个人的成败得失。目前提倡素质教育，应着重开发右脑，这样就能提高艺术鉴赏力。提高创新欲望，容易激发灵感，令人心平气和，生活平静、协调。此外，吴先生还有很多精彩的意见，限于篇幅，不能一一叙述了。

但是，我认为，吴全德教授最重要的最有意义的贡献还在于，他嫌几亿年太久，他在实验室中创造出类似石画的中国画。读者只要看一看本书所附的那一些实验室中产生出来的彩色图片，不会有人不感到大吃一惊的。这一些自然产生的图画，鬼斧神工，与中国文人笔下的画毫无二致。人们真不能不相信科学与艺术的交融。至于为什么会出现这种现象，我们目前还无法解释。解释过了头，就会濒临神秘主义，我们还是就此打住吧。

前两天，我收到了《中国书法》本年第十一期，第一篇文章就是

《艺术也有规律，但和科学要求的不一样》，是刘正成先生采访熊秉明先生的谈话记录。熊秉明先生说："黑格尔很重视自然美和艺术美的区别。艺术美是心灵的创造，其精神是自然美本身所没有的。艺术美有一个作者，有人的成分在，有一个主观在。"我对黑格尔的美学没有深入的研究。不知道熊秉明先生具体的意见是什么。但是，我认为，如果把一幅画家画的画和吴全德教授在实验室中拍摄的"画"，一起摆在一个欣赏者眼前，他只要看到画美，便会得到美感享受，得到快乐，得到启发，得到灵感。他不会，也用不着去追问去研究，这一幅画是人工画成的还是造化创造的。那是一个研究者的任务，与欣赏活动无涉。

总之，科学与艺术的交融是一个事实，是无法否认的。

可是，我想再进一步追问一句：在人文社会科学中，科学只能同艺术交融吗？我认为，不会的。我希望文理双方的专家都要考虑交融的问题。各科的情况不同，交融的过程也不会一样，但是，在 21 世纪，文理交融是学术发展前进的必由之路，这一点我是敢肯定的。

《科学与艺术的交融》读后感（2001 年 11 月 26 日）

今天我只讲一个问题，就是自然科学与社会科学究竟是什么关系？我们有两个科学院，即中国科学院、中国社会科学院。据我所知，这种情况在全世界都是少有的，美国和前苏联的自然科学和社会科学都是在一起的，我们最初建院时也是在一起，不知为什么后来又分开了。多年以前，在民族饭店举行的一次新年团拜会上，严济慈同志曾向胡乔木同志提出一个问题：中国科学院与中国社会科学院是否可以破镜重圆？乔木同志不置可否。至今我们搞社会科学的人都有一种感觉，社会科学研究不受重视。而且这种感觉已经很多年了。我一直弄不懂为什么两个科学院不能合并起来？分为两院有一个弊端，把自然科学和社会科学完全分开，很难进行创新。北大老校长蔡元培在 1917 年就提出北京大学文科学生必须学一门自然科学，到 1930 年我考大学时，北大可以"科学方法论"代替自然科学。清华大学文科学生也必须学一门自然科学，可是很多准备学文科的高中毕业生，到清华后学不了物理、化学、生物学，后来学校以逻辑学代替自然科学，结果三位教逻辑的老师金岳霖、冯友兰、张申府课堂爆满，因为那时非选不可。我认为理科和文科结合恐怕是大势所趋，特别是到了今天 21 世纪还人为地把文科和理科截然分开，很不利于科学发展。当年恩格斯写作《自然辩证法》，那不是自然科学吗？李政道教授是大科学家，吴冠中教授是大艺术家，最近他们两人合作在中国美术馆搞了一个很庞大的展览，叫《科学与艺术》。李政道教授在题词中写道：科学和艺术的共同基础是人类的创造力，它们追求的目标都是真理的普遍性。吴冠中教授的题词是：科学揭示宇宙的奥秘，艺术揭示情感的奥秘。科学与艺术的结合，将碰出人类最明亮的火花。我虽然对自然科学不太清楚，但理解他们讲的是科学和艺术之间有着密不可分的关系。我们已经进入 21 世纪，今天在这里谈论创新问题，我想创新必须将自然科学与社会科学二者结合，虽然自然科学和社会科学都还是独立的学科，但未来世界科学发展的趋势是二者的界限越来越接近，结合得越来越紧密。有些学科属于边缘性的。我曾经开玩笑说：现在专门有两个科学院，这就涉及"科学"一词的含义。据我看，人们脑袋里的"科学"恐怕就是自然科学。实际上无论是英语、法语，还是德语、俄语，"科学"一词就包括自然科学和社会科学，而我们的科学院就像被自然科学独占了。在座的有几位历史学家，我想请教一下五四运动提倡科学与民主，那个科学的含意是什么？所以我建议中国科学院和中国社会科学院重新合起来，以顺应世界潮流。我再重复一句：要想真正创新，必须把自然科学和社会科学结合起来。

《科学应该包括自然科学与社会科学》（2001 年）

十一　勤奋、才能与机遇

王国维在他著的《人间词话》里说了一段话：

> 古今之成大事业大学问者，必经过三种之境界："昨夜西
> 风凋碧树，独上高楼，望尽天涯路。"此第一境也。"衣带渐宽
> 终不悔，为伊消得人憔悴。"此第二境也。"众里寻他千百度，
> 蓦然回首，那人却在灯火阑珊处。"此第三境也。

尽管王国维同我们在思想上有天渊之别，他之所谓"大学问"、"大
事业"，也跟我们了解的不完全一样。但是这一段话的基本精神，我们
是可以同意的。

现在我就根据自己一些经验和体会来解释一下王国维的这一段话。

"昨夜西风凋碧树，独上高楼，望尽天涯路。"意思是：在秋天里，
夜里吹起了西风，碧绿的树木都凋谢了。树叶子一落，一切都显得特别
空阔。一个人登上高楼，看到一条漫长的道路，一直引到天边，不知道
究竟有多么长。王国维引这几句词，形象地说明了一个人立志做一件事
情时的情景。志虽然已经立定，但是前路漫漫，还看不到什么具体的
东西。

说明第二个境界的那几句词引自欧阳修的《蝶恋花》。王国维只是

借用那两句来说明：在工作进行中一定要努力奋斗，刻苦钻研，日夜不停，坚持不懈，以致身体瘦削，连衣裳的带子都显得松了。但是，他（她）并不后悔，仍然是勇往直前，不顾自己的憔悴。

在三个境界中，这可以说是关键，根据我自己的体会，立志做一件事情之后，必须有这样的精神才能成功。无论是在对自然的斗争中，还是在阶级斗争中，要想找出规律来进一步推动工作，都是十分艰巨的事情。就拿我们从事教育和科学研究的人来说吧，搞自然科学的，既要进行细致深入的实验，又要积累资料。搞社会科学的必须积累极其丰富的资料，并加以细致的分析和研究。在工作中，会遇到层出不穷意想不到的困难，我们一定要坚忍不拔，百折不回，决不允许有任何侥幸求成的想法，也不容许徘徊犹豫。只有这样才能得到最后的成功。

工作是艰苦的，工作的动力是什么呢？对王国维来说，工作的动力也许只是个人的名山事业。但是，对我们来说，动力应该是建设社会主义社会和共产主义社会。所以，我们今天的工作动力同王国维时代比起来，真有天渊之别了。

所谓不顾身体的瘦削，只是形象的说法，我们决不能照办。在王国维时代，这样说是可以的。但是到了今天，我们既要刻苦钻研，同时又要锻炼身体。一马万马的关系必须正确处理。

此外，我们既要自己钻研，同时也要兢兢业业地向老师学习。打一个不太确切的比喻，老师和学生一教一学，就好像是接力赛跑，一棒传一棒，跑下去，最后达到目的地。我们之所以要尊师，就是因为老师在一定意义上是跑前一棒的人。一方面，我们要从他手里接棒；另一方面，我们一定会比他跑得远，这就是所谓"青出于蓝，而胜于蓝"。

说明第三个境界的词引自辛弃疾的《青玉案元夕》。意思是到处找他（她），也不知找了几百遍几千遍，只是找不到，猛一回头，那人就在灯火不太亮的地方。中国旧小说常见的踏破铁鞋无觅处，得来全不费工夫，表达的也是这个意思。王国维引用这几句词来说明获得成功的情形。一个人既然立下大志做一件事情，于是就苦干、实干、巧干。但是什么时候才能成功呢？大可以不必过分考虑。只要努力干下去，而方法又对头，干的火候够了，成功自然就会到你身边来。

《研究学问的三个境界》（1959 年 7 月）

在长达六十年的学习和科研活动中，我究竟有些什么经验可谈呢？粗粗一想，好像很多；仔细考虑，无影无踪。总之是卑之无甚高论。不管好坏，鸳鸯我总算绣了一些。至于金针则确乎没有，至多是铜针、铁针而已。

我记得，鲁迅先生在一篇文章中讲了一个笑话：一个江湖郎中在市集上大声吆喝，叫卖治臭虫的妙方。有人出钱买了一个纸卷，层层用纸严密裹住。打开一看，妙方只有两个字：勤捉。你说它不对吗？不行，它是完全对的。但是说了等于不说。我的经验压缩成两个字是勤奋。再多说两句就是：争分夺秒，念念不忘。灵感这东西不能说没有，但是，它不是从天上掉下来的，而是勤奋出灵感。

《季羡林自传》（1988 年 10 月 26 日）

时间就是生命，这是大家都知道的道理。而且时间是一个常数，对谁都一样，谁每天也不会多出一秒半秒。对我们研究学问的人来说，时间尤其珍贵，更要争分夺秒。但是各人的处境不同，对某一些人来说就有一个怎样利用时间的"边角废料"的问题。这个怪名词是我杜撰出来的。时间摸不着看不见，但确实是一个整体，哪里会有什么"边角废料"呢？这只是一个形象的说法。平常我们做工作，如果一整天没有人和事来干扰，你可以从容濡笔，悠然怡然，再佐以龙井一杯，云烟三支，神情宛如神仙，整个时间都是你的，那就根本不存在什么"边角废料"问题。但是有多少人能有这种神仙福气呢？鲁钝如不佞者几十年来就做不到。建国以来，我搞了不知多少社会活动，参加了不知多少会，

261

每天不知有多少人来找，心烦意乱，啼笑皆非。回想"十年浩劫"期间，我成了"不可接触者"除了蹲牛棚外，在家里也是门可罗雀。《罗摩衍那》译文八巨册就是那时候的产物。难道为了读书写文章就非变成"不可接触者"或者右派不行吗？浩劫一过，我又是门庭若市，而且参加各种各样的会，终日马不停蹄。我从前读过马雅可夫斯基的《开会迷》和张天翼的《华威先生》，觉得异常可笑，岂意自己现在就成了那一类人物，岂不大可哀哉！但是，人在无可奈何的情况下是能够想出办法来的。现在我既然没有完整的时间，就挖空心思利用时间的"边角废料"。在会前、会后，甚至会中，构思或动笔写文章。有不少会，讲话空话废话居多，传递的信息量却不大，态度欠端，话风不正，哼哼哈哈，不知所云，又佐之以"这个"、"那个"，间之以"唵"、"啊"，白白浪费精力，效果却是很少。在这时候，我往往只用一个耳朵或半个耳朵去听，就能兜住发言的全部信息量，而把剩下的一个耳朵或一个半耳朵全部关闭，把精力集中到脑海里，构思，写文章。当然，在飞机上、火车上、汽车上，甚至自行车上，特别是在步行的时候，我脑海里更是思考不停。这就是我所说的利用时间的"边角废料"。积之既久，养成"恶"习，只要在会场一坐，一闻会味，心花怒放，奇思妙想，联翩飞来；"天才火花"，闪烁不停；此时文思如万斛泉涌，在鼓掌声中，一篇短文即可写成，还耽误不了鼓掌。倘多日不开会，则脑海活动，似将停止，"江郎"仿佛"才尽"。此时我反而期望开会了。这真叫做没有法子。

《如何利用时间》(1988 年)

人类的才能，每个人都有所不同，这是大家都看到的事实，不能不承认的。但是有一种特殊的才能一般人称之为"天才"。有没有"天才"呢？似乎还有点争论，有点看法的不同。"文化大革命"期间，有一度曾大批"天才"，但其时所批"天才"，似乎与我现在讨论的"天才"不是一回事。根据我六七十年来的观察和思考，有"天才"是否定不了的，特别在音乐和绘画方面。你能说贝多芬、莫扎特不是音乐天才吗？即使不谈"天才"，只谈才能，人与人之间也是相差十分悬殊的。就拿教梵文来说，在同一个班上，一年教下来，学习好的学生能够教学习差的而有余。有的学生就是一辈子也跳不过梵文这个龙门。这情形我在国内外都见到过。

拿做学问来说，天才与勤奋的关系究竟如何呢？有人说："九十九分勤奋，一分神来（属于天才的范畴）。"我认为，这个百分比应该纠正一下。七八十分的勤奋，二三十分的天才（才能），我觉得更符合实际一点。我丝毫也没有贬低勤奋的意思。无论干哪一行的，没有勤奋，一事无成。我只是感到，如果没有才能而只靠勤奋，一个人发展的极限是有限度的。

现在，我来谈一谈天才、勤奋与机遇的关系问题。我记得 60 多年前在清华大学读西洋文学时，读过一首英国诗人 Tomas Gray 的诗，题目大概是叫《乡村墓地哀歌（Elegy）》。诗的内容，时隔半个多世纪，全都忘了，只有一句还记得："在墓地埋着可能有莎士比亚。"意思是指，有莎士比亚天才的人，老死穷乡僻壤间。换句话说，他没有得到"机遇"，天才白白浪费了。上面讲的可能有张冠李戴的可能；如果有的话，请大家原谅。

总之，我认为，"机遇"（在一般人嘴里可能叫做"命运"）是无法否认的。一个人一辈子做事，读书，不管是干什么，其中都有"机遇"的成分。我自己就是一个活生生的例子。如果"机遇"不垂青，我至今还恐怕是一个识字不多的贫农，也许早已离开了世界。我不是"王半仙"或"张铁嘴"，我不会算卦、相面，我不想来解释这一个"机遇"问题，那是超出我的能力的事。

《学海泛槎——季羡林自述》（1997 年 12 月）

最近若干年来，我实在忙得厉害，像50年代那样在教书和搞行政工作之余还能有余裕的时间读点当时的文学作品的"黄金时代"一去不复返了。不过，幸而我还不能算是一个懒汉，在"内忧"、"外患"的罅隙里，我总要挤出点时间来，读一点北大青年学生的作品。《校刊》上发表的文学作品，我几乎都看。前不久我读到《北大往事》，这是北大70、80、90三个年代的青年回忆和写北大的文章。其中有些篇思想新鲜活泼，文笔清新俊逸，真使我耳目为之一新。中国古人说："雏凤清于老凤声"。我——如果大家允许我也在其中滥竽一席的话——和我们这些"老凤"，真不能不向你们这一批"雏凤"投过去羡慕和敬佩的眼光了。

但是，中国古人又说："满招损，谦受益。"我希望你们能够认真体会这两句话的含义。"倚老卖老"，固不足取，"倚少卖少"也同样是值得青年人警惕的。天下万事万物，发展永无穷期。人外有人，天外有天，"老子天下第一"的想法是绝对错误的。你们对我们老祖宗遗留下来的浩如烟海的文学作品必须有深刻的了解。最好能背诵几百首旧诗词和几十篇古文，让它们随时涵蕴于你们心中，低吟于你们口头。这对于你们的文学创作和人文素质的提高，都会有极大的好处。不管你们现在或将来是教书、研究、经商、从政，或者是专业作家，都是如此，概莫能外。对外国的优秀文学作品，也必实下一番工夫，简练揣摩。这对你们的文学修养是决不可少的。如果能做到这一步，则你们必然能融会中西，贯通古今，创造出更新更美的作品。

宋代大儒朱子有一首诗，我觉得很有针对性，很有意义，我现在抄给大家：

少年易老学难成，
一寸光阴不可轻。
未觉池塘春草梦，
阶前梧叶已秋声。

　　这一首诗，不但对青年有教育意义，对我们老年人也同样有教育意义。文字明白如画，用不着过多的解释。光阴，对青年和老年，都是转瞬即逝，必须爱惜。"一寸光阴一寸金，寸金难买寸光阴"，这是我们古人留给我们的两句意义深刻的话。

　　你们现在是处在"燕园幽梦"中，你们面前是一条阳关大道，是一条铺满了鲜花的阳关大道。你们要在这条大道上走上 60 年，70 年，80 年，或者更多的年，为人民，为人类做出出类拔萃的贡献。但愿你们永不忘记这一场燕园梦，永远记住自己是一个北大人，一个值得骄傲的北大人，这个名称会带给你们美丽的回忆，带给你们无量的勇气，带给你们奇妙的智慧，带给你们悠远的憧憬。有了这些东西，你们就会自强不息，无往不利，不会虚度此生。这是我的希望，也是我的信念。

《一寸光阴不可轻》

（本文是为《燕园幽梦》写的序）（1998 年 5 月 3 日）

　　专就人类而论，什么叫做"天才"呢？我曾在一本书里或一篇文章里谈到过一个故事。某某数学家，在玄秘深奥的数字和数学符号的大海里游泳，如鱼得水，圆融无碍。别人看不到的问题，他能看到；别人解答不了的方程式之类的东西，他能解答。于是众人称之为"天才"。但是，一遇到现实生活中的问题，他的智商还比不了一个小学生。比如猪肉 3 角 3 分一斤，五斤猪肉共值多少钱呢？他瞠目结舌，无言以对。

　　因此，我得出一个结论：天才即偏才。

　　在中国文学史或艺术史上，常常有几"绝"的说法。最多的是"三绝"，指的是诗、书、画三绝。所谓"绝"，就是超越常人，用一个现成的词儿，就是"天才"。可是，如果仔细分析起来，这个人在几绝中只有一项，或者是两项是真正的"绝"，为常人所不能及。其他几绝都是为了凑数凑上去的。因此，所谓"三绝"或几绝的天才，其实也是偏才。

可惜古今中外参透这一点的人极少极少，更多的是自命"天才"的人。这样的人老中青都有。他们仿佛是从菩提树下金刚台上走下来的如来佛，开口便昭告天下："天上天下，唯我独尊"。这种人最多是在某一方面稍有成就，便自命不凡起来，看不起所有的人，一副"天才气"催人欲呕。这种人在任何团体中都不能团结同仁，有的竟成为害群之马。从前在某个大学中有一位年轻的历史教授，自命天才，瞧不起别人，说这个人是"狗蛋"，那个人是"狗蛋"。结果是投桃报李，群众联合起来，把"狗蛋"的尊号恭呈给这一个人，他自己成了"狗蛋"。

这样的人在当今社会上并不少见，他们成为社会上不安定的因素。

蒙田在一篇名为《论自命不凡》的随笔中写道："对荣誉的另一种追求，是我们对自己的长处评价过高。这是我们对自己怀有的本能的爱，这种爱使我们把自己看得和我们的实际情况完全不同。"我决不反对一个人对自己本能的爱。应该把这种爱引向正确的方向。如果把它引向自命不凡，引向自命天才，引向傲慢，则会损己而不利人。

我害怕的就是这样的"天才"。

《我害怕"天才"》(1999 年 7 月 25 日)

我在这里只谈成功，特别是成功之道。这又是一个极大的题目，我却只是小做。积七八十年之经验，我得到了下面这个公式：

天资＋勤奋＋机遇＝成功

"天资"，我本来想用"天才"；但天才是个稀见现象，其中不少是"偏才"，所以我弃而不用，改用"天资"，大家一看就明白。这个公式实在是过分简单化了，但其中的含义是清楚的。搞得太烦琐，反而不容易说清楚。

谈到天资，首先必须承认，人与人之间天资是不相同的，这是一个事实，谁也否定不掉。"十年浩劫"中，自命天才的人居然号召大批天才。葫芦里卖的是什么药，至今不解。到了今天，学术界和文艺界自命天才的人颇不稀见，我除了羡慕这些人"自我感觉过分良好"外，不敢赞一词。对于自己的天资，我看，还是客观一点好，实事求是一点好。

至于勤奋，一向为古人所赞扬。囊萤、映雪、悬梁、刺股等故事流传了千百年，家喻户晓。韩文公的"焚膏油以继晷，恒兀兀以穷年"，更为读书人所向往。如果不勤奋，则天资再高也毫无用处。

事理至明，无待饶舌。

谈到机遇，往往为人所忽视。它其实是存在的，而且有时候影响极大。就以我自己为例，如果清华不派我到德国去留学，则我的一生完全不会像现在这个样子。

把成功的三个条件拿来分析一下，天资是由"天"来决定的，我们无能为力。机遇是不期而来的，我们也无能为力。只有勤奋一项完全是我们自己决定的，我们必须在这一项上狠下工夫，在这里，古人的教导也多得很。这是先举韩文公。他说："业精于勤荒于嬉，行成于思毁于随。"这两句话是大家都熟悉的。

王静安在《人间词话》中说：

> 古今之成大事业大学问者必经过三种之境界。"昨夜西风凋碧树，独上高楼，望尽天涯路。"此第一境也。"衣带渐宽终不悔，为伊消得人憔悴。"此第二境也。"众里寻他千百度，蓦然回首，那人却在灯火阑珊处。"此第三境也。

　　静安先生第一境写的是预期。第二境写的是勤奋。第三境写的是成功。其中没有写天资和机遇。我不敢说，这是他的疏漏，因为写的角度不同。但是，我认为，补上天资与机遇，似更为全面。我希望，大家都能拿出"衣带渐宽终不悔"的精神来从事做学问或干事业，这是成功的必由之路。

《成功》(2000 年 1 月 7 日)

十二　人生絮语：爱祖国、爱人类、爱生命、爱自然

现在常常听到有人使用"代沟"这个词儿。这个词儿看起来像一个外来语。然而它表达的内容却不限于外国，而是有普遍意义的，中国当然也不能够例外。

青年人怎样议论"代沟"，我不清楚。老年人一谈起来，往往流露出不十分满意的神气，有时候甚至有类似"人心不古，世道浇漓"之类的慨叹。这种神气和慨叹我也有过。我现在是一个地地道道的老年人了。老年人的心理状态，我同样也是有的。我们大概都感觉到，在青年人身上有一些东西，我们看着不顺眼；青年人嘴里讲一些话，我们听上去不大顺耳，特别是那一些新造的名词更是特别刺耳。他们的衣着、他们的态度、他们的言谈举动以及接物待人的礼节、他们欣赏的对象和趣味，总之，一切的一切，我们无不觉得不那么顺溜。脾气好一点的老头儿摇一摇头，叹一口气，脾气不太好的就难免发发牢骚，成为九斤老太的同党了。

如果说有一条沟的话，那么，我们就站在沟的这一边，那一边站的是年轻人。但是若干年以前，我们也曾在沟的那一边站过，站在这一边的是我们的父母、老师、长辈。不知道从什么时候起，好像是在一夜之间，我们忽然站到这边来了。原来站在这边的人，由于自然规律不可抗

御，一个个地让出了位置，走向涅槃，空出来的位置由我们来递补。有如秋后的树木，落叶渐多，枝头渐空，全身都在秋风里，只有日渐凋零了。这一个过程是非常非常微妙的，好像一点痕迹都没有留下，然而它确实是存在的。

站在沟这一边的老人，往往有一些杞忧。过去老人喜欢说一些世风日下之类的话，其尤甚者甚至缅怀什么羲皇盛世。现在这种人比较少了，但是类似这样的感慨还是有的。我在这一方面似乎更特别敏感。最近几年，我曾数次访问日本。年纪大一点的日本朋友对于中国文化能够理解，能够欣赏，他们感谢中国文化带给日本的好处，感激之情，溢于言表。中国古代的诗词和书画，他们熟悉。他们身上有一股"老"味，让我们觉得很亲切。然而据日本朋友说，现在的年轻人可完全不是这个样子了。中国古代的那一套，他们全不懂，全不买账，他们喝咖啡，吃西餐，一切唯西方马首是瞻。同他们交往，他们身上有一股"新"味，这种"新"味使我觉得颇不舒服。我自己反复琢磨，中日交往垂二千年。到了近代，日本虽然进行了改革，成为世界上头号经济强国，但是在过去还多少有点共同语言。好像在一夜之间，忽然从地里涌出了一代"新人类"，同过去几乎完全割断了纽带联系。同这一群新人打交道，我简直手足无所措。这样下去，我们两国不是越来越疏远吗？为什么几千年没有变，而今天忽然变了呢？我冥思苦想，不得其解。

在中国，我也有这种杞忧。过去，当我站在沟的那一边的时候，我虽也感到同沟这一边的老年人有点隔阂，但并不认为十分严重。然而到了今天，世界变化空前加速，真正是一天等于二十年，我来到了沟的这一边，顿时觉得沟那一边的年轻人也颇有"新人类"的味道。他们所作所为，很多我都觉得有点难以理解。男女自由恋爱，在封建时期是不允许的；在解放前允许了，但也多半不敢明目张胆。如果男女恋人之间接一个吻，恐怕也要秘密举行。然而今天呢，青年们在光天化日之下，大庭广众之间，公然拥抱接吻，坦然，泰然，甚至还有比这更露骨的举动，我看了确实感到吃惊，又觉得难以理解。我原来自认为脑筋还没有僵化，同九斤老太划清了界限。曾几何时，我也竟成了她的"同路人"，岂不大可异哉！又岂不大可哀哉！

不管从世界范围来看，还是从中国范围来看，代沟自古以来就存在的；任何国家，任何时代，都是不可避免的。然而，根据我个人的感觉，好像是"自古已然，于今为烈"，好像任何时候也没有今天这样明显。青年老年之间存在的好像已经不是沟，而是长江大河，其中波涛汹涌，难以逾越，我们两代人有点难以互相理解的势头了。为代沟而杞忧者自古就有，今天也决不乏人。我也是其中之一，而且还可能是"积极分子"。

说了上面这一些话以后，倘若有人要问："你对代沟抱什么态度呢？"答曰："坚决拥护，竭诚赞美！"

试想一想：如果没有代沟，青年人和老年人完全一模一样，人类的进步表现在什么地方呢？再往上回溯一下，如果在猴子中间没有代沟，所有的猴子都只能用四条腿在地上爬行，哪一只也决不允许站立起来，哪一只也决不允许使用工具劳动，某一类猴子如何能转变成人呢？从语言方面来讲，如果不允许青年们创造一些新词儿，我们的语言如何能进步呢？孔老夫子说的话如果原封不动地保留到今天，这种情况你能想像吗？如果我们今天的报纸杂志孔老夫子这位圣人都完全能懂，这是可能的吗？人类社会在不停地变化，世界新知识日新月异，如果不允许创造新词儿，那么，语言就不能表达新概念、新事物，语言就失去存在的意义了，这种情况是可取的吗？总之，代沟是不可避免的，而且是十分必要的。它标志着变化，它标志着进步，它标志着社会演化，它标志着人类前进。不管你是否愿意，它总是要存在的，过去存在，现在存在，将来也还要存在。

因此，我赞美代沟，用满腔热忱来赞美代沟。

《赞代沟》(1987 年 4 月 29 日)

　　根据我个人的观察，对世界上绝大多数人来说，人生一无意义，二无价值。他们也从来不考虑这样的哲学问题。走运时，手里攥满了钞票，白天两顿美食城，晚上一趟卡拉 OK，玩一点小权术，耍一点小聪明，甚至恣睢骄横，飞扬跋扈，昏昏沉沉，浑浑噩噩，等到钻入了骨灰盒，也不明白自己为什么活过一生。

　　其中不走运的则穷困潦倒，终日为衣食奔波，愁眉苦脸，长吁短叹。即使日子还能过得去的，不愁衣食，能够温饱，然而也终日忙忙碌碌，被困于名缰，被缚于利索。同样是昏昏沉沉，浑浑噩噩，不知道为什么活过一生。

　　对这样的芸芸众生，人生的意义与价值从何处谈起呢？

　　我自己也属于芸芸众生之列，也难免浑浑噩噩，并不比任何人高一丝一毫。如果想勉强找一点区别的话，那也是有的：我，当然还有一些别的人，对人生有一些想法，动过一点脑筋，而且自认这些想法是有点道理的。

　　我有些什么想法呢？话要说得远一点。当今世界上战火纷飞，人欲横流，"黄钟毁弃，瓦釜雷鸣"，是一个十分不安定的时代。但是，对于人类的前途，我始终是一个乐观主义者。我相信，不管还要经过多少艰难曲折，不管还要经历多少时间，人类总会越变越好的，人类大同之域决不会仅仅是一个空洞的理想。但是，想要达到这个目的，必须经过无数代人的共同努力。有如接力赛，每一代人都有自己的一段路程要跑。又如一条链子，是由许多环组成的，每一环从本身来看，只不过是微不足道的一点东西；但是没有这一点东西，链子就组不成。在人类社会发展的长河中，我们每一代人都有自己的任务，而且是绝非可有可无的。如果说人生有意义与价值的话，其意义与价值就在这里。

　　但是，这个道理在人类社会中只有少数有识之士才能理解。鲁迅先生所称之"中国的脊梁"，指的就是这种人。对于那些肚子里吃满了肯德基、麦当劳、比萨饼，到头来终不过是浑浑噩噩的人来说，有如夏虫不足以与语冰，这些道理是没法谈的。他们无法理解自己对人类发展所应当承担的责任。

话说到这里，我想把上面说的意思简短扼要地归纳一下：如果人生真有意义与价值的话，其意义与价值就在于对人类发展的承上启下，承前启后的责任感。

《人生的意义与价值》（1995 年）

像我这样一个凡人，吃饱了饭没事儿的时候，有时也会想到人生问题。我觉得，我们"人"的"生"，都绝对是被动的。没有哪一个人能先制定一个诞生计划，然后再下生，一步步让计划实现。只有一个人是例外，他就是佛祖释迦牟尼。他住在天上，忽然想降生人寰，超度众生。先考虑要降生的国家，再考虑要降生的父母。考虑周详之后，才从容下降。但他是佛祖，不是吾辈凡人。

吾辈凡人的诞生，无一例外，都是被动的，一点主动也没有。我们糊里糊涂地降生，糊里糊涂地成长，有时也会糊里糊涂地夭折，当然也会糊里糊涂地寿登耄耋，像我这样。

生的对立面是死。对于死，我们也基本上是被动的。我们只有那么一点主动权，那就是自杀。但是，这点主动权却是不能随便使用的。除非万不得已，是决不能使用的。

我在上面讲了那么些被动，那么些糊里糊涂，是不是我个人真正欣赏这一套，赞扬这一套呢？否，否，我决不欣赏和赞扬。我只是说了一点实话而已。

正相反，我倒是觉得，我们在被动中，在糊里糊涂中，还是能够有所作为的。我劝人们不妨在吃饱了燕窝鱼翅之后，或者在吃糠咽菜之后，或者在卡拉 OK、高尔夫之后，问一问自己：你为什么活着？活着难道就是为了恣睢的享受吗？难道就是为了忍饥受寒吗？问了这些简单的问题之后，会使你头脑清醒一点，会减少一些糊涂。谓予不信，请尝试之。

《人生》(1996 年 11 月 9 日)

大家知道，中国哲学史上，有一个不大不小的争论问题：人是性善，还是性恶？这两个提法都源于儒家。孟子主性善，而荀子主性恶。争论了几千年，也没有争论出一个名堂来。

记得鲁迅先生说过："人的本性是，一要生存，二要温饱，三要发展。"（记错了，由我负责）这同中国古代一句有名的话，精神完全是一致的："食色，性也。"食是为了解决生存和温饱的问题，色是为了解决发展问题，也就是所谓传宗接代。

我看，这不仅仅是人的本性，而且是一切动植物的本性。试放眼观看大千世界，林林总总，哪一个动植物不具备上述三个本能？动物姑且不谈，只拿距离人类更远的植物来说，"桃李无言"，它们不但不能行动，连发声也发不出来。然而，它们求生存和发展的欲望，却表现得淋漓尽致。桃李等结甜果子的植物，为什么结甜果子呢？无非是想让人和其他能行动的动物吃了甜果子把核带到远的或近的其他地方，落在地上，生入土中，能发芽、开花、结果，达到发展，即传宗接代的目的。

你再观察，一棵小草或其他植物，生在石头缝中，或者甚至压在石头块下，缺水少光，但是它们却以令人震惊得目瞪口呆的毅力，冲破了身上的重压，弯弯曲曲地、忍辱负重地长了出来，由细弱变为强硬，由一根细苗甚至变成一棵大树，再作为一个独立体，继续顽强地实现那三种本性。"下自成蹊"，就是"无言"的结果吧。

你还可以观察，世界上任何动植物，如果放纵地任其发挥自己的本性，则在不太长的时间内，哪一种动植物也能长满塞满我们生存的这一个小小的星球地球。那些已绝种或现在濒临绝种的动植物，属于另一个范畴，另有其原因，我以后还会谈到。

那么，为什么到现在还没有哪一种动植物——包括万物之灵的人类在内——能塞满了地球呢？

在这里，我要引老子的话："天地不仁，以万物为刍狗。"是造化小儿——谁也不知道，他究竟有没有？他究竟是什么样子？我不信什么上帝，什么天老爷，什么大梵天，宇宙间没有他们存在的地方。

但是，冥冥中似乎应该有这一类的东西，是他或它巧妙计算，不让动植物的本性得逞。

《再谈人生》（1996 年 11 月 12 日）

造化小儿对禽兽和人类似乎有点区别对待的意思。它给你生存的本能，同时又遏制这种本能，方法或者手法颇多。制造一个对立面似乎就是手法之一，比如制造了老鼠，又制造它的天敌猫。

对于人类，它似乎有点优待。它先赋予人类思想（动物有没有思想和言语是一个有争论的问题），又赋予人类良知良能。关于人类本性，我在上面已经谈到。我不大相信什么良知，什么"恻隐之心，人皆有之"；但是我又无从反驳。古人说："人之所以异于禽兽者几希。""几希"者，极少极少之谓也。即使是极少极少，总还是有的。我个人胡思乱想，我觉得，在对待生物的生存、温饱、发展的本能的态度上，就存在着一点点"几希"。

我们观察，老虎、狮子等猛兽，饿了就要吃别的动物，包括人在内。它们决没有什么恻隐之心，决没有什么良知。吃的时候，它们也决不会像人吃人的时候那样，有时候还会捏造一些我必须吃你的道理，做好"思想工作"。它们只是吃开了，吃饱为止。人类则有所不同。人与人当然也不会完全一样。有的人确实能够遏制自己的求生本能，表现出一定的良知和一定的恻隐之心。古往今来的许多仁人志士，都是这方面的好榜样。他们为什么能为国捐躯？为什么能为了救别人而牺牲自己的性命？鲁迅先生所说的"中国的脊梁"，就是这样的人。孟子所谓的

"浩然之气"，只有这样的人能有。禽兽中是决不会有什么"脊梁"，有什么"浩然之气"的，这就叫做"几希"。

但是人也不能一概而论，有的人能够做到，有的人就做不到。像曹操说："宁教我负天下人，休教天下人负我！"他怎能做到这一步呢？

说到这里，就涉及伦理道德问题。我没有研究过伦理学，不知道怎样给道德下定义。我认为，能为国家，为人民，为他人着想而遏制自己的本性的，就是有道德的人。能够百分之六十为他人着想，百分之四十为自己着想，他就是一个及格的好人。为他人着想的百分比越高越好，道德水平越高。百分之百，所谓"毫不利己，专门利人"的人是绝无仅有。反之，为自己着想而不为他人着想的百分比，越高越坏。到了曹操那样，就算是坏到了顶。毫不利人，专门利己的人，普天之下倒是不老少的。说这话，有点泄气。无奈这是事实，我有什么办法？

《三论人生》（1996 年 11 月 13 日）

人处在家庭和社会中，有时候恐怕需要讲点容忍的。

唐朝有一个姓张的大官，家庭和睦，美名远扬，一直传到了皇帝的耳中。皇帝赞美他治家有道，问他道在何处，他一气写了一百个"忍"字。这说得非常清楚：家庭中要互相容忍，才能和睦。这个故事非常有名。在旧社会，新年贴春联，只要门楣上写着"百忍家声"就知道这一家一定姓张。中国姓张的全以祖先的容忍为荣了。

但是容忍也并不容易。1935 年，我乘西伯利亚铁路的车经前苏联赴德国，车过中苏边界上的满洲里；停车四小时，由前苏联海关检查行李。这是无可厚非的，入国必须检查，这是世界公例。但是，当时的苏联大概认为，我们这一帮人，从一个资本主义国家到另一个资本主义国家，恐怕没有好人，必须严查，以防万一。检查其他行李，我决无意见。但是，在哈尔滨买的一把最粗糙的铁皮壶，却成了被检查的首要对象。这里敲敲，那里敲敲，薄薄的一层铁皮决藏不下一颗炸弹的，然而他却敲打不止。我真有点无法容忍，想要发火。我身旁有一位年老的老外，是与我们同车的，看到我的神态，在我耳旁悄悄地说了句：Patience is the great virtue（容忍是很大的美德）。我对他微笑，表示致谢。我立即心平气和，天下太平。

看来容忍确是一件好事，甚至是一种美德。但是，我认为，也必须有一个界限。我们到了德国以后，就碰到这个问题。旧时欧洲流行决斗之风，谁污辱了谁，特别是谁的女情人，被污辱者一定要提出决斗。或用手枪，或用剑。普希金就是在决斗中被枪打死的。我们到了的时候，此风已息；但仍发生。我们几个中国留学生相约：如果外国人污辱了我们自身，我们要揣度形势，主要要容忍，以东方的恕道克制自己。但是，如果他们污辱我们的国家，则无论如何也要同他们玩儿命，决不容忍。这就是我们容忍的界限。幸亏这样的事情没有发生，否则我就活不到今天在这里舞笔弄墨了。

现在我们中国人的容忍水平，看了真让人气短。在公共汽车上，挤挤碰碰是常见的现象。如果碰了或者踩了别人，连忙说一声："对不起！"就能够化干戈为玉帛，然而有不少人连"对不起"都不会说了。于是就相吵相骂，甚至于扭打，甚至打得头破血流。我们这个伟大的民族怎么竟变成了这个样子！我在自己心中暗暗祝愿：容忍兮，归来！

《容忍》(1996 年 12 月 17 日)

天下有没有傻瓜？有的，但却不是被别人称做"傻瓜"的人，而是认为别人是傻瓜的人，这样的人自己才是天下最大的傻瓜。

我先把我的结论提到前面明确地摆出来，然后再条分缕析地加以论证。这有点违反胡适之先生的"科学方法"。他认为，这样做是西方古希腊亚里士多德首倡的演绎法，是不科学的。科学的做法是他和他老师杜威的归纳法，先不立公理或者结论，而是根据事实，用"小心的求征"的办法，去搜求证据，然后才提出结论。

  我在这里实际上并没有违反"归纳法"。我是经过了几十年的观察与体会，阅尽了芸芸众生的种种相，去粗取精，去伪存真以后，才提出了这样的结论的。为了凸现它的重要性，所以提到前面来说。

  闲言少叙。书归正传。有一些人往往以为自己最聪明。他们争名于朝，争利于世，锱铢必较，斤两必争。如果用正面手段，表面上的手段达不到目的的话，则也会用些负面的手段，暗藏的手段，来蒙骗别人，以达到损人利己的目的。结果怎样呢？结果是：有的人真能暂时得逞，"春风得意马蹄疾，一日看尽长安花"。大大地辉煌了一阵，然后被人识破，由座上客一变而为阶下囚。有的人当时就能丢人现眼。《红楼梦》中有两句话说："机关算尽太聪明，反误了卿卿性命。"这话真说得又生动，又真实。我绝不是说，世界上人人都是这样子，但是，从中国到外国，从古代到现代，这样的例子还算少吗？

  原因何在？原因就在于：这些人都把别人当成了傻瓜。

  我们中国有几句尽人皆知的俗话："善有善报，恶有恶报；不是不报，时候未到；时候一到，一切皆报。"这真是见道之言。把别人当傻瓜的人，归根结底，会自食其果。古代的统治者对这个道理似懂非懂。他们高叫："民可使由之，不可使知之。"是想把老百姓当傻瓜，但又很不放心，于是派人到民间去采风，采来了不少政治讽刺歌谣。杨震是聪明人，对向他行贿者讲出了"四知"。他知道得很清楚：除了天知、地知、你知、我知之外，不久就会有一个第五知：人知。他是不把别人当做傻瓜的。还是老百姓最聪明。他们中的聪明人说："若要人不知，除非己莫为。"他们不把别人当傻瓜。

  可惜把别人当傻瓜的现象，自古亦然，于今尤烈。救之之道只有一条：不自作聪明，不把别人当傻瓜，从而自己也就不是傻瓜。哪一个时代，哪一个社会，只要能做到这一步，全社会就都是聪明人，没有傻瓜，全社会也就会安定团结。

《傻瓜》（1997 年 3 月）

好誉而恶毁，人之常情，无可非议。

古代豁达之人倡导把毁誉置之度外。我则另持异说，我主张把毁誉置之度内。置之度外，可能表示一个人心胸开阔，但是，我有点担心，这有可能表示一个人的糊涂或颟顸。

我主张对毁誉要加以细致的分析。首先要分清：谁毁你？谁誉你？在什么时候？在什么地方？由于什么原因？这些情况弄不清楚，只谈毁誉，至少是有点模糊。

我记得在什么笔记上读到过一个故事。一个人最心爱的人，只有一只眼。于是他就觉得天下人（一只眼者除外）都多长了一只眼。这样的毁誉能靠得住吗？

还有我们常常讲什么"党同伐异"，又讲什么"臭味相投"等等。这样的毁誉能相信吗？

孔门贤人子路"闻过则喜"，古今传为美谈。我根本做不到，而且也不想做到，因为我要分析：是谁说的？在什么时候，在什么地点，因为什么而说的？分析完了以后，再定"则喜"，或是"则怒"。喜，我不会过头。怒，我也不会火冒十丈，怒发冲冠。孔子说："野哉，由也！"大概子路是一个粗线条的人物，心里没有像我上面说的那些弯弯绕。

我自己有一个颇为不寻常的经验。我根本不知道世界上有某一位学者，过去对于他的存在，我一点都不知道，然而，他却同我结了怨。因为，我现在所占有的位置，他认为本来是应该属于他的，是我这个"鸠"把他这个"鹊"的"巢"给占据了。因此，勃然对我心怀不满。我被蒙在鼓里，很久很久，最后才有人透了点风给我。我不知道，天下竟有这种事，只能一笑置之。不这样又能怎样呢？我想向他道歉，挖空心思，也找不出丝毫理由。

大千世界，芸芸众生，由于各人禀赋不同，遗传基因不同，生活环境不同，所以各人的人生观、世界观、价值观、好恶观等等，都不会一样，都会有点差别。比如吃饭，有人爱吃辣，有人爱吃咸，有人爱吃酸，如此等等。又比如穿衣，有人爱红，有人爱绿，有人爱黑，如此等等。在这种情况下，最好是各人自是其是，而不必非人之非。俗语说："各人自扫门前雪，不管他人瓦上霜。"这话本来有点贬义，我们可以正用。每个人都会有友，也会有"非友"，我不用"敌"这个词儿，避免误会。友，难免有誉；非友，难免有毁。碰到这种情况，最好抱上面所说的分析的态度，切不要笼而统之，一锅糊涂粥。

好多年来，我曾有过一个"良好"的愿望：我对每个人都好，也希望每个人对我都好。只望有誉，不能有毁。最近我恍然大悟，那是根本不可能的。如果真有一个人，人人都说他好，这个人很可能是一个极端圆滑的人，圆滑到琉璃球又能长只脚的程度。

《毁誉》（1997 年 6 月 23 日）

世态炎凉，古今所共有，中外所同然，是最稀松平常的事，用不着多伤脑筋。元曲《冻苏秦》中说："也素把世态炎凉心中暗忖。"《隋唐演义》中说："世态炎凉，古今如此。"不管是"暗忖"，还是明忖，反正你得承认这个"古今如此"的事实。

但是，对世态炎凉的感受或认识的程度，却是随年龄的大小和处境的不同而很不相同的，绝非大家都一模一样。我在这里发现了一条定理：年龄大小与处境坎坷同对世态炎凉的感受成正比。年龄越大，处境越坎坷，则对世态炎凉感受越深刻。反之，年龄越小，处境越顺利，则感受越肤浅。这是一条放诸四海而皆准的定理。

我已到望九之年，在八十多年的生命历程中，一波三折，好运与多舛相结合，坦途与坎坷相混杂，几度倒下，又几度爬起来，爬到今天这个地步，我可是真正参透了世态炎凉的玄机，尝够了世态炎凉的滋味。特别是十年浩劫中，我因为胆大包天，自己跳出来反对"北大"那一位炙手可热的"老佛爷"，被戴上了种种莫须有的帽子，被"打"成了反革命，遭受了极其残酷的至今回想起来还毛骨悚然的折磨。从牛棚里放出来以后，有长达几年的一段时间，我成了燕园中一个"不可接触者"。走在路上，我当年辉煌时对我低头弯腰毕恭毕敬的人，那时却视若路人，没有哪一个敢或肯跟我说一句话。我也不习惯于抬头看人，同人说话。我这个人已经异化为"非人"。一天，我的孙子发烧到四十度，老祖和我用破自行车推着到校医院去急诊。一个女同事竟吃了老虎心豹子胆似的，帮我这个已经步履蹒跚的花甲老人推了推车。我当时感动得热泪盈眶，如吸甘露，如饮醍醐。这件事、这个人我毕生难忘。

雨过天晴，云开雾散，我不但"官"复原职，而且还加官晋爵，又开始了一段辉煌。原来是门可罗雀，现在又是宾客盈门。你若问我有什么想法没有，想法当然是有的，一个忽而上天堂，忽而下地狱，又忽而重上天堂的人，哪能没有想法呢？我想的是：世态炎凉，古今如此。任何一个人，包括我自己在内，以及任何一个生物，从本能上来看，总是趋吉避凶的。因此，我没怪罪任何人，包括打过我的人。我没有对任何人打击报复。并不是由于我度量特别大，能容天下难容之事，而是由于我洞明世事，又反求诸躬。假如我处在别人的地位上，我的行动不见得会比别人好。

《世态炎凉》（1997 年）

缘分与命运本来是两个词儿，都是我们口中常说，文中常写的。但是，仔细琢磨起来，这两个词儿含义极为接近，有时达到了难解 难分的程度。

缘分和命运可不可信呢？

我认为，不能全信，又不可不信。

我绝不是为算卦相面的"张铁嘴"、"王半仙"之流的骗子来张目。算八字算命那一套骗人的鬼话，只要一个异常简单的事实就能揭穿。试问普天之下——番邦暂且不算，因为老外那里没有这套玩意儿——同年、同月、同日、同时生的孩子有几万，几十万，他们一生的经历难道都能够绝对一样吗？绝对地不一样，倒近于事实。

可你为什么又说，缘分和命运不可不信呢？

我也举一个异常简单的事实。只要你把你最亲密的人，你的老伴——或者"小伴"，这是我创造的一个名词儿，年轻的夫妻之谓也——同你自己相遇，一直到"有情人终成了眷属"的经过回想一下，便立即会同意我的意见。你们可能是一个生在天南，一个生在海北，中间经过了不知道多少偶然的机遇，有的机遇简直是间不容发，稍纵即逝，可终究没有错过，你们到底走到一起来了。即使是青梅竹马的关系，也同样有个"机遇"问题。这种"机遇"是报纸上的词儿，哲学上的术语是"偶然性"，老百姓嘴里就叫做"缘分"或"命运"。这种情况，谁能否认，又谁能解释呢？没有办法，只好称之为缘分或命运。

北京西山深处有一座辽代古庙名叫"大觉寺"。此地有崇山峻岭，茂林流泉，有300年的玉兰树，200年的藤萝花，是一个绝妙的地方。将近20年前，我骑自行车去过一次。当时古寺虽已破败，但仍给我留下了深刻的印象，至今忆念难忘。去年春末，北大中文系的毕业生欧阳旭邀我们到大觉寺去剪彩，原来他下海成了颇有基础的企业家。他毕竟是书生出身，念念不忘为文化做贡献。他在大觉寺里创办了一个明慧茶院，以弘扬中国的茶文化。我大喜过望，准时到了大觉寺。此时的大觉寺已完全焕然一新，雕梁画栋，金碧辉煌，玉兰已开过而紫藤尚开，品茗观茶道表演，心旷神怡，浑然欲忘我矣。

将近一年以来，我脑海中始终有一个疑团：这个英年岐嶷的小伙子怎么会到深山里来搞这么一个茶院呢？前几天，欧阳旭又邀我们到大觉寺去吃饭。坐在汽车上，我不禁向他提出了我的问题。他莞尔一笑，轻声说："缘分！"原来在这之前他携伙伴郊游，黄昏迷路，撞到大觉寺里来。爱此地之清幽，便租了下来，加以装修，创办了明慧茶院。

此事虽小，可以见大。信缘分与不信缘分，对人的心情影响是不一样的。信者胜可以做到不骄，败可以做到不馁，决不至胜则忘乎所以，败则怨天尤人。中国古话说："尽人事而听天命。"首先必须"尽人事"，否则馅儿饼决不会自己从天上落到你嘴里来。但又必须"听天命"。人世间，波诡云谲，因果错综。只有能做到"尽人事而听天命"，一个人才能永远保持心情的平衡。

《缘分与命运》（1998 年 1 月 16 日）

是不是每一个人都有压力呢？我认为，是的。我们常说，人生就是一场拼搏，没有压力，哪来的拼搏？佛家说，生、老、病、死、苦，苦也就是压力。过去的国王、皇帝，近代外国的独裁者，无法无天，为所欲为，看上去似乎一点压力都没有。然而他们却战战兢兢，时时如临大敌，担心边患，担心宫廷政变，担心被毒害被刺杀。他们是世界上最孤独的人，压力比任何人都大。大资本家钱太多了，担心股市升降，房地产价波动，等等。至于吾辈平民老百姓，"家家有一本难念的经"，这些都是压力，谁能躲得开呢？

压力是好事还是坏事？我认为是好事。从大处来看，现在全球环境污染，生态平衡破坏，臭氧层出洞，人口爆炸，新疾病丛生等等，人们感觉到了，这当然就是压力，然而压出来却是增强忧患意识，增强防范措施，这难道不是天大的好事吗？对一般人来说，法律和其他一切合理的规章制度，都是压力。然而这些压力何等好啊！没有它，社会将会陷入混乱，人类将无法生存。这个道理极其简单明了，一说就懂。我举自己做一个例子。我不是一个没有名利思想的人——我怀疑真有这种人，过去由于一些我曾经说过的原因，表面上看起来，我似乎是淡泊名利，其实那多半是假象。但是，到了今天，我已至望九之年，名利对我已经没有什么用，用不着再争名于朝，争利于市，这方面的压力没有了。但是却来了另一方面的压力，主要来自电台采访和报刊以及友人约写文章。这对我形成颇大的压力。以写文章而论，有的我实在不愿意写，可是碍于面子，不得不应。应就是压力。于是"拨冗"苦思，往往能写出有点新意的文章。对我来说，这就是压力的好处。

压力如何排除呢？粗略来分类，压力来源可能有两类：一被动，一主动。天灾人祸，意外事件，属于被动，这种压力，无法预测，只有泰然处之，切不可杞人忧天。主动的来源于自身，自己能有所作为。我的"三不主义"的第三条是"不嘀咕"，我认为，能做到遇事不嘀咕，就能排除自己造成的压力。

《论压力》（1998 年 7 月 8 日）

每个人都争取一个完满的人生。然而，自古及今，海内海外，一个百分之百完满的人生是没有的。所以我说，不完满才是人生。

关于这一点，古今的民间谚语，文人诗句，说到的很多很多。最常见的比如苏东坡的词："人有悲欢离合，月有阴晴圆缺，此事古难全。"南宋方岳（根据吴小如先生考证）诗句："不如意事常八九，可与人言无二三。"这都是我们时常引用的，脍炙人口的。类似的例子还能够举出成百上千来。

这种说法适用于一切人，旧社会的皇帝老爷子也包括在里面。他们君临天下，"率土之滨，莫非王土"，可以为所欲为，杀人灭族，小事一端，按理说，他们不应该有什么不如意的事。然而，实际上，王位继承，宫廷斗争，比民间残酷万倍。他们威仪俨然地坐在宝座上，如坐针毡。虽然捏造了"龙御上宾"这种神话，他们自己也并不相信。他们想方设法以求得长生不老，他们最怕"一旦魂断，宫车晚出"。连英主如汉武帝、唐太宗之辈也不能"免俗"。汉武帝造承露金盘，妄想饮仙露以长生；唐太宗服印度婆罗门的灵药，期望借此以不死。结果，事与愿违，仍然是"龙御上宾"呜呼哀哉了。

　　在这些皇帝手下的大臣们，"一人之下，万人之上"，权力极大，骄纵恣肆，贪赃枉法，无所不至。在这一类人中，好东西大概极少，否则包公和海瑞等决不会流芳千古，久垂宇宙了。可这些人到了皇帝跟前，只是一个奴才，常言道：伴君如伴虎，可见他们的日子并不好过。据说明朝的大臣上朝时在笏板上夹带一点鹤顶红，一旦皇恩浩荡，钦赐极刑，连忙用舌尖舔一点鹤顶红，立即涅槃，落得一个全尸。可见这一批人的日子也并不好过，谈不到什么完满的人生。

　　至于我辈平头老百姓，日子就更难过了。建国前后，不能说没有区别，可是一直到今天仍然是"不如意事常八九"。早晨在早市上被小贩"宰"了一刀；在公共汽车上被扒手割了包，踩了人一下，或者被人踩了一下，根本不会说"对不起"了，代之以对骂，或者甚至演出全武行。到了商店，难免买到假冒伪劣的商品，又得生一肚子气，谁能说，我们的人生多是完满的呢？

　　再说到我们这一批手无缚鸡之力的知识分子，在历史上一生中就难得过上几天好日子。只一个"考"字，就能让你谈"考"色变。"考"者，考试也。在旧社会科举时代，"千军万马独木桥"，要上进，只有科举一途，你只需读一读吴敬梓的《儒林外史》，就能淋漓尽致地了解到科举的情况。以周进和范进为代表的那一批举人进士，其窘态难道还不能让你胆战心惊，啼笑皆非吗？

　　现在我们运气好，得生于新社会中。然而那一个"考"字，宛如如来佛的手掌，你别想逃脱得了。幼儿园升小学，考；小学升初中，考；初中升高中，考；高中升大学，考；大学毕业想当硕士，考；硕士想当博士，考。考，考，考，变成烤，烤，烤；一直到知命之年，厄运仍然难免，现代知识分子落到这一张密而不漏的天网中，无所逃于天地之间，我们的人生还谈什么完满呢？

　　灾难并不限于知识分子："人人有一本难念的经。"所以我说"不完满才是人生"。这是一个"平凡的真理"；但是真能了解其中的意义，对己对人都有好处。对己，可以不烦不躁；对人，可以互相谅解。这会大大地有利于整个社会的安定团结。

《不完满才是人生》(1998 年 8 月 20 日)

在伦理道德的范畴中，谦虚一向被认为是美德，应该扬。而虚伪则一向被认为是恶习，应该抑。

然而，究其实际，二者间有时并非泾渭分明，其区别间不容发。谦虚稍一过头，就会成为虚伪。我想，每个人都会有这种体会的。

在世界文明古国中，中国是提倡谦虚最早的国家。在中国最古的经典之一的《尚书·大禹谟》中就已经有了"满招损，谦受益，时（是）乃天道"这样的教导，把自满与谦虚提高到"天道"的水平，可谓高矣。从那以后，历代的圣贤无不张皇谦虚，贬抑自满。一直到今天，我们常用的词汇中仍然有一大批与"谦"字有联系的词儿，比如"谦卑"、"谦恭"、"谦和"、"谦谦君子"、"谦让"、"谦顺"、"谦虚"、"谦逊"等等，可见"谦"字之深入人心，久而愈彰。

我认为，我们应当提倡真诚的谦虚，而避免虚伪的谦虚，后者与虚伪间不容发矣。

可是在这里我们就遇到了一个拦路虎：什么叫"真诚的谦虚"？什么又叫"虚伪的谦虚"？两者之间并非泾渭分明，简直可以说是因人而异，因地而异，因时而异，掌握一个正确的分寸难于上青天。

最突出的是因地而异，"地"指的首先是东方和西方。在东方，比如说中国和日本，提到自己的文章或著作，必须说是"拙作"或"拙文"。在西方各国语言中是找不到相当的词儿的。尤有甚者，甚至可能产生误会。中国人请客，发请柬必须说"洁治菲酌"，不了解东方习惯的西方人就会满腹疑团：为什么单单用"不丰盛的宴席"来请客呢？日本人送人礼品，往往写上"粗品"二字，西方人又会问：为什不用"精品"来送人呢？在西方，对老师，对朋友，必须说真话，会多少，就说多少。如果你说，这个只会一点点儿，那个只会一星星儿，他们就会信以为真，在东方则不会。这有时会很危险的。至于吹牛之流，则为东西方同样所不齿，不在话下。

可是怎样掌握这个分寸呢？我认为，在这里，真诚是第一标准。虚怀若谷，如果是真诚的话，它会促你永远学习，永远进步。有的人永远"自我感觉良好"，这种人往往不能进步。康有为是一个著名的例子。他自称，年届而立，天下学问无不掌握。结果说康有为是一个革新家则可，说他是一个学问家则不可。较之乾嘉诸大师，甚至清末民初诸大师，包括他的弟子梁启超在内，他在学术上是没有建树的。

总之，谦虚是美德，但必须掌握分寸，注意东西。在东方谦虚涵盖的范围广，不能施之于西方，此不可不注意者。然而，不管东方或西方，必须出之以真诚。有意的过分的谦虚就等于虚伪。

《谦虚与虚伪》（1998 年 10 月 3 日）

走运与倒霉，表面上看起来，似乎是绝对对立的两个概念。世人无不想走运，而决不想倒霉。

其实，这两件事是有密切联系的，互相依存的，互为因果的。说极端了，简直是一而二二而一者也。这并不是我的发明创造。两千多年前的老子已经发现了，他说："祸兮福之所倚，福兮祸之所伏，孰知其极？其无正。"老子的"福"就是走运，他的"祸"就是倒霉。

走运有大小之别，倒霉也有大小之别，而二者往往是相通的。走的运越大，则倒的霉也越惨，二者之间成正比。中国有一句俗话说："爬得越高，跌得越重。"形象生动地说明了这种关系。

吾辈小民，过着平平常常的日子，天天忙着吃、喝、拉、撒、睡；操持着柴、米、油、盐、酱、醋、茶。有时候难免走点小运，有的是主动争取来的，有的是时来运转，好运从天上掉下来的。高兴之余，不过喝上二两二锅头，飘飘然一阵了事。但有时又难免倒点小霉，"闭门家中坐，祸从天上来"，没有人去争取倒霉的。倒霉以后，也不过心里郁闷几天，对老婆孩子发点小脾气，转瞬就过去了。

但是，历史上和眼前的那些大人物和大款们，他们一身系天下安危，或者系一个地区、一个行当的安危。他们得意时，比如打了一个大胜仗，或者倒卖房地产、炒股票，发了一笔大财，意气风发，踌躇满志，自以为天上天下，唯我独尊。"固一世之雄也"，怎二两二锅头了得！然而一旦失败，不是自刎乌江，就是从摩天高楼跳下，"而今安在哉！"

从历史上到现在，中国知识分子有一个"特色"，这在西方国家是找不到的。中国历代的诗人、文学家，不倒霉则走不了运。司马迁在《太史公自序》中说："昔西伯拘羑里，演《周易》；孔子厄陈蔡，作《春秋》；屈原放逐，著《离骚》；左丘失明，厥有《国语》；孙子膑脚，而论兵法；不韦迁蜀，世传《吕览》；韩非囚秦，《说难》、《孤愤》；《诗》三百篇，大抵贤圣发愤之所为作也。"司马迁算的这个总账，后来并没有改变。汉以后所有的文学大家，都是在倒霉之后，才写出了震古烁今的杰作。像韩愈、苏轼、李清照、李后主等等一批人，莫不皆然。从来没有过状元宰相成为大文学家的。

了解了这一番道理之后，有什么意义呢？我认为，意义是重大的。它能够让我们头脑清醒，理解祸福的辩证关系；走运时，要想到倒霉，不要得意过了头；倒霉时，要想到走运，不必垂头丧气。心态始终保持平衡，情绪始终保持稳定，此亦长寿之道也。

《走运与倒霉》（1998 年 11 月 2 日）

牵就，也作"迁就"和"适应"，是我们说话和行文时常用的两个词儿。含义颇有些类似之处；但是，一仔细琢磨，二者间实有 差别，而且是原则性的差别。

根据词典的解释，《现代汉语词典》注"牵就"为"迁就"和"牵强附会"。注"迁就"为"将就别人"，举的例是："坚持原则，不能迁就。"注"将就"为"勉强适应不很满意的事物或环境"。举的例子是"衣服稍微小一点，你将就着穿吧!"注"适应"为"适合（客观条件或需要）"。举的例子是"适应环境"。"迁就"这个词儿，古书上也有，《辞源》注为"舍此取彼，委曲求合"。

我说，二者含义有类似之处，《现代汉语词典》注"将就"一词时就使用了"适应"一词。

词典的解释，虽然头绪颇有点乱；但是，归纳起来，"牵就（迁就）"和"适应"这两个词儿的含义还是清楚的。"牵就"的宾语往往是不很令人愉快、令人满意的事情。在平常的情况下，这种事情本来是不能或者不想去做的。极而言之，有些事情甚至是违反原则的，违反做人的道德的，当然完全是不能去做的。但是，迫于自己无法掌握的形势；或者出于利己的私心；或者由于其他的什么原因，非做不行，有时候甚至昧着自己的良心，自己也会感到痛苦的。

根据我个人的语感，我觉得，"牵就"的根本含义就是这样，词典上并没有说清楚。

但是，又是根据我个人的语感，我觉得，"适应"同"牵就"是不相同的。我们每一个人都会经常使用"适应"这个词儿的。不过在大多数的情况下，我们都是习而不察。我手边有一本沈从文先生的《花花朵朵 坛坛罐罐》，汪曾祺先生的"代序：沈从文转业之谜"中有一段话说："一切终得变，沈先生是竭力想适应这种'变'的。"这种"变"，指的是解放。沈先生写信给人说："对于过去种种，得决心放弃，从新起始来学习。这个新的起始，并不一定即能配合当前需要，惟必能把握住一个进步原则来肯定，来完成，来促进。"沈从文先生这个"适应"，是以"进步原则"来适应新社会的。这个"适应"是困难的，但是正确的。我们很多人在解放初期都有类似的经验。

再拿来同"牵就"一比较，两个词儿的不同之处立即可见。"适应"

的宾语，同"牵就"不一样，它是好的事物，进步的事物；即使开始时有点困难，也必能心悦诚服地予以克服。在我们的一生中。我们会经常不断地遇到必须"适应"的事务，"适应"成功，我们就有了"进步"。

简洁说：我们须"适应"，但不能"牵就"。

《牵就与适应》，《季羡林漫谈人生》（2000 年 1 月）

《牛棚杂忆》一书，是率尔之作，有点近于消遣游戏，绝不是什么惨淡经营，愁苦构思的结果。十几年前，自己对"十年浩劫"的回忆还比较清晰。"文革"中是决不敢写什么日记的，一写，倘被发现，就会由"反革命"升为"现行反革命"，小命就将"殆哉"了。因此，我仅凭记忆，把脑海里的东西转移到纸上来。当时决没有想到能够出版。只不过觉得几乎把自己的性命赔上的经历，我一生大概只能有一次，倘若任其飘散消逝，未免有点对不起自己而已。

我可万万没有想到，这一部书竟然出版了。我更万万没有想到，它一出版就成了畅销书，不但书店里能买到，据说连地铁的小书摊上都陈列着。它传遍了全国，而且传出了大陆，走向港、澳、台，连欧美都有。用一句旧话来说，那就是"洛阳纸贵"了。截止到眼前，我总共收到了各地读者的来信一百七十多封。我的一位朋友广东著名的作家来信说："有了这一本书，你那些长达千余万字的文章统统可以不要了！"

在这样的情况下，要说我不洋洋得意，那是矫情。但是，最让我高兴的还是，通过这一本小册子我为我们国家立了一功。一些同我一样蹲过牛棚，被打得一佛出世，二佛升天的老同志，虽然后来被"解放"了，平了反，但心里总是憋着一口气，无法吐了出来。现在看了我这一部小书，虽然不是自己写的，好像就是自己写的，一口气终于吐出来了，心情比较舒畅了。这样一来，岂不是大大有利于安定团结吗？我自己说是立了一功，难道还能说是夸大吗？

其次，有人当面告诉我，有人写信告诉我，他们读《牛棚杂忆》，禁不住泪流满面，然而他们的子女，在读了此书以后，却吃惊地或义形于色地说：季羡林是在写小说，是在胡编，是在造谣。天底下哪里能有这样的事情呢？谁能够相信呢？听了这样的话，孩子们的父母在吃惊，我更为吃惊。试想，这一次"十年浩劫"是中国历史上最野蛮，最残暴，最愚蠢，最荒谬的一页；是中华民族空前绝后（这是我的希望）的大灾难。它把我们国家推到了濒于破产的边缘上。我们付出的"学费"不可谓不高矣。然而学到了多少东西？得到了多少教训呢？现在看来，几乎没有。才过了二十多年，我们的青年已经视若神话。这能不令我这样亲身参加过而且蹲过牛棚的人惊心动魄吗？我现在把这场灾难的真相写了出来，尽管是在一个极为狭窄的层面上，但一滴水中可见宇宙，读者可以举一反三，联类推想，不难对全部灾难得到一个大体的轮廓，以之为一面明镜，照见真相，惩前毖后，永不再犯。这一点对青年人尤为重要。我自己说是立了一功，难道还能说是夸大吗？

龙抄本《牛棚杂忆》序（2000 年 12 月 12 日）

有人把不讲礼貌的行为归咎于新人类或新新人类。我并无资格成为新人类的同党，我已经是属于博物馆的人物了。但是，我却要为他们打抱不平。在他们诞生以前，有人早着了先鞭。不过，话又要说了回来。新人类或新新人类确实在不讲礼貌方面有所创造，有所前进，他们发扬光大了这种并不美妙的传统，他们（往往是一双男女）在光天化日之下，车水马龙之中，拥抱接吻，旁若无人，洋洋自得，连在这方面比较不拘细节的老外看了都目瞪口呆，惊诧不已。古人说："闺房之内，有甚于画眉者。"这是两口子的私事，谁也管不着。但这是在闺房之内的事，现在竟几乎要搬到大街上来，虽然还没有到"甚于画眉"的水平，可是已经很可观了。新人类还要新到什么程度呢？

如果一个人孤身住在深山老林中，你愿意怎样都行。可我们是处在社会中，这就要讲究点人际关系。人必自爱而后人爱之。没有礼貌是目中无人的一种表现，是自私自利的一种表现，如果这样的人多了，必然产生与社会不协调的后果。千万不要认为这是个人小事而掉以轻心。

现在国际交往日益频繁，不讲礼貌的恶习所产生的恶劣影响已经不局限于国内，而是会流布全世界。前几年，我看到过一个什么电视片，是由一个意大利著名摄影家拍摄的，主题是介绍北京情况的。北京的名胜古迹当然都包罗无遗，但是，我的眼前忽然一亮：一个光着膀子的胖大汉子骑自行车双手撒把做打太极拳状，飞驰在天安门前宽广的大马路上。给人的形象是野蛮无礼。这样的形象并不多见。然而却没有逃过一个老外的眼光。我相信，这个电视片是会在全世界都放映的。它在外国人心目中会产生什么影响，不是一清二楚了吗？

最后，我想当一个文抄公，抄一段香港《公正报》上的话：

　　富者有礼高质，贫者有礼免辱，父子有礼慈孝，兄弟有礼和睦，夫妻有礼情长，朋友有礼义笃，社会有礼祥和。

《谈礼貌》（2001 年 1 月 29 日）

中国有一句老话："知足常乐"，为大家所遵奉。什么叫"知足"呢？还是先查一下字典吧。《现代汉语词典》说："知足满足于已经得到的（指生活、愿望等）。"如果每个人都能满足于已经得到的东西，则社会必能安定，天下必能太平，这个道理是显而易见的。可是社会上总会有一些人不安分守己，癞蛤蟆想吃天鹅肉。这样的人往往要栽大跟头的。对他们来说，"知足常乐"这句话就成了灵丹妙药。

但是，知足或者不知足也要分场合的。在旧社会，穷人吃草根树皮，阔人吃燕窝鱼翅。在这样的场合下，你劝穷人知足，能劝得动吗？正相反，应当鼓励他们不能知足，要起来斗争。这样的不知足是正当的，是有重大意义的，它能伸张社会正义，能推动人类社会前进。

除了场合以外，知足还有一个分（fèn）的问题。什么叫分？笼统言之，就是适当的限度。人们常说的"安分"、"非分"等等，指的就是限度。这个限度也是极难掌握的，是因人而异、因地而异的。勉强找一个标准的话，那就是"约定俗成"。我想，冰心老人之所以写这一句话，其意不过是劝人少存非分之想而已。

至于知不足，在汉文中虽然字面上相同，其含义则有差别。这里所谓"不足"，指的是"不足之处"，"不够完美的地方"。这句话同"自知之明"有联系。

自古以来，中国就有一句老话："人贵有自知之明。"这一句话暗示给我们，有自知之明并不容易，否则这一句话就用不着说了。事实上也确实如此。就拿现在来说，我所见到的人，大都自我感觉良好。专以学界而论，有的人并没有读几本书，却不知天高地厚，以天才自居，靠自己一点小聪明——这能算得上聪明吗？——狂傲恣睢，骂尽天下一切文人，大有用一枚毛锥横扫六合之概，令明眼人感到既可笑，又可怜。这种人往往没有什么出息的。因为，又有一句中国老话："学如逆水行舟，不进则退。"还有一句中国老话："学海无涯"，说的都是真理。但在这些人眼中，他们已经穷了学海之源，往前再没有路了，进步是没有必要的。他们除了自我欣赏之外，还能有什么出息呢？

古代希腊也认为自知之明是可贵的，所以语重心长地说出了："要了解你自己！"中国同希腊相距万里，可竟说了几乎是一模一样的话，可见这些话是普遍的真理。中外几千年的思想史和科学史，也都证明了一个事实：只有知不足的人才能为人类文化做出贡献。

《知足知不足》（2001 年 2 月 21 日）

"为"，就是"做"。应该做的事，必须去做，这就是"有为"。不应该做的事必不能做，这就是"有不为"。

在这里，关键是"应该"二字。什么叫"应该"呢？这有点像仁义的"义"字。韩愈给"义"字下的定义是"行而宜之之谓义"。"义"就是"宜",而"宜"就是"合适",也就是"应该",但问题仍然没有解决。要想从哲学上,从伦理学上,说清楚这个问题,恐怕要写上一篇长篇论文,甚至一部大书。我没有这个能力,也认为根本无此必要。我觉得,只要诉诸一般人都能够有的良知良能,就能分辨清是非善恶了,就能知道什么事应该做,什么事不应该做了。

中国古人说:"勿以善小而不为,勿以恶小而为之。"可见善恶是有大小之别的,应该不应该也是有大小之别的,并不是都在一个水平上。什么叫大,什么叫小呢?这里也用不着烦琐的论证,只须动一动脑筋,睁开眼睛看一看社会,也就够了。

小恶、小善,在日常生活中随时可见,比如,在公共汽车上给老人和病人让座,能让,算是小善;不能让,也只能算是小恶,够不上大逆不道。然而,从那些一看到有老人或病人上车就立即装出闭目养神的样子的人身上,不也能由小见大看出了社会道德的水平吗?

至于大善大恶,目前社会中也可以看到,但在历史上却看得更清楚。比如宋代的文天祥。他为元军所虏。如果他想活下去,屈膝投敌就行了,不但能活,而且还能有大官做,最多是在身后被列入"贰臣传","身后是非谁管得",管那么多干嘛呀。然而他却高赋《正气歌》,从容就义,留下英名万古传,至今还在激励着我们全国人民的爱国热情。

通过上面举的一个小恶的例子和一个大善的例子,我们大概对大小善和大小恶能够得到一个笼统的概念了。凡是对国家有利,对人民有利,对人类发展前途有利的事情就是大善,反之就是大恶。凡是对处理人际关系有利,对保持社会安定团结有利的事情可以称之为小善,反之就是小恶。大小之间有时难以区别,这只不过是一个大体的轮廓而已。

大小善和大小恶有时候是有联系的。俗话说:"千里之堤,溃于蚁穴。"拿眼前常常提到的贪污行为而论,往往是先贪污少量的财物,心里还有点打鼓。但是,一旦得逞,尝到甜头,又没被人发现,于是胆子越来越大,贪污的数量也越来越多,终至于一发而不可收拾,最后受到法律的制裁，悔之晚矣。也有个别的识时务者，迷途知返，就是所谓浪子回头者，然而难矣哉！

我的希望很简单，我希望每个人都能有为有不为。一旦"为"错了，就毅然回头。

《有为有不为》(2001 年 2 月 23 日)

年轻时候，我几乎没有写过感悟人生的文章，因为根本没有感悟，只觉得大千世界十分美好，眼前遍地开着玫瑰花，即使稍有不顺心的时候，也只如秋风过耳，转瞬即逝。中年以后，躬逢盛世，今天一个运动，明天一场批判，天天在斗、斗、斗，虽然没有感到其乐无穷，却也并无反感。最后终于把自己斗到了牛棚里，几乎把一条小命断送。被"解放"以后。毫无改悔之意，依然是造神不止。等到我脑袋稍稍开了点窍，对人生稍稍有点感悟时，自己已经是垂垂老矣。

我是习惯于解剖自己的；但是，解剖的结果往往并不美妙。在学术上我是什么知、什么觉，在这里姑且不论；但是，在政治上，我却是后知后觉，这是肯定无疑的。有时候连小孩子都不会相信的弥天大谎，我却深信不疑。如果一生全是这样的话，倒也罢了。然而造物主却偏给我安排了一条并不平坦的人生道路。我走过阳关大道，也走过独木小桥。我经历过车马盈门的快乐，成为一个颇可接触者。又经历过门可罗雀的冷落，成为一个不可接触者。如果永远不可接触下去，倒也罢了，我也是无怨无悔的。然而造物主又跟我开了一个玩笑，他（它？她？）又让我梅开二度，不但恢复了车马盈门的盛况，而且是"车如流水马如龙，花月正春风"，我成了一个极可接触者。

大家都能够知道，有过我这样经历的人，最容易感悟人生。我虽木讷，对人生也不能不有所感悟了。

正在这个时候，上海《新民晚报·夜光杯副刊》的编者贺小钢女士写信给我，要我开辟一个专栏，名之曰"人生漫谈"。这真叫"无巧不

295

成书"，一拍即合，我立即答应下来，立即动笔，从 1996 年下半年开始，到现在已经写了 90 篇，有几篇还没有刊出。我原来信心十足，觉得自己已经活到了耄耋之年，吃的盐比年轻人吃的面还多，过的桥比年轻人走过的路还长，而且又多次翻过跟头，何为人生，我早已参得透透的了。一拿起笔来，必然是妙笔生花，灵感一定会像江上清风，山中明月，取之不尽，用之不竭。想到这里，我简直想手舞足蹈了。

然而我犯了一个大错误，我过高地估计了我对人生感悟的库藏。原来每月两篇千字文，写来得心应手，不费吹灰之力，只觉得人生像是一个万花筒，方面无限地多，随便从哪一个方面选取一点感悟，易如反掌，不愁文章没有题目。然而写到六七十篇以后，却出现了前所未遇的情况。有时候感悟的火花一闪耀，想出了一个新题目。为了慎重起见，连忙查一查旧账，这一查就让我傻了眼：原来已经写过了。第二次，第三次，又碰到同样的情况，使我不得不承认，人生的方面虽然很广，自己的经历毕竟有限。虽然活到了耄耋之年，对人生感悟的库藏并不十分丰富。

此外，我还发现了一个我自己本不愿承认但又非承认不行的事实，这就是，自己对人生感悟的分析能力不是太强。这是有原因的。我一生治学，主要精力是放在考证上的，义理非我所好，也非我所能。对哲学家，我一向是敬而远之的，他们搞的那一套分析，分析，再分析，分析得我头昏脑晕，无力追踪。现在轮到我来写人生小品，这玩意儿有时候还是非有点分析不行的，这就让我为了难。现在翻阅过去四年多中所写的八十来篇小品，自己真正满意的并不多。这颇使我尴尬。然而，为水平所限，奈之何哉！

但是，事情还有它的另一面。四五年来，我在上海《新民晚报·夜光杯副刊》上，总共写了八十来篇千字文。从读者中反馈回来的信息还是令人满意的。有的读者直接写信给我，有的当面告诉我，他们是认可的。全国一些不同地区的报纸杂志上也时有转载，也说明了那些千字文是起了作用的。那些千字文，看上去题目虽然五花八门，但是我的基本想法却是一致的。我想教给年轻人的无非是：热爱祖国、热爱人类、热爱生命、热爱自然。我认为，这四个"热爱"是众德之首。有了这四个"热爱"，国家必能富强，世界必能和睦，人类与大自然必能合一，人类前途必能辉煌。我虽然没有直接拿这四个"热爱"命题作文；但是我在行文时或明或暗，或直接或间接总离不开这个精神。这一点是可以告慰自己和读者的。

《人生小品》序（2001 年 4 月 6 日）

十三　老年谈老：人的一生是短暂的，决不能把生命白白浪费掉

　　我已经到了望九之年，可谓长寿矣。因此经常有人向我询问长寿之道，养生之术。

　　我敬谨答曰："养生无术是有术。"

　　这话看似深奥，其实极为简单明了。我有两个朋友，十分重视养生之道，每天锻炼身体，至少要练上两个钟头。曹操诗曰："对酒当歌，人生几何？"人生不过百年，每天费上两个钟头，统计起来，要有多少钟头啊！利用这些钟头，能做多少事情呀！如果真有用，也还罢了。他们二人一个先我而走，一个卧病在家，不能出门。

　　因此，我首创了三"不"主义：不锻炼，不挑食，不嘀咕，名闻全国。

　　我这个三"不"主义，容易招误会，我现在利用这个机会解释一下。我并不绝对反对适当的体育锻炼，但不要过头。一个人如果天天望长寿如大旱之望云霓，而又绝对相信体育锻炼，则此人心态恐怕有点失常，反不如顺其自然为佳。

　　至于不挑食，其心态与上面相似。常见有人年才逾不惑，就开始挑食，蛋黄不吃，动物内脏不吃，每到吃饭，战战兢兢，如履薄冰，窘态可掬，看了令人失笑。以这种心态而欲求长寿，岂非南辕而北辙！

我个人认为，第三点最为重要。对什么事情都不嘀嘀咕咕，心胸开朗，乐观愉快，吃也吃得下，睡也睡得着，有问题则设法解决之，有困难则努力克服之，决不视芝麻绿豆大的窘境如苏迷庐山般大，也决不毫无原则地随遇而安，决不玩世不恭。"应尽便须尽，无复独多虑"，有这样的心境，焉能不健康长寿？

我现在还想补充一点，很重要的一点。根据我个人七八十年的经验，一个人决不能让自己的脑筋投闲置散，要经常让脑筋活动着。根据外国一些科学家实验结果，"用脑伤神"的旧说法已经不能成立，应改为"用脑长寿"。人的衰老主要是脑细胞的死亡。中老年人的脑细胞虽然天天死亡，但人一生中所启用的脑细胞只占细胞总量的四分之一，而且在活动的情况下，每天还有新的脑细胞产生。只要脑筋的活动不停止，新生细胞比死亡细胞数目还要多。勤于动脑筋，则能经常保持脑中血液的流通状态，而且能通过脑筋协调控制全身的功能。

我过去经常说："不要让脑筋闲着。"我就是这样做的，结果是有人说我"身轻如燕，健步如飞"。这话有点过了头，反正我比同年龄人要好些，这都是真的。原来我并没有什么科学根据，只能算是一种朴素的直觉。现在读报纸，得到了上面的认识，在沾沾自喜之余，谨作补充如上。

这就是我的"长寿之道"。

《长寿之道》(1997 年 10 月 29 日)

我觉得，在人类前进的极长的历史过程中，每一代人都只是一条链子上的一个环。拿接力赛来做比，每一代人都是从前一代手中接过接力棒，跑完了一棒，再把棒递给后一代人。这就是人生。人生的意义与价值就在于认真负责地完成自己这一棒的任务。做到这一步，就可以心安理得了。古代印度人有人生四阶段的说法，是颇有见地的。

这个道理其实是极为明白易懂的，但是却极少解人。古代有一些人，主要是皇帝老子，梦想长生不老，结果当然是竹篮子打水，一场空。古代和近代，甚至当代，有一些人，到了老年愁这愁那；一方面为子孙积财，甚至不择手段；一方面又为自己的身后着想，修造坟场，筹建祠堂。这是有钱人的事。没有钱的老年人心事更多，想为子孙积攒钱财，又力不从心，捉襟见肘。财积不成，又良心难安。等到大限来到之时，还是两手空空，抱着无限负疚的心情，去见阎罗大王。大概在望乡台上，还是老泪纵横哩。

最近翻看明人笔记，在一本名叫《霏雪录》的书里谈到了一段话，是抄的唐代大诗人白居易的一首自警诗，原诗是：

> 蚕老茧成不庇身，
> 蜂饥蜜熟属他人。
> 须知年老尤家者，
> 恐似二虫虚苦辛。

诗句明白易懂，道理浅显清楚。在中国历代著名的文人中，白居易活的年龄算是相当老的。他到了老年，有了这样的想法，通脱耐人寻味。这恐怕同他晚年的信仰有关。他信仰佛教，大概又受到了中国传统道教的影响。这一首诗可以帮助我们思考一些问题。

《老年》（1998 年 9 月 9 日）

我已经在本栏写过谈老年的文章，意犹未尽，再写"十忌"。

忌，就是禁忌，指不应该做的事情。人的一生，都有一些不应该做的事情，这是共性。老年是人生的一个阶段，有一些独特的不应该做的事情，这是特性。老年禁忌不一定有十个，我因受传统的"十全大补"、"某某十景"之类的"十"字迷的影响，姑且先定为十个。将来或多或少，现在还说不准。骑驴看唱本，走着瞧吧。

一忌——说话太多

说话，除了哑巴以外，是每人每天必有的行动。有的人喜欢说话，有的人不喜欢，这决定于一个人的禀性，不能强求一律。我在这里讲忌说话太多，并没有"祸从口出"或"金人三缄其口"的含义。说话惹祸，不在话多话少，有时候，一句话就能惹大祸。口舌惹祸，也不限于老年人，中年和青年都可能由此致祸。

我先举几个例子。

某大学有一位老教授，道德文章，有口皆碑。虽年逾耄耋，而思维敏锐，说话极有条理。不足之处是：一旦开口，就如悬河泻水，滔滔不绝；又如开了闸，再也关不住，水不断涌出。在那个大学里流传着一个传说：在学校召开的会上，某老一开口发言，有的人就退席回家吃饭，饭后再回到会场，某老谈兴正浓。据说有一次博士生答辩会，规定开会时间为两个半小时，某老参加，一口气讲了两个小时。这个会会是什么结果，答辩委员会的主席会有什么想法和措施，他会怎样抓耳挠腮，坐立不安，概可想见了。

另一个例子是一位著名的敦煌画家。他年轻的时候，头脑清楚，并不喜欢说话。一进入老境，脾气大变，也许还有点老年痴呆症的原因，说话既多又不清楚。有一年，在北京国家图书馆新建的大礼堂中召开中国敦煌吐鲁番学会的年会，开幕式必须请此老讲话。我们都知道他有这个毛病，预先请他夫人准备了一个发言稿，简短而扼要，塞入他的外衣口袋里，再三叮嘱他，念完就退席。然而，他一登上主席台，就把此事忘得一干二净，摆开架势，开口讲话，听口气是想从开天辟地讲起，如果讲到那一天的会议，中间至少有三千年的距离。主席有点沉不住气了。我们连忙采取紧急措施，把他夫人请上台，从他口袋里掏出发言稿，让他照念，然后下台如仪，会议才得以顺利进行。

类似的例子还可以举出一些来，我不再举了。根据我个人的观察，不是每一个老人都有这个小毛病，有的人就没有。我说它是"小毛病"，其实并不小。试问，我上面举出的几个开会的例子，难道那还不会制造极为尴尬的局面吗？当然，话又说了回来，爱说长话的人并不限于老年，中青年都有，不过以老年为多而已。因此，我编了四句话奉献给老人：年老之人，血气已衰；刹车失灵，戒之在说。

二忌——倚老卖老

50年代和60年代前半叶，中国政治生活还比较（我只说是"比较"）正常的时候，周恩来总理招待外宾后，有时候会把参加招待的中国同志在外宾走后留下来，谈一谈招待中有什么问题或纰漏，有点总结经验的意味。这时候刚才外宾在时严肃的场面一变而为轻松活泼，大家都争着发言，谈笑风生，有时候一直谈到深夜。

有一次，总理发言时使用了中国常见的"倚老卖老"这个词儿。翻译一时有点迟疑，不知道怎样恰如其分地译成英文。总理注意到了，于是在客人走后就留下中国同志，议论如何翻译好这个词儿。大家七嘴八舌，最终也没能得出满意的结论。我现在查了两部《汉英词典》，都把这个词儿译为 To take advantage of one's seniority or old age. 意思是利用自己的年老，得到某一些好处，比如脱落形迹之类。我认为基本是能令人满意的，但是"达到脱落形迹的目的"，似乎还太狭隘了一点，应该是"达到对自己有利的目的"。

人世间确实不乏"倚老卖老"的人。学者队伍中更为常见。眼前请大家自己去找。我讲点过去的事情，故事就出在清吴敬梓的《儒林外史》中。吴敬梓有刻画人物的天才，着墨不多，而能活灵活现。第十八回他写了两个时文家。胡三公子请客：

> 四位走进书房，见上面席间先坐着两个人，方巾白须，大模大样，见四位进来，遂慢立起身。严贡生认得，便上前道："卫先生、随先生都在这里，我们公揖。"当下作过了揖，请诸位坐。那卫先生、随先生也不谦让，仍旧上席坐了。

倚老卖老，架子可谓十足。然而本领却并不怎么样，他们的诗，"且夫"、"尝谓"都写在内，其余也就是文章批语上采下来的几个字眼。一直到今天，倚老卖老，摆老架子的人大都如此。

平心而论，人老了，不能说是什么好事，老态龙钟，惹人厌恶；但也不能说是什么坏事，人一老，经验丰富，识多见广。他们的经验，有时会对个人，甚至对国家有些用处的。但是，这种用处是必须经过事实证明的，自己一相情愿地认为有用处，是不会取信于人的。另外，根据我个人的体验与观察，一个人，老年人当然也包括在里面，最不喜欢别人瞧不起他。一感觉到自己受了怠慢，心里便不是滋味，甚至怒从心头起，拂袖而去。有时闹得双方都不愉快，甚至结下怨仇。这是完全要不得的。一个人受不受人尊敬，完全决定于你有没有值得别人尊敬的地方。在这里，摆架子，倚老卖老，都是枉然的。

《老年十忌（一）》（2000 年 2 月 22 日）

三忌——思想僵化

人一老，在生理上必然会老化；在心理上或思想上，就会僵化。此事理之所必然，不足为怪。要举典型，有鲁迅的九斤老太在。

从生理上来看。人的躯体是由血、肉、骨等物质的东西构成的，是物质的东西就必然要变化、老化，以至消逝。生理的变化和老化必然影响心理或思想，这是无法抗御的。但是，变化、老化或僵化却因人而异，并不能一视同仁。有的人早，有的人晚；有的人快，有的人慢。所谓老年痴呆症，只是老化的一个表现形式。

空谈无补于事，试举一标本，加以剖析。远在天边，近在眼前，标本就是我自己。

我已届九旬高龄，古今中外的文人能活到这个年龄者只占极少数。我不相信这是由于什么天老爷、上帝或佛祖的庇佑，而是享了新社会的福。现在，我目虽不太明，但尚能见物；耳虽不太聪，但尚能闻声。看来距老年痴呆和八宝山还有一段距离，我也还没有这样的计划。

但是，思想僵化的迹象我也是有的。我的僵化同别人或许有点不同：它一半自然，一半人为；前者与他人共之，后者则为我所独有。

我不是九斤老太一党，我不但不认为"一代不如一代"，而且确信"雏凤清于老凤声"。可是最近几年来，一批"新人类"或"新新人类"脱颖而出，他们好像是一批外星人，他们的思想和举止令我迷惑不解，惶恐不安。这算不算是自然的思想僵化呢？

至于人为的思想僵化，则多一半是一种逆反心理在作祟。就拿穿中山装来做例子，我留德十年，当然是穿西装的。解放以后，我仍然有时改着西装。可是改革开放以来，不知从哪儿吹来了一股风，一夜之间，西装遍神州大地矣。我并不反对穿西装；但我不承认西装就是现代化的标志，而且打着领带锄地，我也觉得滑稽可笑。于是我自己就"僵化"起来，从此再不着西装，国内国外，大小典礼，我一律蓝色卡其布中山装一袭，以不变应万变矣。

还有一个"化"，我不知道怎样称呼它。世界科技进步，一日千里，没有科技，国难以兴，事理至明，无待赘言。科技给人类带来的幸福，也是有目共睹的。但是，它带来了危害，也无法掩饰。世界各国现在都惊呼环保，环境污染难道不是科技发展带来的吗？犹有进者。我突然感觉到，科技好像是龙虎山张天师镇妖瓶中放出来的妖魔，一旦放出来，你就无法控制。只就克隆技术一端言之，将来能克隆人，指日可待。一旦实现，则人类社会迄今行之有效的法律准则和伦理规范，必遭破坏。将来的人类社会变成什么样的社会呢？我有点不寒而栗。这似乎不尽属于"僵化"范畴，但又似乎与之接近。

四忌——不服老

服老，《现代汉语词典》的解释是"承认年老"，可谓简明扼要。人上了年纪，是一个客观事实，服老就是承认它，这是唯物主义的态度。反之，不承认，也就是不服老，倒迹近唯心了。

中国古代的历史记载和古典小说中，不服老的例子不可胜数，尽人皆知，无需列举。但是，有一点我必须在这里指出来：古今论者大都为不服老唱赞歌，这有点失于偏颇，绝对地无条件地赞美不服老，有害无益。

空谈无补，举几个实例，包括我自己。

1949年春夏之交，解放军进城还不太久，忘记了是出于什么原因，毛泽东的老师徐特立约我在他下榻的翠明庄见面。我准时赶到，徐老当时年已过八旬，从楼上走下，卫兵想去扶他，他却不停地用胳膊肘捣卫兵的双手，一股不服老的劲头至今给我留下了难忘的印象。

再一个例子是北大20年代的教授陈翰笙先生。陈先生生于1896年，跨越了三个世纪，至今仍然健在。他晚年病目失明，但这丝毫也没有影响了他的活动，有会必到。有人去拜访他，他必把客人送到电梯门口。有时还会对客人伸一伸胳膊，踢一踢腿，表示自己有的是劲儿。前几年，每天还安排时间教青年英文，分文不取。这样的不服老我是钦佩的。

也有人过于服老。年不到五十，就不敢吃蛋黄和动物内脏，怕胆固醇增高。这样的超前服老，我是不敢钦佩的。

至于我自己，我先讲一段经历。是在1995年，当时我已经达到了八十四岁高龄。然而我却丝毫没有感觉到，不知老之已至，正处在平生写作的第二个高峰中。每天跑一趟大图书馆，几达两年之久，风雪无阻。我已经有点忘乎所以了。一天早晨，我照例4点半起床，到东边那一单元书房中去写作。一转瞬间，肚子里向我发出信号：该填一填它了。一看表，已经6点多了。于是我放下笔，准备回西房吃早点。可是不知是谁把门从外面锁上了，里面开不开。我大为吃惊，回头看到封了顶的阳台上有一扇玻璃窗可以打开。我于是不假思索，立即开窗跳出，从窗口到地面约有一米八高。我一堕地就跌了一个大马趴，脚后跟有点痛。旁边就是洋灰台阶的角，如果脑袋碰上，后果真不堪设想，我后怕起来了。我当天上下午都开了会，第二天又长驱数百里到天津南开大学去作报告。脚已经肿了起来。第三天到校医院去检查，左脚跟有点破裂。

我这样的不服老，是昏聩糊涂的不服老，是绝对要不得的。

我在上面讲了不服老的可怕，也讲到了超前服老的可笑。然则何去何从呢？我认为，在战略上要不服老，在战术上要服老，二者结合，庶几近之。

《老年十忌（二）》（2000 年 2 月 22 日）

五忌——无所事事

这是一个比较复杂的问题，必须细致地加以分析，区别对待，不能一概而论。

达官显宦在退出政治舞台之后，幽居府邸，"庭院深深深几许"，我辈槛外人无法窥知，他们是无所事事呢，还是有所事事，无从谈起，姑存而不论。

富商大贾一旦钱赚够了，年纪老了，把事业交给儿子、女儿或女婿，他们是怎样度过晚年的，我们也不得而知，我们能知道的只是钞票不能拿来炒着吃。这也姑且存而不论。

说来说去，我所能够知道的只是工、农和知识分子这些平头老百姓。中国古人说："一事不知，儒者之耻。"今天，我这个"儒者"却无论如何也没有胆量说这样的大话。我只能安分守己，夹起尾巴来做人，老老实实地只谈论老百姓的"无所事事"。

我曾到过承德，就住在避暑山庄对面的一旅馆里。每天清晨出门散步，总会看到一群老人，手提鸟笼，把笼子挂在树枝上，自己则分坐在山庄门前的石头上，"闲坐说玄宗"。一打听，才知道他们多是旗人，先人是守卫山庄的八旗兵，而今老了，无所事事，只有提鸟笼子。试思：他们除了提鸟笼子外还能干什么呢？他们这种无所事事，不必深究。

北大也有一批退休的老工人，每日以提鸟笼为业。过去他们常聚集在我住房附近的一座石桥上，鸟笼也是挂在树枝上，笼内鸟儿放声高歌，清脆嘹亮。我走过时，也禁不住驻足谛听，闻而乐之。这一群工人也可以说是无所事事，然而他们又怎样能有所事事呢？

现在我只能谈我自己也是其中一分子，因而我最了解情况的知识分子。国家给年老的知识分子规定了退休年龄，这是合情合理的，应该感激的。但是，知识分子行当不同，身体条件也不相同。是否能做到老有所为，完全取决于自己，不取决于政府。自然科学和技术，我不懂，不敢瞎说。至于人文社会科学，则我是颇为熟悉的。一般说来，社会科学的研究不靠天才火花一时的迸发，而靠长期积累。一个人到了六十多岁退休的关头，往往正是知识积累和资料积累达到炉火纯青的时候。一旦退下，对国家和个人都是一个损失。有进取心有干劲者，可能还会继续干下去的。可是大多数人则无所事事。我在南北几个大学中都听到了有关"散步教授"的说法，就是，一个退休教授天天在校园里溜达，成了全校著名的人物。我没同"散步教授"谈过话，不知道他们是怎样想的。估计他们也不会很舒服。锻炼身体，未可厚非。但是，整天这样"锻炼"，不也太乏味太单调了吗？学海无涯，何妨再跳进去游泳一番，再扎上两个猛子，不也会身心两健吗？蒙田说得好："如果大脑有事可做，有所制约，它就会在想像的旷野里驰骋，有时就会迷失方向。"

六忌——提当年勇

我做了一个梦。

我驾着祥云或别的什么云，飞上了天宫，在凌霄宝殿多功能厅里，参加了一个务虚会。第一个发言的是项羽。他历数早年指挥雄师数十万，横行天下，各路诸侯皆俯首称臣，他是诸侯盟主，颐指气使，没有敢违抗者。鸿门设宴，吓得刘邦像一只小耗子一般。说到尽兴处，手舞足蹈，唾沫星子乱溅。这时忽然站起来了一位天神，问项羽：四面楚歌，乌江自刎是怎么一回事呀？项羽立即垂下了脑袋，仿佛是一个泄了气的皮球。

　　第二个发言的是吕布，他手握方天画戟，英气逼人。他放言高论，大肆吹嘘自己怎样戏貂蝉，杀董卓，为天下人民除害；虎牢关力敌关、张、刘三将，天下无敌。正吹得眉飞色舞，一名神仙忽然高声打断了他的发言："白门楼上向曹操下跪，恳求饶命，大耳贼刘备一句话就断送了你的性命，是怎么一回事呢？"吕布面色立变，流满了汗，立即下台，像一只斗败了的公鸡。

　　第三个发言的是关羽。他久处天宫，大地上到处都有关帝庙，房子多得住不过来。他威仪俨然，放不下神架子。但发言时，一谈到过五关斩六将，用青龙偃月刀挑起曹操捧上的战袍时，便不禁圆睁丹凤眼，猛抖卧蚕眉，兴致淋漓，令人肃然。但是又忽然站起了一位天官，问道："夜走麦城是怎么一回事呢？"关公立即放下神架子，神色仓皇，脸上是否发红，不得而知，因为他的脸本来就是红的。他跳下讲台，在天宫里演了一出夜走麦城。

　　我听来听去，实在厌了，便连忙驾祥云回到大地上，正巧落在绍兴，又正巧阿Q被小D抓住辫子往墙上猛撞，阿Q大呼："我从前比你阔得多了！"可是小D并不买账。

　　一看都能知道，我的梦是假的。但是，在芸芸众生中，特别是在老年中，确有一些人靠自夸当年勇来过日子。我认为，这也算是一种自然现象。争胜好强也许是人类一种本能。但一旦年老，争胜有心，好强无力，便难免产生一种自卑情结。可又不甘心自卑，于是只有自夸当年勇一途，可以聊以自慰。对于这种情况，别人是爱莫能助的。"解铃还需系铃人"，只有自己随时警惕。

　　现在有一些得了世界冠军的运动员有一句口头禅：从零开始。意思是，不管冠军或金牌多么灿烂辉煌，一旦到手，即成过去，从现在起又要从零开始了。

　　我觉得，从零开始是惟一正确的想法。

《老年十忌（三）》（2000 年 2 月 22 日）

七忌——自我封闭

这里专讲知识分子，别的界我不清楚。但是，行文时也难免涉及社会其他阶层。

中国古人说："人生识字忧患始。"其实不识字也有忧患。道家说，万物方生方死。人从生下的一刹那开始，死亡的历程也就开始了。这个历程可长可短，长可能到一百年或者更长，短则几个小时、几天，少年夭折者有之，英年早逝者有之，中年弃世者有之，好不容易，跌跌撞撞，坎坎坷坷，熬到了老年，早已心力交瘁了。

能活到老年，是一种幸福，但也是一种灾难。并不是每一个人都能活到老年，所以说是幸福；但是老年又有老年的难处，所以说是灾难。

老年人最常见的现象或者灾难是自我封闭。封闭，有行动上的封闭，有思想感情上的封闭，形式和程度又因人而异。老年人有事理广达者，有事情欠通达者。前者比较能认清宇宙万物以及人类社会发展的规律，了解到事物的改变是绝对的，不变是相对的，千万不要要求事物永恒不变。后者则相反，他们要求事物永恒不变；即使变，也是越变越坏，上面讲到的九斤老太就属于此类人。这一类人，即使仍然活跃在人群中，但在思想感情方面他们却把自己严密地封闭起来了。这是最常见的一种自我封闭的形式。

空言无益，试举几个例子。

我在高中读书时，有一位教经学的老师，是前清的秀才或举人。五经和四书背得滚瓜烂熟，据说还能倒背如流。他教我们《书经》和《诗经》，从来不带课本，业务是非常熟练的。可学生并不喜欢他。因为他张口闭口："我们大清国怎样怎样。"学生就给他起了一个诨名"大清国"，他真实的姓名反隐而不彰了。我们认为他是老顽固，他认为我们是新叛逆。我们中间不是代沟，而是万丈深渊，是他把自己完全封闭起来了。

我认为，老年人不管有什么形式的自我封闭现象，都是对个人健康不利的。我奉劝普天下老年人力矫此弊。同青年人在一起，即使是"新新人类"吧，他们身上的活力总会感染老年人的。

八忌——叹老嗟贫

叹老嗟贫，在中国的读书人中，是常见的现象，特别是所谓怀才不遇的人们中，更是特别突出。我们读古代诗文，这样的内容随时可见。在现代的知识分子中，这种现象比较少见了，难道这也是中国知识分子进化或进步的一种表现吗？

我认为，这是一个十分值得研究的课题。它是中国知识分子学和中西知识分子比较学的重要内容。

我为什么又拉扯上了西方知识分子呢？因为他们与中国的不同，是现成的参照系。

西方的社会伦理道德标准同中国不同，实用主义色彩极浓。一个人对社会有能力作贡献，社会就尊重你。一旦人老珠黄，对社会没有用了，社会就丢弃你，包括自己的子孙也照样丢弃了你，社会舆论不以为忤。当年我在德国哥廷根时，章士钊的夫人也同儿子住在那里，租了一家德国人的三楼居住。我去看望章伯母时，走过二楼，经常看到一间小屋关着门，门外地上摆着一碗饭，一丝热气也没有。我最初认为是喂猫或喂狗用的，后来一打听，才知道是给小屋内卧病不起的母亲准备的饭菜。同时，房东还养了一条大狼狗，一天要吃一斤牛肉。这种天上人间的情况无人非议，连躺在小屋内病床上的老太太大概也会认为所有这一切都是顺理成章的吧。

在这种狭隘的实用主义大潮中，西方的诗人和学者极少极少写叹老嗟贫的诗文。同中国比起来，简直不成比例。

在中国，情况则大大地不同。中国知识分子一向有"学而优则仕"的传统。过去一千多年以来，仕的途径只有一条，就是科举。"千军万马独木桥"，所有的读书人都拥挤在这一条路上，从秀才举人向上爬，爬到进士参加殿试，僧多粥少，极少数极幸运者可以爬完全程，"仕宦而至将相，富贵而归故乡"，达到这个目的万中难得一人。大家只要读一读《儒林外史》，便一目了然。在这样的情况下，倘若科举不利，老而又贫，除了叹老嗟贫以外，实在无路可走。古人说："诗必穷而后工"，其中"穷"字也有科举不利这个含义。古代大官很少有好诗文传世，其原因实在耐人寻味。

今天，时代变了。但是"学而优则仕"的幽灵未泯，学士、硕士、博士、院士代替了秀才、举人、进士、状元。骨子里并没有大变。在当今知识分子中，一旦有了点成就，便立即披上一顶乌纱帽，这现象难道还少见吗？

今天的中国社会已能跟上世界潮流，但是，封建思想的残余还不容忽视。我们都要加以警惕。

《老年十忌（四）》（2000年2月22日）

九忌——老想到死

好生恶死，为所有生物之本能。我们只能加以尊重，不能妄加评论。

作为万物之灵的人，更是不能例外。俗话说："黄泉路上无老少。"可是人一到了老年，特别是耄耋之年，离开那一个长满了野百合花的地方越来越近了，此时常想到死，更是非常自然的。

今人如此，古人何独不然！中国古代的文学家、思想家、骚人、墨客大都关心生死问题。根据我个人的思考，各个时代是颇不相同的。两晋南北朝时期似乎更为关注。粗略地划分一下，可以分为三派。第一派对死十分恐惧，而且敢于十分坦荡地说了出来。这一派可以江淹为代表。他的《恨赋》一开头就说："试望平原，蔓草萦骨，拱木敛魂。人生到此，天道宁论。"最后几句话是："自古皆有死，莫不饮恨而吞声。"话说得再清楚不过了。

第二派可以"竹林七贤"为代表。《世说新语·任诞等二十三》第一条就讲到阮籍、嵇康、山涛、刘伶、阮成、向秀和王戎"常集于竹林之中，肆意酣畅"，这是一群酒徒。其中最著名的刘伶命人荷锸跟着他，说："死便埋我！"对死看得十分豁达。实际上，情况正相反，他们怕死怕得发抖，聊作姿态以自欺欺人耳。其中当然还有逃避残酷的政治迫害的用意。

第三派可以陶渊明为代表。他的意见俱见他的诗《神释》中。诗中有这样的话："老少同一死，贤愚无复数。日醉或能忘，将非促龄具！立善常所欣，谁当为此举？甚念伤吾生，正宜委运去。纵浪大化中，不喜亦不惧。应尽便须尽，无复独多虑。"他反对酗酒麻醉自己，也反对常想到死。我认为，这是最正确的态度。最后四句诗成了我的座右铭。

我在上面已经说到，老年人想到死，是非常自然的。关键是：想到以后，自己抱什么态度。惶惶不可终日，甚至饮恨吞声，是最要不得，这样必将成陶渊明所说的"促龄具"。最正确的态度是顺其自然，泰然处之。

鲁迅不到五十岁，就写了有关死的文章。王国维则说："五十之年，只欠一死。"结果投了昆明湖。我之所以能泰然处之，有我的特殊原因。"十年浩劫"中，我已走到过死亡的边缘上，一个千钧一发的偶然性救了我。从那以后，多活一天，我都认为是多赚的。因此就比较能对死从容对待了。

我在这里诚挚奉劝普天之下的年老又通达事情的人，偶尔想一下死，是可以的，但不必老想。我希望大家都像我一样，以陶渊明《神释》诗最后四句为座右铭。

十忌——愤世嫉俗

愤世嫉俗这个现象，没有时代的限制，也没有年龄的限制。古今皆有，老少俱备，但以年纪大的人为多。它对人的心理和生理都会有很大的危害，也不利于社会的安定团结。

世事发生必有其因。愤世嫉俗的产生也自有其原因。归纳起来，约有以下诸端：

首先，自古以来，任何时代，任何朝代，能完全满足人民大众的愿望者，绝对没有。不管汉代的文景之治怎样美妙，唐代的贞观之治和开元之治怎样理想，宫廷都难免腐败，官吏都难免贪污，百姓就因而难免不满，其尤甚者就是愤世嫉俗。

其次，"学而优则仕"达不到目的，特别是科举时代名落孙山者，人不在少数，必然愤世嫉俗。这在中国古代小说中可以找出不少的典型。

再次，古今中外都不缺少自命天才的人。有的真有点天才或者才干，有的则只是个人妄想，但是别人偏不买账，于是就愤世嫉俗。其尤甚者，如西方的尼采要"重新估定一切价值"，又如中国的徐文长。结果无法满足，只好自己发了疯。

最后，也是最常见的，对社会变化的迅猛跟不上，对新生事物看不顺眼，是九斤老太一党。九斤老太不识字，只会说："一代不如一代"，识字的知识分子，特别是老年人，便表现为愤世嫉俗，牢骚满腹。

以上只是一个大体的轮廓，不足为据。

在中国文学史上，愤世嫉俗的传统，由来已久。《楚辞》的"黄钟毁弃，瓦釜雷鸣"等语就是最早的证据之一。以后历代的文人多有愤世嫉俗之作，形成了知识分子性格上的一大特点。

我也算是一个知识分子，姑以我自己为麻雀，加以剖析。愤世嫉俗的情绪和言论，我也是有的。但是，我又有我自己的表现方式。我往往不是看到社会上的一些不正常现象而牢骚满腹，怪话连篇，而是迷惑不解，惶恐不安。我曾写文章赞美过"代沟"，说代沟是人类进步的象征。这是我真实的想法。可是到了目前，我自己也傻了眼，横亘在我眼前的像我这样老一代人和一些"新人类"、"新新人类"之间的代沟，突然显得其阔无限，其深无底，简直无法逾越了，仿佛把人类历史断成了两截。我感到恐慌，我不知道这样发展下去将伊于胡底。我个人认为，这也是愤世嫉俗的一种表现形式，是要不得的；可我一时又改变不过来，为之奈何！

我不知道，与我想法相同或者相似的有没有人在，有的话，究竟有多少人。我想来想去，觉得还是毛泽东的两句诗好："牢骚太盛防肠断，风物常宜放眼量。"

《老年十忌（五）》（2000 年 2 月 22 日写毕）

我常想，现代人大概不会再相信长生不老了。然而，前几天阅报说，有的科学家正在致力于长生不老的研究。我心中立刻一闪念：假如我晚生八十年，现在年龄九岁，说不定还能赶上科学家们研究成功，我能分享一份。但我立刻又一闪念，觉得自己十分可笑。自己不是标榜豁达吗？"应尽便须尽，无复独多虑"，原来那是自欺欺人。老百姓说："好死不如赖活着"，我自己也属于"赖"字派。

我有时候认为，造化小儿创造出人类来，实在是多此一举。如果没有人类，世界要比现在安静祥和得多了。可造化小儿也立了一功：他不让人长生不老。否则，如果人人都长生不老，我们今天会同孔老夫子坐在一条板凳上，在长安大戏院里欣赏全本的《四郎探母》，那是多么可笑而不可思议的情景啊！我继而又一想，如果五千年来人人都不死，小小的地球上早就承担不了了。所以我们又应该感谢造化小儿。

在对待生命问题上，中国人与印度人迥乎不同。中国人希望转生，连唐明皇和杨贵妃不也是希望"生生世世为夫妻"吗？印度人则在笃信轮回转生之余，努力寻求跳出轮回的办法。以佛教而论，小乘终身苦修，目的是想达到涅槃。大乘顿悟成佛，目的也无非是想达到涅槃。涅槃者，圆融清静之谓，这个字的原意就是"终止"，终止者，跳出轮回不再转生也。中印两国人民的心态，在对待生死大事方面，是完全不同的。

据我个人的看法，人一死就是涅槃，不用你苦苦去追求。那种追求是"可怜无补费工夫"。在亿万年地球存在的期间，一个人只能有一次生命。这一次生命是万分难得的。我们每一个人都必须认识到这一点，

315

切不可掉以轻心。尽管人的寿夭不同，这是人们自己无能为力的。不管寿长寿短，都要尽力实现这仅有的一次生命的价值。多体会"民胞物与"的意义，使人类和动植物都能在仅有的一生中过得愉快，过得幸福，过得美满，过得祥和。

《长生不老》(2000 年 10 月 7 日凌晨一挥而就)

在从 80 岁到 90 岁这个 10 年内，在我冲刺开始以后，颇有一些值得纪念的甜蜜的回忆。在撰写我一生最长的一部长达 80 万字的著作《糖史》的过程中，颇有一些情节值得回忆，值得玩味。在长达两年的时间内，我每天跑一趟大图书馆，风雨无阻，寒暑无碍。燕园风光旖旎，四时景物不同。春天姹紫嫣红，夏天荷香盈塘，秋天红染霜叶，冬天六出蔽空。称之为人间仙境，也不为过。然而，在这两年中，我几乎天天都在这样瑰丽的风光中行走。可是我都视而不见，甚至不视不见。未名湖的涟漪，博雅塔的倒影，被外人视为奇观的胜景，也未能逃过我的漠然，懵然，无动于衷。我心中想到的只是大图书馆中的盈室满架的图书，鼻子里闻到的只有那里的书香。

《糖史》的写作完成以后，我又把阵地从大图书馆移到家中来。运筹于斗室之中，决战于几张桌子之上。我研究的对象变成了吐火罗文 A 方言的《弥勒会见记剧本》。这也不是一颗容易咬的核桃，非用上全力不行。最大的困难在于缺乏资料，而且多是国外的资料。没有办法，只有时不时地向海外求援。现在虽然号称为信息时代，可是我要的信息多是刁钻古怪的东西，一时难以搜寻，我只有耐着性子恭候。舞笔弄墨的朋友，大概都能体会到，当一篇文章正在进行写作时，忽然断了电，你心中真如火烧油浇，然而却毫无办法，只盼喜从天降了，只能听天由命了。此时燕园旖旎的风光，对于我似有似无，心里想到的，切盼的只有海外的来信。如此又熬了一年多，《弥勒会见记剧本》英译本终于在德国出版了。

两部著作完了以后，我平生大愿算是告一段落。痛定思痛，蓦地想到了，自己已是望九之年了。这样的岁数，古今中外的读书人能达到的只有极少数。我自己竟能置身其中，岂不大可喜哉！

《九十述怀》（2000 年 12 月 20 日）

我在"十年浩劫"中，自己跳出来反对那位倒行逆施的"老佛爷"，被打倒在地，被戴上了无数顶莫须有的帽子，天天被打，被骂。最初也只觉得滑稽可笑。但"谎言说上一千遍，就变成了真理"，最后连我自己都怀疑起来了："此身合是坏人未？泪眼迷离问苍天。"其实我并没有那么坏，但在许多人眼中，我已经成了一个"不可接触者"。

然而，世事多变，人间正道。不知道是怎么一来，我竟转身一变成了一个"极可接触者"。我常以知了自比。知了的幼虫最初藏在地下，黄昏时爬上树干，天一明就脱掉了旧壳，长出了翅膀，长鸣高枝，成了极富诗意的虫类，引得诗人"倚杖柴门外，临风听暮蝉"了。我现在就是一只长鸣高枝的蝉，名声四被，头上的桂冠比"文革"中头上戴的高帽子还要高出很多，有时候我自己都觉得脸红。其实我自己深知，我并没有那么好。然而，我这样发自肺腑的话，别人是不会相信的。这样一来，我虽孤家寡人，其实家里每天都是热闹非凡。有一位多年的老同事，天天到我家里来"打工"，处理我的杂务，照顾我的生活，最重要的事情是给我读报，读信，因为我眼睛不好。还有，就是同不断打电话来或者亲自登门来的自称是我的"崇拜者"的人们打交道。学校领导因为觉得我年纪已大，不能再招待那么多的来访者，在我门上贴出了通告，想制约一下来访者的袭来，但用处不大，许多客人都视而不见，照样敲门不误。有少数人竟在门外荷塘边上等上几个钟头。除了来访者打电话者外，还有扛着沉重的录像机而来的电视台的导演和记者，以及每天都收到的数量颇大的信件和刊物。有一些年轻的大中学生，把我看成了有求必应的土地爷，或者能预言先知的季铁嘴，向我请求这请求那，

317

向我倾诉对自己父母都不肯透露的心中的苦闷。这些都要我那位"打工"的老同事来处理，我那位打工者此时就成了拦驾大使。想尽花样，费尽唇舌，说服那些想来采访，想来拍电视的好心和热心又诚心的朋友们，请他们少安勿躁。这是极为繁重而困难的工作，我能深切体会。其忙碌困难的情况，我是能理解的。

最让我高兴的是，我结交了不少新朋友。他们都是著名的书法家、画家、诗人、作家、教授。我们彼此之间，除了真挚的感情和友谊之外，决无所求于对方。我是相信缘分的，"有缘千里来相会，无缘对面不相识"，缘分是说不明道不白的东西，但又确实存在。我相信，我同朋友之间就是有缘分的。我们一见如故，无话不谈。没见面时，总惦记着见面的时间；既见面则如鱼得水，心旷神怡；分手后又是朝思暮想，忆念难忘。对我来说，他们不是亲属，胜似亲属。有人说："人生得一知己足矣。"我得到的却不只是一个知己，而是一群知己。有人说我活得非常滋润。此情此景，岂是"滋润"二字可以了得！

《九十述怀》（2000 年 12 月 20 日）

四五十年来养成了早起的习惯，每天早晨四点半起床，前后差不了五分钟。古人说"黎明即起"，对我来说，这话夏天是适合的；冬天则是在黎明之前几个小时，我就起来了。我五点吃早点，可以说是先天下之早点而早点。吃完立即工作。我的工作主要是爬格子。几十年来，我已经爬出了上千万的字。这些东西都值得爬吗？我认为是值得的。我爬出的东西不见得都是精金粹玉，都是甘露醍醐，吃了能让人升天成仙，但是其中绝没有毒药，绝没有假冒伪劣，读了以后至少能让人获得点享受，能让人爱国，爱乡，爱人类，爱自然，爱儿童，爱一切美好的东西。总之一句话，能让人在精神境界中有所收益。我常常自己警告说：人吃饭是为了活着，但活着绝不是为了吃饭。人的一生是短暂的，决不能白白把生命浪费掉。如果我有一天工作没有什么收获，晚上躺在床上就疚愧难安，认为是慢性自杀。爬格子有没有名利思想呢？坦白地说，过去是有的。可是到了今天名利对我都没有什么用处了，我之所以仍然爬，是出于惯性，其他冠冕堂皇的话，我说不出。"爬格不知老已至，名利于我如浮云"，或可能道出我现在的心情。

《九十述怀》（2000 年 12 月 20 日）

你想到过死没有呢？我仿佛听到有人在问。好，这话正问到节骨眼上。是的，我想到过死，过去也曾想到死，现在想得更多而已。在"十年浩劫"中，在 1967 年，一个千钧一发般的小插曲使我避免了走上"自绝于人民的"道路。从那以后，我认为，我已经死过一次，多活一天，都是赚的，到现在已经三十多年了，我真赚了个满堂满贯，真成为一个特殊的大富翁了。但人总是要死的，在这方面，谁也没有特权，没有豁免权。虽然常言道："黄泉路上无老少"；但是老年人毕竟有优先权。燕园是一个出老寿星的宝地。我虽年届九旬，但按照年龄顺序排队，我仍落在十几名之后。我曾私自发下宏愿大誓：在向八宝山的攀登中，我一定按照年龄顺序鱼贯而登，决不抢班夺权，硬去加塞。至于事实究竟如何，那就请听下回分解了。

既然已经死过一次，多少年来，我总以为自己已经参悟了人生。我常拿陶渊明的四句诗当作座右铭："纵浪大化中，不喜亦不惧，应尽便须尽，无复独多虑"。现在才逐渐发现，我自己并没能完全做到。常常想到死，就是一个证明，我有时幻想，自己为什么不能像朋友送给我摆在桌上的奇石那样，自己没有生命，但也决不会有死呢？我有时候也幻想：能不能让造物主勒住时间前进的步伐，让太阳和月亮永远明亮，地球上一切生物都停住不动，不老呢？哪怕是停上十年八年呢？大家千万不要误会，认为我怕死怕得要命。绝不是那样。我早就认识到，永远变动，永不停息，是宇宙的根本规律，要求不变是荒唐的。万物方生方死，是至理名言。江文通《恨赋》中说："自古皆有死，莫不饮恨而吞

319

声。"那是没有见地的庸人之举,我虽庸陋,水平还不会那样低。即使我做不到热烈欢迎大限之来临,我也决不会饮恨吞声。

但是,人类是心中充满了矛盾的动物,其他动物没有思想,也就不会有这样多的矛盾。我忝列人类的一分子,心里面的矛盾总是免不了的。我现在是一方面眷恋人生,一方面却又觉得,自己活得实在太辛苦了,我想休息一下了。我向往庄子的话:"大块载我以形,劳我以生。"大家千万不要误会,以为我就要自杀。自杀那玩意儿我决不会再干了。在别人眼中,我现在活得真是非常非常惬意了。不虞之誉,纷至沓来;求全之毁,几乎绝迹。我所到之处,见到的只有笑脸,感到的只有温暖。时时如坐春风,处处如沐春雨,人生至此,实在是真应该满足了。然而,实际情况却并不完全这样惬意。古人说:"不如意事常八九。"这话对我现在来说也是适用的。我时不时地总会碰到一些令人不愉快的事情,让自己的心情半天难以平静。即使在春风得意中,我也有自己的苦恼。我明明是一头瘦骨嶙峋的老牛,却有时被认成是日产鲜奶千磅的硕大的肥牛。已经挤出了奶水五百磅,还求索不止,认为我打了埋伏。其中情味,实难向外人道也。这逼得我不能不想到休息。

我现在不时想到,自己活得太长了,快到一个世纪了。90 年前,山东临清县一个既穷又小的官庄出生了一个野小子,竟走出了官庄,走出了临清,走到了济南,走到了北京,走到了德国;后来又走遍了几个大洲,几十个国家。如果把我的足迹画成一条长线的话,这条长线能绕地球几周。我看过埃及的金字塔,看过两河流域的古文化遗址,看过印度的泰姬陵,看过非洲的撒哈拉大沙漠,以及国内外的许多名山大川。我曾住过总统府之类的豪华宾馆,会见过许多总统、总理一级的人物,在流俗人的眼中,真可谓极风光之能事了。然而,我走过的漫长的道路并不总是铺着玫瑰花的,有时也荆棘丛生。我经过山重水复,也经过柳暗花明;走过阳关大道,也走过独木小桥。我曾到阎王爷那里去报到,没有被接纳。终于曲曲折折,颠颠簸簸,坎坎坷坷,磕磕碰碰,走到了今天。现在就坐在燕园朗润园中一个玻璃窗下，写着《九十述怀》。窗外已是寒冬。荷塘里在夏天接天映日的荷花，只剩下干枯的残叶在寒风中摇曳。玉兰花也只留下光秃秃的枝干在那里苦撑。但是，我知道，我仿佛看到荷花蜷曲在冰下淤泥里做着春天的梦；玉兰花则在枝头梦着"春意闹"。它们都在活着，只是暂时地休息，养精蓄锐，好在明年新世纪，新千年中开出更多更艳丽的花朵。

《九十述怀》（2000 年 12 月 20 日）

旧日的学者，活到了一定的年龄，觉得自己精力不济了，写作有困难了。于是就宣布封笔。封笔者，把笔封起来，不再写作之谓也。

到了什么年龄，封笔最恰当？各个人、各个时代都不同。大抵时代越近，封笔越晚。这与人们寿命的长短有关。唐代的韩愈到了五十岁，就哀叹而发苍苍，而视茫茫，而齿牙摇动。看样子已经到了该封笔的时候了。

我脑筋里还残留着许多旧东西，封笔就是其中之一。我现在虽然真正达到了耄耋之年，但是，我自己曾在脑袋中做过一次体检，结果是非常完满。小毛病有点儿，大毛病没有。岂止于米，相期以茶，对我来说，绝不是一句空话。在这样的情况下，封笔的想法竟然还在脑筋里蠢蠢欲动，岂不是笑话！

我不能封笔。

再环顾一下我们的生活环境。从全世界来看，中国的崛起已成定局，谁也阻挡不住。十几年前，我就根据我了解的那一点地缘政治的知识，大胆地做了一个预言：21 世纪是中国的世纪。虽然遭到了不少人的反对，我却坚持如故，而且信心日增，而且证据日多。

总之，从全世界形势来看，对中国来说是一个伟大的时代。

我怎么能封笔！

再从我们身边的生活来看，也会看到空前未有的情况。我们的行政领导人是完全可以信赖的。我们真可以说是政通人和、海晏河清。

我不能封笔。

像我这样的老知识分子，差不多就是文不如司书生，武不如救火兵。手中可以耍的只有一支笔杆子。我舞笔弄墨已有七十来年的历史了，虽然不能说一点东西也没有舞弄出来，但毕竟不能算多。我现在自认还有力量舞弄下去。我怎能放弃这个机会呢？

我不能封笔。

这就是我的结论。

《病榻杂记》，《封笔问题》(2006 年 9 月)